Der Grundrechte-Report dokumentiert seit 1997 als Teil einer zivilgesellschaftlichen Öffentlichkeit den Umgang mit Bürger- und Menschenrechten in Deutschland. Das Hauptaugenmerk liegt dabei jedes Jahr auf den staatlichen Institutionen, von denen die größten Gefährdungen der Grundrechte, der Demokratie und der Rechtsstaatlichkeit ausgehen.
Die 28. Ausgabe des Reports widmet sich insbesondere den Bereichen Migration und Asyl sowie den staatlichen Beschränkungen der Meinungs- und Demonstrationsfreiheit. Auch Fälle von Diskriminierung und Überwachung sowie Themen rund um die Klimakrise werden beleuchtet. Mit Blick auf anstehende bedeutsame Landtagswahlen wird natürlich auch der Rechtsextremismus der AfD aufgegriffen.

Herausgegeben wird der Grundrechte-Report von zehn Bürgerrechtsorganisationen. Informationen über die Herausgeber*innen, die Autor*innen und die Redaktion finden sich im Anhang des Buches.

Weitere Informationen finden Sie auf www.fischerverlage.de

Peter von Auer/Benjamin Derin/
Andreas Engelmann/Rolf Gössner/
Sarah Lincoln/Max Putzer/Rainer Rehak/
Milad Schubart/Rosemarie Will/
Michèle Winkler (Hrsg.)

Grundrechte-Report 2024

Zur Lage der Bürger- und Menschenrechte in Deutschland

Ein Projekt der Humanistischen Union, des Komitees für Grundrechte und Demokratie, des Bundesarbeitskreises Kritischer Juragruppen, von Pro Asyl, des Republikanischen Anwältinnen- und Anwältevereins, der Vereinigung Demokratischer Juristinnen und Juristen, der Internationalen Liga für Menschenrechte, der Neuen Richter*innenvereinigung, des Forums InformatikerInnen für Frieden und gesellschaftliche Verantwortung sowie der Gesellschaft für Freiheitsrechte

FISCHER Taschenbuch

Redaktion: Peter von Auer, Benjamin Derin, Andreas Engelmann, Johannes Feest, Claus Förster, Martin Heiming, Stefan Hügel, Sarah Lincoln, Max Putzer, Britta Rabe, Rainer Rehak, Milad Schubart, John Philipp Thurn, Marie Volkmann, Lea Welsch, Rosemarie Will, Michèle Winkler

FSC
www.fsc.org
MIX
Papier | Fördert gute Waldnutzung
FSC® C014496

Originalausgabe
Erschienen bei FISCHER Taschenbuch
Frankfurt am Main, Juni 2024

Satz: Dörlemann Satz, Lemförde
Druck und Bindung: GGP Media GmbH, Pößneck
ISBN 978-3-596-71084-3

Inhalt

15 Vorwort der Herausgeber*innen

Die Würde des Menschen ist unantastbar. Sie zu achten und zu schützen ist Verpflichtung aller staatlichen Gewalt. (Artikel 1 Absatz 1)

Kirstin Drenkhahn
20 Welches Ziel hat Gefangenenarbeit?
Gefangenenentlohnung und Resozialisierungsgebot

Rosemarie Will
24 Selbstbestimmtes Sterben und assistierter Suizid

Kalle Hümpfner/Tuuli Reiss
28 Das Selbstbestimmungsgesetz und die Änderung des Geschlechtseintrages als Grundrecht

Jeder hat das Recht auf die freie Entfaltung seiner Persönlichkeit. (Artikel 2 Absatz 1)

Lars Mehler
33 Kein Freifahrtschein zum polizeilichen Data-Mining
Das Bundesverfassungsgericht bremst die Nutzung von Software zur automatisierten Datenanalyse

Andreas Engelmann
37 Dauerüberwachung im Unternehmensinteresse
Gericht setzt Grundrecht auf Rendite über Beschäftigtendatenschutz

Hartmut Aden
41 Künstliche Intelligenz menschenrechtlich einhegen

Jeder hat das Recht auf Leben und körperliche Unversehrtheit. Die Freiheit der Person ist unverletzlich. (Artikel 2 Absatz 2)

Hannah Espín Grau/Tobias Singelnstein
46 Schmerzgriffe als Form polizeilicher Gewaltausübung

Dyana Rezene/Neda Djamshidian/Nicole Bögelein/Levin Reichmann
50 Armut wegsperren
Beschleunigte Verfahren und die Haft vor der Verhandlung

Benjamin Derin
55 Präventiver Paradigmenwechsel
Die Entscheidung des Bayerischen Verfassungsgerichtshofs zum ausgeweiteten polizeilichen Präventivgewahrsam

Alle Menschen sind vor dem Gesetz gleich. (Artikel 3 Absatz 1)

Charlotte Ellinghaus
60 Gleiche Arbeit, ungleicher Lohn
Wie das BAG die Ungleichbehandlung in der Leiharbeitsbranche am Leben hält

Kirsten Bock
64 Offlinezugangsgesetze
Braucht es ein Grundrecht auf ein analoges Leben?

Mitali Nagrecha
68 Eine Chance für weniger Haft?
Die Berücksichtigung des Existenzminimums bei der Festsetzung von Tagessätzen

Männer und Frauen sind gleichberechtigt. Der Staat fördert die tatsächliche Durchsetzung der Gleichberechtigung von Frauen und Männern und wirkt auf die Beseitigung bestehender Nachteile hin.
(Artikel 3 Absatz 2)

Ulrike Lembke / Marie Volkmann
73 Sprechende Sprachverbote
Geschlechtergerechte Sprache im hoheitlichen Sprachhandeln

Friederike Boll / Lea Welsch
77 Über Geld spricht man nicht?
Die BAG-Entscheidung zur Entgeltdiskriminierung von Frauen

Niemand darf wegen seines Geschlechtes, seiner Abstammung, seiner Rasse, seiner Sprache, seiner Heimat und Herkunft, seines Glaubens, seiner religiösen oder politischen Anschauungen benachteiligt oder bevorzugt werden. Niemand darf wegen seiner Behinderung benachteiligt werden. (Artikel 3 Absatz 3)

Tarik Tabbara
82 Modernisierung des Staatsangehörigkeitsrechts
Eine Reform mit gleichheitsrechtlichen Problemen

Claus Förster
86 Vereinte Nationen zutiefst besorgt über die Situation von Behinderten in Deutschland

Jeder hat das Recht, seine Meinung in Wort, Schrift und Bild frei zu äußern und zu verbreiten und sich aus allgemein zugänglichen Quellen ungehindert zu unterrichten. (Artikel 5 Absatz 1 Satz 1)

Vivian Kube/Hannah Vos
91 **Gelöscht, nicht »aktenrelevant« oder nie gespeichert**
Der Umgang mit der Handykommunikation von Politiker*innen und Behörden gefährdet die Informationsfreiheit

John Philipp Thurn
95 **Immer neue Lücken im Äußerungsstrafrecht?**

Timo Laven/Lorenz Wielenga
101 **Rassismuskritik oder Beleidigung?**
Entzug der Lehrerlaubnis wegen polizeikritischer Äußerung

Die Pressefreiheit und die Freiheit der Berichterstattung durch Rundfunk und Film werden gewährleistet. Eine Zensur findet nicht statt. (Artikel 5 Absatz 1 Satz 2 und 3)

Jan Rahner
106 **Razzia bei Radio Dreyeckland**
Wie kritische Berichterstattung kriminalisiert wird

Benjamin Lück
110 **Whistleblower*innen – Wer schützt die Quelle vor der Presse?**

Kunst und Wissenschaft, Forschung und Lehre sind frei. Die Freiheit der Lehre entbindet nicht von der Treue zur Verfassung. (Artikel 5 Absatz 3)

Nina Keller-Kemmerer
115 Israelbezogener Antisemitismus und Kunstfreiheit
Der Fall Roger Waters

Alle Deutschen haben das Recht, sich ohne Anmeldung oder Erlaubnis friedlich und ohne Waffen zu versammeln. (Artikel 8 Absatz 1)

Clemens Arzt
120 Sind Versammlungsverbote bald der Normalfall?
Von Corona über »Klimakleber« zum Krieg in Gaza

Tina Keller
125 Alles für die Kohle
Wie Grundrechte mit Lützerath abgerissen wurden

Peer Stolle
129 Antifaschistischer Protest und die Verselbständigung polizeilicher Repression
Zum Leipziger Kessel im Juni 2023

Alle Deutschen haben das Recht, Vereine und Gesellschaften zu bilden. (Artikel 9 Absatz 1)

Paul Madro/Philipp Schönberger
134 Wenn aus zivilem Ungehorsam organisierte Klimakriminalität wird
Der § 129 StGB und die Letzte Generation

Das Recht, zur Wahrung und Förderung der Arbeits- und Wirtschaftsbedingungen Vereinigungen zu bilden, ist für jedermann und für alle Berufe gewährleistet.
(Artikel 9 Absatz 3)

Klaus Lörcher
139 Gräfenhausen ein Symbol?
Lkw-Fahrer wehren sich

Alle Deutschen haben das Recht, Beruf, Arbeitsplatz und Ausbildungsstätte frei zu wählen. Die Berufsausübung kann durch Gesetz oder auf Grund eines Gesetzes geregelt werden. (Artikel 12 Absatz 1)

Norbert Pütter
144 Zeugnisverweigerungsrecht und Soziale Arbeit

Die Wohnung ist unverletzlich. Durchsuchungen dürfen nur durch den Richter, bei Gefahr im Verzuge auch durch die in den Gesetzen vorgesehenen anderen Organe angeordnet und nur in der dort vorgeschriebenen Form durchgeführt werden. (Artikel 13 Absatz 1 und 2)

Karl Mauer
149 Die Räume der Anderen
Das behördliche Betreten von Zimmern geflüchteter Menschen

Das Eigentum und das Erbrecht werden gewährleistet. Inhalt und Schranken werden durch die Gesetze bestimmt. Eigentum verpflichtet. Sein Gebrauch soll zugleich dem Wohle der Allgemeinheit dienen.
(Artikel 14 Absatz 1 und 2)

Noma Hajar/Benjamin Raabe
154 Die Eigenbedarfskündigung als effektives Mittel zur Verdrängung

Politisch Verfolgte genießen Asylrecht. (Artikel 16a Absatz 1)

Wiebke Judith
159 Finstere Aussichten für den Flüchtlingsschutz in Europa
Wie die GEAS-Reform das Recht auf Asyl aushöhlt

Max Putzer
165 Kein Schutz bei »nicht öffentlich bemerkbar gelebter homosexueller Veranlagung«?
Zum Umgang mit queeren Geflüchteten in (gerichtlichen) Asylverfahren

Anna Biselli/Chris Köver
169 Das Handy, bitte!
Wie das digitale Leben von Asylsuchenden durchleuchtet wird

Wird jemand durch die öffentliche Gewalt in seinen Rechten verletzt, so steht ihm der Rechtsweg offen.
(Artikel 19 Absatz 4)

Anne Pertsch/Robert Nestler
174 Grenzenloses Europa?
Kontrollen und Zurückweisungen an den Binnengrenzen zur »Migrationssteuerung«

Die Bundesrepublik Deutschland ist ein demokratischer und sozialer Bundesstaat. (Artikel 20 Absatz 1)

Friedrich Zillessen
179 **Was wäre, wenn?**
Der erste AfD-Landrat und die Landtagswahlen 2024

Rainer Land
183 **Ökologischer Umbau und Schuldenbremse**

Andreas Aust
188 **Eine Kampfansage gegen Kinderarmut?**
Die Kindergrundsicherung ist gut gemeint, aber unzureichend

Alle Staatsgewalt geht vom Volke aus. Sie wird vom Volke in Wahlen und Abstimmungen und durch besondere Organe der Gesetzgebung, der vollziehenden Gewalt und der Rechtsprechung ausgeübt. (Artikel 20 Absatz 2)

Malte Engeler
193 **Wie viel kostet eine Wahl?**
Wie die Europäische Verordnung über Targeting bei politischer Werbung am Spagat zwischen Markt und Demokratie scheitert

Die Gesetzgebung ist an die verfassungsmäßige Ordnung, die vollziehende Gewalt und die Rechtsprechung sind an Gesetz und Recht gebunden. (Artikel 20 Absatz 3)

Rolf Gössner
198 **Verfassungsschutz: Stigmatisieren per Datenübermittlung?**
Verfassungsgerichtlich erzwungene Gesetzesreform birgt neue Grundrechtsprobleme

Der Staat schützt auch in Verantwortung für die künftigen Generationen die natürlichen Lebensgrundlagen und die Tiere im Rahmen der verfassungsmäßigen Ordnung durch die Gesetzgebung und nach Maßgabe von Gesetz und Recht durch die vollziehende Gewalt und die Rechtsprechung. (Artikel 20a)

Jannis Krüßmann
203 Klimagesetzesbrecherin vor Gericht
Das Klimaschutzsofortprogramm der Bundesregierung vor dem OVG Berlin-Brandenburg

Katrin Brockmann
208 Ruganer:innen gegen die AfD und für Heringslaichgebiete
Flüssiggasgesetz ignoriert den Schutz der natürlichen Lebensgrundlagen

Verletzt jemand in Ausübung eines ihm anvertrauten öffentlichen Amtes die ihm einem Dritten gegenüber obliegende Amtspflicht, so trifft die Verantwortlichkeit grundsätzlich den Staat oder die Körperschaft, in deren Dienst er steht. (Artikel 34)

Jochen Goerdeler
213 Nach rechtswidriger Nacktdurchsuchung
Bundesverfassungsgericht weitet Ausgleichsansprüche aus

Eine Tat kann nur bestraft werden, wenn die Strafbarkeit gesetzlich bestimmt war, bevor die Tat begangen wurde. (Artikel 103 Absatz 2)

Simon Pschorr
217 Alkohol legal, Cannabis illegal: Eine Entscheidung allein des Gesetzgebers

Niemand darf wegen derselben Tat auf Grund der allgemeinen Strafgesetze mehrmals bestraft werden.
(Artikel 103 Absatz 3)

Marie Volkmann
222 **Nicht zweimal in derselben Sache**
Zur Notwendigkeit staatlicher Selbstbeschränkung bei der Wiederaufnahme von Strafverfahren

Anhang

229 Kurzporträts der herausgebenden Organisationen
239 Autor*innen, Herausgeber*innen und Redaktionsmitglieder
247 Abkürzungen
250 Sachregister

Vorwort der Herausgeber*innen

Das Jahr 2023 war geprägt durch den anhaltenden Aufstieg rechtspopulistischer und rechtsextremer Parteien und Bewegungen in Europa. Sie gelangen an die Macht oder stützen rechtskonservative Regierungen: Schon lange regieren sie in Ungarn mit absoluter Mehrheit, seit kurzem sind sie auch in Finnland und Schweden Partner in der Regierung. In Italien stellt der Postfaschismus die Regierungschefin, in den Niederlanden ging eine islamfeindliche Partei als stärkste Kraft aus den Parlamentswahlen im Herbst hervor. Dass Polen wieder demokratisch regiert wird, ist zwar ein Lichtblick, muss aber keine allgemeine Trendumkehr bedeuten. Auch in Deutschland stellt die Alternative für Deutschland (AfD) erste Landräte und Bürgermeister. 2024 drohen Wahlerfolge der Partei in drei Bundesländern. Wir sind schlecht darauf vorbereitet, sollte sie in Zukunft etwa mehr als ein Drittel der Abgeordneten stellen oder das Amt des/der Landtagspräsident*in besetzen.

Auf derartige Gefahren rechtzeitig mit einer Änderung der Landesverfassungen oder einer zwischen den demokratischen Parteien geschlossenen Vereinbarung zu reagieren, ist auch ein Gebot der Verteidigung von Grundrechten bestimmter Bevölkerungsgruppen, die systematisch eingeschränkt oder komplett ausgehebelt würden, dürfte die AfD Regierungspolitik mitbestimmen. Ebenso erscheinen die nach und nach eingeführten staatlichen digitalen Kontroll- und Überwachungssysteme wie Biometriedatenbanken oder Identifikationsnummern nun in neuem Lichte: Genau vor der Gefahr, dass rechtsautoritäre Regierungen sie für ihre Zwecke verwenden könnten, hatte die netzpolitische Zivilgesellschaft immer gewarnt.

Dass die demokratischen Parteien bislang zumindest verbal auf Bundes- und Landesebene die Zusammenarbeit mit einer in weiten Teilen völkisch-autoritären Partei ablehnten, ist dabei kein Grund zur Beruhigung. Denn die politische Landschaft rückt insgesamt immer weiter nach rechts. Bislang unsagbare Forderungen nach Abschaffung oder erheblicher Einschränkung grundrechtlicher Garantien finden Eingang in den öffentlichen Diskurs. Zentrale Aspekte einer rechten Programmatik werden zunehmend von anderen politischen Kräften aufgegriffen und teilweise übernommen. Und das hat konkrete Auswirkungen auf die von diesen Debatten Betroffenen.

Im Besonderen gilt dies für Geflüchtete, die in Europa Schutz vor Verfolgung, Krieg, Klimawandel oder Armut suchen. Im letzten Jahr sind sie zum Objekt einer Diskussion geworden, deren Teilnehmende sich mit negativen Zuschreibungen und Vorschlägen, diese Menschen möglichst schnell wieder loszuwerden, gegenseitig überboten haben. Das individuelle Grundrecht auf Asyl, 1949 auch unter dem Eindruck von Krieg und zwölfjähriger Schreckensherrschaft der Nazis in das Grundgesetz aufgenommen, ist ebenso wie der europa- und völkerrechtliche Anspruch auf Schutzgewährung, nicht mehr unantastbar. Neben rechtsextremen und rechtspopulistischen Kräften streben auch konservative Politiker*innen die völlige Abschaffung dieser Rechte an. Ersatz soll es in Form einer europäischen Kontingentlösung mit einer Prüfung der Schutzberechtigung im Ausland geben. Besonders perfide ist dabei, dass die Aushebelung der Rechte Schutzsuchender als Gebot der Gerechtigkeit dargestellt wird, da nur so verhindert werden könne, dass sich Menschen auf eine nicht selten tödlich endende Reise nach Europa begeben und sich so das Recht des Stärkeren durchsetzt –, schließlich kämen doch überwiegend junge (muslimische) Männer.

Auch gegenüber Geflüchteten, die bereits in Deutschland leben, wird der Ton deutlich rauer. Ihnen sollen Mittel und Leistungen als angebliche Fluchtanreize gestrichen werden. Das Narrativ einer »Einwanderung in unsere Sozialsysteme« bedient, wer wie der CDU-Vorsitzende Friedrich Merz hetzt, Asylberechtigte schnappten Deutschen die Termine beim Zahnarzt weg. Und selbst der sich als wahrer Sozialdemokrat bezeichnende Bundeskanzler Olaf Scholz stimmt in den Chor derer ein, die »irreguläre Migration« dadurch begrenzen wollen, »endlich in großem Stil« abzuschieben. Bei bloßen Debatten bleibt es aber nicht; vielmehr finden diese ihren Niederschlag in zahlreichen konkreten Verschärfungen des Asyl- und Aufenthaltsrechts. Die Liste der sicheren Herkunftsstaaten wurde erweitert. Bundesweit einheitliche Bezahlkarten sollen eingeführt, Verwaltungs- und Gerichtsverfahren auf Kosten eines effektiven Rechtsschutzes stark beschleunigt werden. Und die Bundesregierung will sogar prüfen, ob Asylanträge außerhalb Deutschlands bearbeitet werden können. Eine Kriminalisierung der Seenotrettung wird ernsthaft erwogen.

Derweil zieht auch die EU die Mauern hoch: Die Reform des Gemeinsamen Europäischen Asylsystems ermöglicht eine monatelange Masseninternierung bestimmter Gruppen von Schutzsuchenden, selbst Familien und Kinder sollen hiervon nicht ausgenommen werden. Ihre Abschiebung in als sicher eingestufte Drittstaaten wird erleichtert, ohne dass ihre Anträge auf Gewährung internationalen Schutzes auf europäischem Boden inhaltlich geprüft würden. Doch all diese Einschränkungen der Rechte Geflüchteter scheinen immer noch nicht auszureichen. Aufrufe dazu, Migrant*innen notfalls »mit physischer Gewalt« aufzuhalten, stammen nicht etwa von der AfD, sondern vom ehemaligen Bundesminister für Gesundheit, Jens Spahn (CDU).

Das Jahr 2023 hat darüber hinaus gezeigt, dass es nicht erst der Machtübernahme durch eine völkisch-nationalistische Partei bedarf, um die Grundrechte anderer Bevölkerungsgruppen unter Druck zu setzen. So wird über die Rechte – etwa auf Änderung des Geschlechtseintrags im Personenregister – von trans* Personen und ihren Kampf für geschlechtliche Selbstbestimmung zugespitzt und polarisierend debattiert. Ähnlich emotional wird die Diskussion über die Verwendung geschlechtergerechter und diskriminierungsfreier Sprache geführt. Mehrere Bundesländer haben eine entsprechende Verwendung von Sonderzeichen in Verwaltung und sonstigen öffentlich-rechtlichen Einrichtungen wie Universitäten, Schulen und öffentlichem Rundfunk bereits verboten oder ein solches Verbot angekündigt, und dies sehenden Auges in Widerspruch zu grundrechtlichen Gleichbehandlungsgeboten und Diskriminierungsverboten.

Auch Klimaschutz und Energiewende, die von Personen mit demokratiegefährdenden Einstellungen überdurchschnittlich oft abgelehnt werden, wurden von rechten Populist*innen als Themen entdeckt. Sie versuchen, insbesondere die politische Mitte für ihre Ideologien zu gewinnen. Polizei und Strafverfolgungsbehörden gehen derweil mit unverminderter Härte gegen gewaltlosen zivilen Ungehorsam vor. Einzelne Staatsanwaltschaften ermitteln, teils gerichtlich bestätigt, mit weitreichenden Maßnahmen gegen die Klimaaktivist*innen der Letzten Generation, indem sie diese als kriminelle Vereinigung einstufen. Die Polizei wendet Schmerzgriffe an, um Straßenblockaden aufzulösen. Dass es letztlich Gerichte sind, die die Bundesregierung an ihre verfassungsrechtliche und gesetzliche Pflicht zu effektiven Maßnahmen gegen die Klimakrise erinnern müssen, zeigt zugleich: Proteste sind weiterhin nötig.

Der Krieg in der Ukraine wurde auch im Jahr 2023 fortgesetzt und ein weiterer kam hinzu, ausgelöst durch ein Massaker der Hamas an der Zivilbevölkerung in Israel nahe Gaza am 7. Oktober. Seine Auswirkungen blieben nicht auf den Nahen Osten beschränkt. Auf Berliner Straßen feierten Menschen den Terrorangriff mit Baklava. Jüdinnen und Juden in Deutschland haben wieder zunehmend Angst vor körperlichen Übergriffen und Anfeindungen – auch das ist kaum auszuhalten.

Zugleich stiegen Vorfälle von antimuslimischem Rassismus an. Versammlungsbehörden reagierten zunächst nicht selten mit Totalverboten sogenannter propalästinensischer Demonstrationen. Derartige Einschränkungen der Versammlungs-, auch der Meinungsfreiheit – etwa durch die Kriminalisierung von Parolen –, dürfen aber in einer pluralistischen Demokratie allenfalls das letzte Mittel sein. Auch die Reichweite von Kunst- und Wissenschaftsfreiheit wird anlässlich einer Debatte über eine umfängliche Definition von Antisemitismus und ihre verbindliche Anwendung durch staatliche Behörden auf teils besorgniserregende Weise neu verhandelt.

Wenig Beachtung fanden 2023 erneut soziale Grundrechte. Der Verfassungssatz »Eigentum verpflichtet« ist selten Richtschnur der Gesetzgebung und fristet auch in der Rechtsprechung ein Nischendasein. Dies geht insbesondere zu Lasten von Mieter*innen, die von Eigenbedarfskündigungen betroffen sind und angesichts einer immer drängenderen Wohnungsnot teils buchstäblich auf der Straße stehen. Die Debatte über die Einführung einer Kindergrundsicherung hat darüber hinaus gezeigt, dass steigende Armut vor allem von Alleinerziehenden und Mehrkinderfamilien weder in ihrer grundrechtlichen Dimension noch in ihren Auswirkungen auf die soziale Demokratie ernst genommen wird. Der alte Reflex, Haushaltsprobleme des Staates nicht über die Einnahmenseite, sondern mittels Kürzungen auf der Ausgabenseite, vor allem im Sozialbereich, zu lösen, scheint auch nach dem Urteil des Bundesverfassungsgerichts zur Schuldenbremse zu wirken. Dieses lässt dem demokratisch legitimierten Haushaltsgesetzgeber kaum Spielräume bei der Kreditaufnahme zur Finanzierung von Energie- und Mobilitätswende sowie der Erneuerung einer durch Jahre der Austeritätspolitik vernachlässigten öffentlichen Infrastruktur. Gesellschaftliche Konflikte um die Verteilung von Wohlstand und die Bewahrung der natürlichen Lebensgrundlagen werden uns deshalb auch im kommenden Jahr weiter beschäftigen.

Artikel 1 (1) **Die Würde des Menschen ist unantastbar. Sie zu achten und zu schützen ist Verpflichtung aller staatlichen Gewalt.**

Kirstin Drenkhahn

Welches Ziel hat Gefangenenarbeit?

Gefangenenentlohnung und Resozialisierungsgebot

Strafgefangene sind schon seit fast 500 Jahren, seit der Einführung der ersten Vorläufer der modernen Gefängnisse, mit dem Ziel der Integrierung in die Gesellschaft zur Arbeit verpflichtet. Die Entlohnung der Gefangenen war schon immer sehr gering, sollte aber den Wert von Arbeit verdeutlichen. Ob das funktioniert, weiß man bis heute nicht. Am 20. Juni 2023 hat das Bundesverfassungsgericht (BVerfG) entschieden (Az. 2 BvR 166/16, 2 BvR 1683/17), dass nicht nur die aktuelle Gefangenenentlohnung in Deutschland zu niedrig ist, sondern auch, dass die Arbeit von Strafgefangenen nicht nachvollziehbar in ein gesetzliches Resozialisierungskonzept eingebunden ist. Das wäre aber erforderlich, um den mit der Arbeitspflicht verbundenen Eingriff in die Grundrechte von Gefangenen zu rechtfertigen. Ausgangspunkt waren die Verfassungsbeschwerden zweier Strafgefangener aus Bayern und Nordrhein-Westfalen. Das Gericht erklärte die Regelungen zur Gefangenenentlohnung in beiden Landesstrafvollzugsgesetzen für mit dem Resozialisierungsgebot aus Artikel 2 Absatz 1 in Verbindung mit Artikel 1 Absatz 1 GG nicht vereinbar. Die Entscheidung hat aber für alle Bundesländer Folgen. Sie haben nun bis zum 30. Juni 2025 Zeit, ihre Strafvollzugsgesetze zu überarbeiten.

Wie ist die Gefangenenentlohnung bisher geregelt?

Seit rund 20 Jahren ist die Arbeitsentlohnung für Strafgefangene folgendermaßen ausgestaltet: Die Gefangenen haben keinen Arbeitsvertrag oder ähnliches und werden deshalb nicht nach Tarif bezahlt. Stattdessen erhalten sie eine sehr geringe finanzielle Entlohnung und in den meisten Bundesländern Tage, an denen sie nicht arbeiten müssen und die auf den Entlassungstermin angerechnet werden können. In den meisten Bundesländern besteht eine Arbeitspflicht (Ausnahmen: Brandenburg, Rheinland-Pfalz, Saarland und Sachsen). Arbeitsverweigerung kann mit einer Disziplinarmaßnahme bestraft werden. Diese mit Zwang durchsetzbare Pflicht ist in Artikel 12 Absatz 3 GG ausdrücklich als Ausnahme vom Verbot der Zwangsarbeit vorgesehen, weil Strafgefangene eben schon immer (siehe oben) arbeiten mussten und man sich Gefängnisse ohne Arbeitspflicht nicht vorstellen kann.

Die Berechnung der finanziellen Entlohnung ist kompliziert: Sie beträgt 9 Prozent des Durchschnittsentgelts der gesetzlichen Rentenversicherung. Das bezeichnet man als Eckvergütung. Für 2023 kommt man so für Strafgefangene auf einen Tagessatz von 14,67 Euro im Westen und 14,21 Euro im Osten. Die Vergütung wird nach der Schwierigkeit der Tätigkeit und der Leistung gestaffelt und kann deshalb weniger oder mehr als die Eckvergütung betragen. Der tatsächliche Durchschnittslohn für Gefangene ist nicht bekannt.

Warum ist das nicht mit dem Grundgesetz vereinbar?

Das BVerfG hat bereits in den 1970er Jahren entschieden, dass Strafgefangene einen Anspruch auf Resozialisierung haben, abgeleitet aus Artikel 2 Absatz 1 in Verbindung mit Artikel 1 Absatz 1 GG und dem Sozialstaatsprinzip (Artikel 20 Absatz 1 GG). Die Arbeit wird zwar als wichtige Resozialisierungsmaßnahme angesehen. Es gibt aber weder ein bestimmtes verfassungsrechtlich vorgegebenes Resozialisierungsprogramm, noch ist bekannt, wie Arbeit und Arbeitsentlohnung dazu beitragen.

In Deutschland gibt es bisher dazu keine Forschung. Zurzeit untersucht zwar in Nordrhein-Westfalen ein sehr großes Projekt die Wirksamkeit von Resozialisierungsmaßnahmen, allerdings nur von schulischen und beruflichen Bildungsmaßnahmen und nicht von Arbeit als solcher. Forschung zu Resozialisierungskonzepten kommt vor allem aus dem englischsprachigen Ausland, was bedeutet, dass die Rezeption durch die Praxis in Deutschland davon abhängt, ob diese Erkenntnisse bei uns überhaupt bekannt sind und gegebenenfalls übersetzt wurden.

Dem BVerfG ist anlässlich der beiden Beschwerden, über die nun entschieden wurde, gewissermaßen der Kragen geplatzt. Das Urteil ist zwar ausgewogen und trägt allen möglichen Bedenken Rechnung, bietet aber keine Bedienungsanleitung oder Vorlage für ein Gesetz an. Es wird nur immer wieder hervorgehoben, dass im Gesetz ein wirksames und in sich stimmiges Resozialisierungskonzept erkennbar sein muss, in das die Regeln zur Arbeitsentlohnung schlüssig eingebettet sein müssen. Das BVerfG hatte schon in der ersten Entscheidung zur Gefangenenvergütung (Urteil vom 1.7.1998, Az. 2 BvR 441/90 u.a., BVerfGE 98, 169) und im Urteil zur gesetzlichen Grundlage des Jugendstrafvollzugs (vom 31.5.2006, Az. 2 BvR 1673/04, BVerfGE 116, 69) festgehalten, dass der Gesetzgeber verpflichtet sei, »ein wirksames Resozialisierungskonzept zu entwickeln und den Strafvollzug darauf aufzubauen«, dann aber vor allem den weiten Gestaltungsspielraum hervorgehoben, der dem Gesetzgeber bei der Umsetzung viel Freiheit lässt.

Diesen Gestaltungsspielraum gibt es auch nach der aktuellen Entscheidung, wie bereits an der Aufzählung der vielen zum Teil gegenläufigen Aspekte erkennbar wird, die nach Ansicht des BVerfG bei der Bestimmung der Höhe der Arbeitsentlohnung eine Rolle spielen können. Zu diesen Aspekten gehört z.B. die Verdeutlichung des Werts der Arbeit zur Bestreitung des Lebensunterhalts, zur Erfüllung von Unterhaltspflichten, zum Ausgleich von Tatfolgen, zum Schuldenabbau, zum Geldverdienen für den Einkauf, zum Erlernen des eigenverantwortlichen Umgangs mit Geld, zur (teilweisen) Begleichung der Kosten des Vollzugs oder der Verfahrenskosten. Aber anscheinend sah das BVerfG sich jetzt veranlasst, sehr viel deutlicher zu werden. Nun wird die Umsetzung des Resozialisierungskonzepts umfangreich hergeleitet. Außerdem werden Anforderungen auch auf diejenigen Bundesländer ausgeweitet, in denen es bisher keine Arbeitspflicht im Vollzug gibt.

Welche Folgen hat das Urteil?

Das BVerfG hat die Regeln zur Arbeitsentlohnung nicht für verfassungswidrig, sondern für unvereinbar mit dem Grundgesetz erklärt. Dadurch wird vermieden, dass diese Regeln sofort nichtig werden und nicht mehr gelten, was zu einer Reihe von Folgeproblemen führen würde (z.B. wie mit den bisher bezahlten, zu geringen Vergütungen umgegangen werden soll). Mit einer solchen Entscheidung ist immer eine Fristsetzung zur Behebung des nicht verfassungsgemäßen Zustandes verbunden, hier bis zum 30. Juni 2025. Bis dahin gelten die alten Regeln weiter. Außerdem müssen die Bundesländer bis dahin ihre Strafvollzugsgesetze so geändert haben, dass ein wirksames, in sich schlüssiges und am Stand der Wissenschaft ausgerichtetes Resozialisierungskonzept erkennbar ist, in das Arbeit und Arbeitsentlohnung so eingebettet sind, dass die damit verfolgten Zwecke widerspruchsfrei und im Gesetz erkennbar sind. Das ist eine sehr schwierige Aufgabe, weil es keine Vorbilder gibt. Gerüchten zufolge sehen einige Bundesländer nicht ein, warum sie etwas ändern sollen. Auch müssten der politischen Ebene wissenschaftliche Erkenntnisse zum Strafvollzug eher untergejubelt werden, als dass sie sie ausdrücklich einfordert.

Hinzu kommt, dass es in den bisherigen Strafvollzugsgesetzen mit dem Vollzugsziel und den Gestaltungsgrundsätzen zwar Programmsätze gibt. Aber aus diesen Normen ist eben gerade kein konkretes Resozialisierungskonzept erkennbar, auch wenn aus den Justizministerien zu hören ist, dass hier ein bestimmtes Konzept verfolgt wird, das auf die Verringerung von Rückfallrisiken abzielt. In den überarbeiteten Gesetzen wird es jedoch im Gesetzestext selbst eine konkrete Ausformulierung des Konzepts geben müssen. Man darf gespannt sein.

Literatur

Drenkhahn, Kirstin: Gefangenenarbeit und Resozialisierung, in: Forum Strafvollzug 2022, Heft 3 und 4, S. 176 ff. (Teil 1) und 276 ff. (Teil 2).

Kriminologischer Dienst des Landes Nordrhein-Westfalen: Projekte des Kriminologischen Dienstes NRW, www.justiz.nrw/Gerichte_Behoerden/landesjustizvollzugsdirektion/statistik_und_forschung/projekte_des_krimd_/index.php

Rosemarie Will

Selbstbestimmtes Sterben und assistierter Suizid

Seit das Bundesverfassungsgericht (BVerfG) im Februar 2020 das 2015 eingeführte Verbot der »geschäftsmäßigen« Suizidassistenz nach § 217 StGB aufgehoben hat, ist verfassungsrechtlich anerkannt: Das allgemeine Persönlichkeitsrecht (Artikel 2 Absatz 1 i.V.m. Artikel 1 Absatz 1 GG) als Ausdruck persönlicher Autonomie umfasst ein Recht auf selbstbestimmtes Sterben, welches die Freiheit zum Suizid mit passiver Hilfe Dritter einschließt. Seither ist der assistierte Suizid in Deutschland wie seit der Einführung des Reichsstrafgesetzbuches von 1871 wieder straffrei (siehe Will, Grundrechte-Report 2021).

Am 6. Juli 2023 sind im Bundestag zwei Gesetzentwürfe zur Neuregelung der Suizidhilfe gescheitert. Zudem hat das Bundesverwaltungsgericht (BVerwG) mit Urteil vom 7. November 2023 (Az. 3 C 8.22 u.a.) einen Anspruch auf Zugang zum tödlichen Betäubungsmittel Natrium-Pentobarbital (Na-P) für Suizidwillige abgelehnt. Damit bleibt die Selbstbestimmung Sterbender beim assistierten Suizid defizitär.

Wenig Neues in den interfraktionellen Gesetzentwürfen

Der interfraktionelle Entwurf der Abgeordneten Lars Castellucci, Ansgar Heveling u. a. (BT-Drs. 20/904), der mehrheitlich von Abgeordneten der CDU und CSU unterstützt wurde, war ein Wiedergänger des verfassungswidrigen § 217 StGB. Er wollte erneut die »geschäftsmäßige Suizidassistenz« unter Strafe stellen. Verboten werden sollte nicht etwa die bezahlte Suizidassistenz, sondern die wiederholte Hilfe zur Selbsttötung von Organisationen, Vereinen und Einzelpersonen. Nur ausnahmsweise, wenn in zwei Untersuchungen und einem sich anschließenden Beratungsgespräch festgestellt worden war, dass »keine die autonome Entscheidungsfindung beeinträchtigende psychische Erkrankung vorliegt und nach fachlicher Überzeugung das Sterbeverlangen freiwilliger, ernsthafter und dauerhafter Natur ist«, sollte die Suizidassistenz erlaubt sein.

Das folgte der Regelung zum Schwangerschaftsabbruch in § 218 StGB, obwohl es beim Suizid nicht um den Schutz fremden Lebens geht. Das Leben der Person sollte paternalistisch gegen ihre eigenen Entscheidungen geschützt werden. Bei der öffentlichen Anhörung im Rechtsausschuss des Bundestages im November 2022 hielten vier von fünf juristischen Sachverständigen diesen Entwurf für verfassungsrechtlich bedenklich: Er kriminalisiere die Suizidhilfe weiterhin grundsätzlich und lasse die Grundrechtsausübung beim assistierten Suizid nur ausnahmsweise zu. Zudem werde ein nicht leistbares Untersuchungs- und Beratungsprogramm vorgeschrieben, welches die Suizidentscheidung pathologisiere.

Der damit konkurrierende interfraktionelle Antrag der Abgeordneten Katrin Helling-Plahr und Renate Künast für ein »Gesetz zum Schutz des Rechts auf selbstbestimmtes Sterben und zur Regelung der Hilfe zur Selbsttötung« (BT-Drs. 20/7624) außerhalb des Strafrechts wurde mehrheitlich unterstützt von Abgeordneten der FDP, der Grünen, der SPD und der Linken. »Jeder, der aus autonom gebildetem, freiem Willen sein Leben eigenhändig beenden möchte«, sollte danach das Recht haben, »Hilfe in Anspruch zu nehmen«. Der Entwurf sah die Verschreibung eines tödlichen Mittels von einem Arzt oder einer

Ärztin des Vertrauens für Erwachsene vor, regelte aber als Voraussetzung eine vorherige verpflichtende Beratung. Damit sollten Rechtssicherheit hergestellt und durch das unentgeltliche Beratungsangebot und die ärztliche Verschreibung des tödlichen Mittels zwar den Sterbehelfenden und Sterbehilfevereinen das Wasser abgraben werden, aber ihre Tätigkeit sollte nicht strafbar sein. Suizidhilfe sollte als »Gewinnveranstaltung« von Sterbehilfevereinen weitgehend überflüssig und streng geregelt werden. Dazu ermächtigte der Gesetzentwurf die Bundesregierung, mittels Verordnungen Melde- und Dokumentationspflichten, eine sichere Aufbewahrung der Arznei- und/oder Betäubungsmittel, die Einführung von Zuverlässigkeitsprüfungen sowie Vergütungssätze und Evaluationsvorschriften zu regeln.

Scheitern mit Hilfe der AfD als List der Vernunft?

Beide Entwürfe erhielten keine Mehrheit, weil die AfD-Abgeordneten geschlossen gegen beide Entwürfe stimmten; sie waren in die interfraktionelle Arbeit nicht einbezogen worden. Die Abstimmungsergebnisse für Castellucci/Heveling (von 690 abgegebenen Stimmen nur 304 Ja- und 363 Nein-Stimmen bei 23 Enthaltungen) und für Helling-Plahr/Künast (von 682 abgegebenen Stimmen nur 287 Ja- und 375 Nein-Stimmen bei 20 Enthaltungen) zeigen, dass die Unterstützenden jedes Entwurfs geschlossen gegen den Konkurrenzentwurf stimmten, plus alle Abgeordneten der AfD. Damit war die AfD nicht nur wie vielfach befürchtet Mehrheitsbeschafferin, sondern verhinderte alles.

Angesichts dieses Scherbenhaufens fragt es sich nun, wozu es eigentlich einer gesetzlichen Regelung der Suizidhilfe bedarf, wenn ein freiverantwortlicher Suizid und die Inanspruchnahme der Hilfe Dritter durch das grundrechtliche Selbstbestimmungsrecht geschützt sind? Sicher bedarf es dazu keines strafrechtlichen Verbotes. Jede Beeinträchtigung der Freiverantwortlichkeit beim Suizid kann mit dem geltenden Strafrecht als Tötungsdelikt geahndet werden. Wird also gesetzlich nur klargestellt, was ohnehin gilt? Das Parlament kann auch hier spezielle Sicherheits- und Ordnungsvorschriften schaffen und Beeinträchtigungen des grundrechtlich geschützten Handelns beseitigen, ähnlich wie es im Versammlungsrecht für die Demonstrationsfreiheit geschieht. Wie dort besteht aber dabei die Gefahr, die grundrechtliche Freiheit unverhältnismäßig einzuschränken, weshalb Konfliktfälle regelmäßig erst durch das BVerfG entschieden werden. Dies würde für alle verpflichtenden Regelungen über den freiverantwortlichen Suizid gelten, also auch für die zwingende Beratung, wie sie im Entwurf von Helling-Plahr/Künast vorgesehen war.

Legaler Zugang zum tödlichen Medikament

Mit dem Scheitern der Entwürfe unterblieb die Legalisierung des Zugangs zum Medikament Na-P. Auch der Entwurf Castellucci/Heveling sah vor, die entgegenstehende Regelung des Betäubungsmittelgesetzes (BtMG) aufzuheben. Derzeit benötigt man nach § 3 BtMG für den Erwerb von Na-P eine Erlaubnis des Bundesinstituts für Arzneimittel und Medizinprodukte. Diese darf aber nach § 5 Absatz 1 Nr. 6 BtMG nur erteilt werden, wenn »die Art und der Zweck« der Arzneimittelanwendung mit dem Zweck des BtMG vereinbar sind. Dieser besteht u.a. darin, »die notwendige medizinische Versorgung der Bevölkerung sicherzustellen, daneben aber den Missbrauch von Betäubungsmitteln soweit wie möglich auszuschließen«.

Eine solche therapeutische Zielrichtung habe die Beendigung des eigenen Lebens nicht, urteilte das BVerwG im November 2023. Das BVerwG erkennt zwar an, dass § 3 Absatz 1 Nr. 1 i.V.m. § 5 Absatz 1 Nr. 6 BtMG die Freiheit, selbstbestimmt zu sterben, einschränkt, weil die Betroffenen jedenfalls nicht mit Hilfe von Na-P, dem derzeit sichersten Mittel für die Selbsttötung, sterben können. Es hält diese Einschränkung aber für gerechtfertigt, d.h. Ärztinnen und Ärzte dürfen es nicht verschreiben und Apotheken nicht verkaufen. Den Betroffenen stünden legale Alternativen zur Verfügung, argumentiert das BVerwG. Damit gemeint ist, dass man sich andere Medikamente ärztlich verschreiben lassen kann, deren Kombination suizidal wirkt, oder dass man die Hilfe von Sterbehilfeorganisationen in Anspruch nehmen kann, die das tödliche Mittel mit ärztlicher Hilfe »beschaffen«.

Das BVerwG hat eine extreme Notlage nicht anerkannt, in der Sterbewillige einen Anspruch auf Na-P haben, wie es das BVerfG 2017 als verfassungskonforme Auslegung des BtMG entwickelte hatte (siehe Will, Grundrechte-Report 2018). Stattdessen hat es auf die beschriebenen Alternativen und den Gesetzgeber verwiesen, der einen solchen Zugang regeln könne. Da der aber gerade gescheitert ist, wird die Auseinandersetzung nun vor dem BVerfG weitergehen: Die unterlegenen Sterbewilligen haben Verfassungsbeschwerde erhoben.

Literatur

Lüders, Sven: Die Praxis der Sterbehilfeorganisationen nach der Entscheidung des Bundesverfassungsgerichts, in: vorgänge Nr. 229 (Heft 1/2020), S. 107–111.

Hilgendorf, Eric: Die Stellungnahme der deutschen Strafrechtslehrerinnen und Strafrechtslehrer zur Neuregelung der Sterbehilfe, in: vorgänge Nr. 210/211 (Heft 2–3/2015), S. 99–104.

Kalle Hümpfner / Tuuli Reiss

Das Selbstbestimmungsgesetz und die Änderung des Geschlechtseintrages als Grundrecht

Seit Jahren wird die Einführung eines Selbstbestimmungsgesetzes diskutiert. Die Ampelregierung griff das Vorhaben im Koalitionsvertrag 2021 auf und vereinbarte: »Wir werden das Transsexuellengesetz abschaffen und durch ein Selbstbestimmungsgesetz ersetzen.« Seither wurden Eckpunkte für ein Selbstbestimmungsgesetz präsentiert (Juni 2022), ein Referent*innen-Entwurf vorgelegt (Mai 2023), ein Beschluss im

Kabinett gefasst (August 2023) und die erste Lesung sowie eine Ausschussanhörung im Bundestag durchgeführt (November 2023). Doch trotz dieser Fortschritte im Gesetzgebungsverfahren herrscht in trans*, intergeschlechtlichen und nicht-binären Communities keine Feierstimmung.

Die bisherige Rechtslage

Aktuell kann die Änderung von Geschlechtseintrag und Vornamen entweder über das sogenannte Transsexuellengesetz (TSG) oder den § 45b Personenstandsgesetz (PStG) vorgenommen werden. Das TSG wurde 1980 auf Druck des Bundesverfassungsgerichts (BVerfG) eingeführt und schuf erstmals einen rechtlichen Rahmen für die Änderung des Geschlechtseintrags für trans* Personen. Seit seinem Inkrafttreten 1981 wurde es sechsmal als verfassungswidrig eingestuft. Die Voraussetzung der Ledigkeit oder einer geschlechtsangleichenden, sterilisierenden Operation für die Änderung des Geschlechtseintrags seien unvereinbar mit dem Grundgesetz, führten die Richter*innen in Karlsruhe aus. Seither werden die entsprechenden Regelungen nicht mehr umgesetzt. Doch die Kritik an dem Gesetz ist nicht verebbt.

Der § 45b PStG wurde Ende 2018 eingeführt, nachdem das BVerfG ein Jahr zuvor entschieden hatte, dass es nicht ausreichend sei, dass im PStG als amtliche Geschlechtseinträge nur »männlich«, »weiblich« und eine Leerstelle zur Auswahl stehen. Die Gesetzgebung wurde durch das Gericht beauftragt, entweder die Erfassung des Geschlechtseintrags für alle zu beenden oder einen weiteren Geschlechtseintrag zu schaffen (Beschluss vom 10. 10. 2017, Az. 1 BvR 2019/16). Letztere Option wurde gewählt und damit der Geschlechtseintrag »divers« im Personenstandsrecht eingeführt.

Beide Verfahren werden aus menschenrechtlicher Perspektive und von Selbstvertretungsorganisationen kritisiert, da sie auf einem pathologisierenden Verständnis von Trans- bzw. Intergeschlechtlichkeit beruhen. Es wird nach dem TSG erwartet, dass zwei psychologische Gutachten in einem Gerichtsverfahren vorgelegt werden. Im Verfahren nach dem PStG muss eine ärztliche Bescheinigung beim Standesamt eingereicht werden. Dies soll sich mit dem Selbstbestimmungsgesetz ändern. Im Kern geht es bei dem Vorhaben um eine personenstandsrechtliche Reform der Änderung des Geschlechtseintrags. Nach Verabschiedung des Gesetzes soll in Zukunft allein die Erklärung der betroffenen Person vor dem Standesamt ausreichend sein, um Geschlechtseintrag und Vornamen zu ändern.

Das Grundrecht auf Änderung des Geschlechtseintrages

Die Debatte zum Selbstbestimmungsgesetz ist eine menschenrechtliche Diskussion darüber, wie die rechtliche Benachteiligung von trans*, intergeschlechtlichen und nicht-binären Personen abgebaut werden kann. Die Möglichkeit der Änderung des Geschlechtseintrags und die damit verbundene Anerkennung der geschlechtlichen Identität lässt sich aus den Grundrechten ableiten. Das BVerfG hat in mehreren Beschlüssen ausgeführt, dass es dabei um das Recht der freien Entfaltung der Persönlichkeit (Artikel 2 Absatz 2 GG) und die Menschenwürde (Artikel 1 Absatz 1 GG) geht. Solange der Geschlechtseintrag staatlich erfasst wird, ist geboten, dass eine Änderung mit keiner unverhältnismäßigen Verletzung der Grundrechte einhergeht und trans*, intergeschlechtliche und nicht-binäre Personen in ihrer Identität anerkannt werden. Der Anpassung des Geschlechtseintrags wird unter diesen Umständen eine hohe Bedeutung zugemessen, weil ihm eine identitätsstiftende und -ausdrückende Wirkung beikommt und sich daran im Alltag vielfach festmacht, wie Personen angesprochen werden.

Bisher hat der Gesetzgeber nicht adäquat reagiert. Die Beendigung von personenstandsrechtlichen Grundrechtsverletzungen gegenüber trans*, nicht-binären und intergeschlechtlichen Personen musste regelmäßig vor dem BVerfG erstritten werden. Strategische Prozessführung, nicht die Initiative der Gesetzgebung, trug entscheidend dazu bei, dass das TSG überhaupt eingeführt, verfassungswidrige Regelungen ausgesetzt und das PStG ergänzt wurde. Auch gegenwärtig bleibt der Gesetzgeber hinter den selbstgesetzten Zielen zurück und wirkt beeinflusst von der öffentlichen Debatte. Von rechtsextremen, rechtspopulistischen und evangelikalen Akteur*innen sowie vermeintlichen Frauenrechtler*innen (sogenannten TERFs = Trans Exclusionary Radical Feminists) wurde das Selbstbestimmungsgesetz als Bedrohung insbesondere für Frauen und Kinder dargestellt. In diesem Kontext sind die Debatte zum Hausrecht und die damit verwandte Diskussion zu Frauensaunen zu nennen, weil darüber prominent in den Medien gestritten wurde. Aber auch die gezielte Instrumentalisierung des Themenfelds »Kinderschutz« mittels pseudowissenschaftlicher Narrative, die vor einem »Trans*-Trend« warnen, der entstehe, wenn Jugendliche ihren Geschlechtseintrag eigenständig ändern können, richtet sich gegen das Grundrecht der freien Entfaltung der Persönlichkeit. Hingegen wurde die breite Unterstützung aus dem menschen- und frauenrechtlichen, sozialen, kirchlichen und gewerkschaftlichen Bereich für das Vorhaben in der Öffentlichkeit nicht ausreichend wahrgenommen und weiterführende Kritik an dem Gesetzentwurf nicht aufgegriffen.

Die Defizite des aktuellen Gesetzentwurfes

Diese angstbesetzte Diskussionsatmosphäre blieb nicht ohne Einfluss auf den vorliegenden Entwurf. Einzelne Regelungen wurden so verschärft, dass diese im Widerspruch zu dem eigentlichen Anliegen stehen, Diskriminierung gegenüber trans*, intergeschlechtlichen und nicht-binären Personen abzubauen. Im Entwurf wurden zusätzliche Sperr- und Anmeldefristen für die Änderung des Geschlechtseintrags eingeführt (§§ 4, 5 SBGG-E). Im Spannungs- und Verteidigungsfall soll die Änderung des Geschlechtseintrags keine Auswirkung auf die Wehrpflicht haben (§ 9 SBGG-E). Eine Mitteilung über die Änderung des Geschlechtseintrags soll an eine Reihe von Sicherheits- und Strafverfolgungsbehörden erfolgen, wobei sensible Informationen übermittelt werden (§ 13 Absatz 5 SBGG-E). Personen ohne deutsche Staatsangehörigkeit, die in Aufenthaltsgestattung oder Duldung in Deutschland leben, werden von der Möglichkeit, ihren Geschlechtseintrag zu ändern, ausgeschlossen. Minderjährige ab 14 Jahren und Personen, für die eine gesetzliche Betreuung bestellt ist, dürfen ihren Geschlechtseintrag nicht ohne die Zustimmung ihrer Sorgeberechtigten bzw. des Betreuungsgerichts ändern. Vor allem mehrfachmarginalisierte und minderjährige Personen stehen somit vor besonders hohen Hürden oder haben überhaupt keine Möglichkeit, ihren Eintrag anzupassen.

Angesichts eines zunehmenden gesellschaftlichen Rechtsrucks ist zu befürchten, dass das Gesetz ohne große Änderungen in die zweite und dritte Lesung im Bundestag geht. Damit droht die Verabschiedung eines Gesetzes, das den ursprünglichen Fokus auf die Stärkung von Grundrechten verloren hat. Erneut wird voraussichtlich der Gang vor Gericht nötig sein, um Grundrechtsverletzungen zu beenden.

Literatur

Hümpfner, Kalle / Koenig, Gabriel_Nox / Ulrich, Markus: Soll Geschlecht jetzt abgeschafft werden? 12 Fragen und Antworten zu Selbstbestimmungsgesetz und Trans*geschlechtlichkeit, 2022, www.bundesverband-trans.de/publikationen/soll-geschlecht-abgeschafft-werden

Artikel 2 (1) **Jeder hat das Recht auf die freie Entfaltung seiner Persönlichkeit.**

Lars Mehler

Kein Freifahrtschein zum polizeilichen Data-Mining

Das Bundesverfassungsgericht bremst die Nutzung von Software zur automatisierten Datenanalyse

Das Bundesverfassungsgericht (BVerfG) urteilte am 16. Februar 2023, dass zwei Normen des Hessischen Gesetzes über die öffentliche Sicherheit und Ordnung (HSOG) und des Hamburgischen Gesetzes über die Datenverarbeitung der Polizei (HmbPolDVG) verfassungswidrig sind. Sie verletzen Artikel 2 Absatz 1 GG in Verbindung mit Artikel 1 Absatz 1 GG in seiner Ausprägung als Recht auf informationelle Selbstbestimmung (1 BvR 1547/19, 1 BvR 2634/20). Beide Normen ermächtigten die Polizeibehörden dazu, personenbezogene Daten in bisher unverbundenen polizeilichen Datenbanken miteinander zu vernetzen und mit weiteren Daten beispielsweise aus Überwachungsmaßnahmen und sozialen Netzwerken zusammenzuführen, um sie automatisiert nach unbekannten Querverbindungen auszuwerten (Data-Mining).

Die Palantir-Software »Gotham« und die Zweckbindung von Daten

Diese Analyseplattform trägt in Hessen den Namen »hessenDATA« und basiert auf der Software »Gotham« der US-Firma Palantir; Hamburg wollte dem folgen. Die Software »Gotham« kann mittels künstlicher Intelligenz (KI) umfassende Persönlichkeitsprofile erstellen, die die Gefährlichkeit von

Personen abbilden sollen (personenbezogenes Predictive Policing). Eingesetzt wurde »hessenDATA« seit 2017 vor allem im Bereich terroristischer Bestrebungen sowie organisierter und schwerer Kriminalität, obwohl eine Rechtsgrundlage mit § 25a HSOG erst 2018 geschaffen wurde. Seitdem ist sie in Hessen für jährlich ca. 14000 Abfragen genutzt worden, von denen ca. 12000 auf die nun als verfassungswidrig eingestufte Norm gestützt wurden. Schon im Grundrechte-Report 2019 hat Tobias Singelnstein den Einsatz von Palantir-Software als Paradigmenwechsel in Bezug auf den im Datenschutzrecht zentralen Zweckbindungsgrundsatz charakterisiert. Dieser besagt: Einmal erhobene personenbezogene Daten dürfen grundsätzlich nur für den Zweck genutzt werden, für den sie auch erhoben wurden. Für die Intensität des jeweiligen Eingriffs in das Recht auf informationelle Selbstbestimmung ist entscheidend, in welchem Umfang die Daten später genutzt werden dürfen. Handelt es sich um einen eng begrenzten Zweck oder eine breite Vielfalt möglicher Nutzungen? Und wie gewichtig ist dieser Zweck im Verhältnis zu dem Eingriff in das Grundrecht? Da die Palantir-Software auf einen praktisch grenzenlosen Zugriff der polizeilich gespeicherten Daten zielte, war klar, dass sie zu einem weiteren Abbau der durch den Zweckbindungsgrundsatz gezogenen Grenzen führt (dazu Singelnstein, Grundrechte-Report 2019).

Verfassungswidrig niedrige Eingriffsschwelle

Im polizeilichen Umgang mit personenbezogenen Daten stellt jede weitere Verwendung bereits erhobener Daten einen separaten (neuen) Eingriff in das Recht auf informationelle Selbstbestimmung dar. Das gilt für die Zusammenführung vorhandener Daten und Dateien in einem gemeinsamen Datenpool durch die Palantir-Software sowie ihre anschließende automatisierte Auswertung. Sie muss sich am Grundsatz der Zweckbindung messen lassen, wonach weitere Nutzungen bereits erhobener Daten hohen Rechtfertigungsanforderungen unterliegen, wenn sie zu anderen Zwecken als jenen verwendet werden, für die sie ursprünglich erhoben wurden (zweckändernde

Weiternutzung). Für zweckändernde Weiternutzungen hat das BVerfG das Kriterium der hypothetischen Datenneuerhebung eingeführt (Urteil vom 20.4.2016, Az. 1 BvR 966/09, 1 BvR 1140/09), das besagt, dass die zweckändernde Weiternutzung verfassungsrechtlich nicht zu beanstanden ist, wenn die Daten zur Aufklärung vergleichbar gewichtiger Straftaten oder zum polizeilichen Schutz von vergleichbar gewichtigen Rechtsgütern verwendet werden sollen. Durch ihre offene Formulierung und den Verweis auf den weitreichenden Straftatenkatalog des § 100a Absatz 2 der Strafprozessordnung haben sowohl die Norm im HSOG als auch im HmbPolDVG diese Anforderungen der hypothetischen Datenneuerhebung nicht erfüllt. Für die von ihnen ermöglichten Anwendungen müsse der Gesetzgeber die Eingriffsschwelle höher ansetzen, als es geschehen ist. Durch ihren breiten und niedrigschwelligen Einsatzbereich und die daten- und methodenoffene Gestaltung hätten sie ein potenziell sehr hohes Eingriffsgewicht, für das der Gesetzgeber keine hinreichende Eingriffsschwelle geschaffen habe.

Kein Ende in Sicht

Der Ausbau der polizeilichen IT-Infrastruktur und eine Praxis der Datenerhebung, -speicherung und -verwendung, bei der alle verfügbaren Daten miteinander verknüpft werden, haben durch das Urteil des Bundesverfassungsgerichts einen klaren Dämpfer bekommen. Auf lange Sicht wird es diesen Trend aber nicht aufhalten können. So wurde inzwischen in Hessen als Reaktion auf das Urteil eine neue Fassung des § 25a HSOG verabschiedet, die erneut weitreichende Einsatzmöglichkeiten bietet und sich beispielsweise nicht vom Einsatz zur vorbeugenden Bekämpfung von Straftaten hat lösen können. Ob die neue Fassung die Anforderungen des BVerfG erfüllt, ist deshalb fraglich.

Hamburg hat nach dem Urteil des BVerfG davon Abstand genommen, eine »Gotham«-Anwendung zu etablieren, Bayern (»VeRa«) und Nordrhein-Westfalen (»DAR«) hingegen arbeiten noch an der Einführung entsprechender, auf »Gotham« basierender Analyseplattformen und haben bereits Rahmenverträge mit Palantir geschlossen. Von einer bundesweiten Einführung der Anwendung »VeRa« hat das Bundesinnenministerium im Sommer 2023 wieder Abstand genommen und will stattdessen eine herstellerunabhängige Anwendung nutzen, um mehr Transparenz zu wahren und nicht von privatwirtschaftlichen IT-Firmen abhängig zu sein. Es ist davon auszugehen, dass sich das BVerfG in Zukunft noch häufiger mit Rechtsgrundlagen für Data-Mining, Predictive Policing und den polizeilichen Einsatz von KI wird beschäftigen müssen. Zu »DAR« ist seit Oktober 2022 bereits eine Verfassungsbeschwerde anhängig.

Beim Einsatz von Software wie »Gotham« bestehen neben den schwerwiegenden Eingriffen in das Recht auf informationelle Selbstbestimmung noch weitere Probleme, die auch das BVerfG teilweise anerkannt hat. So drohen die algorithmischen Auswertungen der Datenpools in den Datensätzen vorhandene strukturelle Defizite zu reproduzieren. Datenanalysen sind vollständig von der Qualität der Datensätze abhängig, die die Realität aber stets nur fragmentarisch und aus einer spezifischen Perspektive verzerrt darstellen können. Polizeiliche Datenbanken sind in erster Linie Sammlungen von in polizeilichen Maßnahmen erhobenen Daten und spiegeln damit vor allem polizeiliche Ermittlungshypothesen wider. Liegen den Ermittlungsansätzen aber diskriminierende Vorurteile zugrunde, wie insbesondere bei Racial Profiling, droht die Software unter dem Schein der Objektivität die rassistischen Hypothesen zu reproduzieren. Zudem entsteht mit zunehmender technologischer Komplexität das rechtsstaatliche Problem, dass sowohl die Polizeibeamt:innen als auch die von den Maßnahmen adressierten Bürger:innen die Analyseergebnisse der Anwendungen kaum noch nachvollziehen können, so dass die Transparenz belastender hoheitlicher Maßnahmen zunehmend gefährdet ist. Auch nach der Neuregelung von hessenData in § 25a HSOG im Sommer 2023 droht sich das Problem weiter zu verschärfen und wird sich in besonders drängender Weise stellen, sollte versucht werden, KI in die polizeiliche Arbeit zu integrieren.

Literatur

Burczyk, Dirk: Getrübter Blick in die Glaskugel. Polizeiliches Data-Mining muss beschränkt werden, in: Bürgerrechte und Polizei/ CILIP, Heft 132/ 2023, S. 86–93.

Rademacher, Timo: Predictive Policing im deutschen Polizeirecht, in: Archiv des öffentlichen Rechts, 3, 2017, S. 366–416.

Andreas Engelmann

Dauerüberwachung im Unternehmens-interesse

Gericht setzt Grundrecht auf Rendite über Beschäftigtendatenschutz

Aus der Vogelperspektive sieht es so aus, als würden die Beschäftigten des Amazon-Logistikzentrums unter Hochdruck einem unsichtbaren Plan folgen. Die Steuerung erledigt zunehmend eine digitale Datenerfassung in Echtzeit. In die digitale Ordnung schien Unruhe zu kommen, als die niedersächsische Datenschutzbeauftragte 2020 dem Logistikzentrum in Winsen (Luhe) aus Datenschutzgründen verbot, anlasslos, ununterbrochen und minutengenau jeden einzelnen Arbeitsschritt der Beschäftigten mittels sogenannter Handscanner zu erfassen. Das Verbot wurde im Februar 2023 durch das Verwaltungsgericht (VG) Hannover aufgehoben (Urteil vom 9. 2. 2023, Az. 10 A 6199/20). Das VG war der Auffassung, das Interesse des Unternehmens an schnellen Lieferungen sei höher einzuschätzen als die Persönlichkeitsrechte der Beschäftigten. Die verfassungsrechtlichen Grenzen der Überwachung am Arbeitsplatz stünden hinter den »Liefergarantien« von Amazon zurück.

Schutz vor Dauerkontrolle

Datenschutz ist praktischer Grundrechtsschutz. Bereits im Volkszählungsurteil hatte das Bundesverfassungsgericht 1983 die Erfassung, Verarbeitung und Speicherung personenbezogener Daten unter grundrechtlichen Schutz gestellt und das Recht auf »informationelle Selbstbestimmung« aus dem allgemeinen Persönlichkeitsrecht abgeleitet. Damit sollte die Verfügungsgewalt über die eigenen Daten im Zuge technischer Veränderungen geschützt werden. Das Verfassungsgericht erkannte zeitig, dass die maschinenbasierte Auswertung immer größerer Datenmengen zu einer präventiven Selbstbeschränkung und einer Verhaltensanpassung führen kann, die Grundrechte gefährden.

Das Bundesarbeitsgericht (BAG) hat diesen Maßstab auf die Arbeitswelt übertragen und einen besonders schwerwiegenden Eingriff in das Persönlichkeitsrecht angenommen, wenn ohne zeitliche Begrenzung sämtliche Arbeitsschritte erfasst, gespeichert und ausgewertet werden. Aus dem Schutz der Persönlichkeit leitet das BAG ab, dass Überwachungsmaßnahmen unzulässig sind, wenn sie einen ständigen Anpassungs- und Leistungsdruck erzeugen. Das Datenschutzrecht soll die umfassende Durchleuchtung durch eine generelle Beschränkung der Datennutzung begrenzen. Im Arbeitsverhältnis sind die Erhebung, Verarbeitung und Speicherung personenbezogener Daten nur zulässig, wenn sie zur Durchführung des Arbeitsverhältnisses *erforderlich* sind und das Interesse des Unternehmens an der Datenverarbeitung im Einzelfall *überwiegt*. Dass personenbezogene Informationen für den Arbeitsprozess *nützlich* sind, genügt nicht.

Die unsichtbare Hand der effizienten Steuerung

Die Beschäftigten von Amazon müssen Handscanner benutzen, mit denen sie alle Arbeitsschritte dokumentieren. Mitarbeitende im Wareneingang erfassen, dass sie eine Ware in einem Regalfach eingelagert haben. In der Kommissionierung wird erfasst, dass eine Ware aus einem Regalfach entnommen und in eine Box auf einem Transportband gelegt wurde. Im Warenausgang erfassen die Mitarbeitenden, dass sie Waren von einem Transportband genommen und in ein Paket verpackt haben. Die erhobenen Daten werden minutengenau ausgewertet und gespeichert – und zwar personalisiert.

Amazon argumentierte, dass die Datennutzung notwendig sei, um die Logistikprozesse stockungsfrei zu koordinieren. Die zusätzliche Erfassung der Arbeitsleistung der Beschäftigten helfe dabei, produktivere Arbeitskräfte bei Warenstockungen zielgenau einsetzen zu können. Außerdem würden die Daten für Feedbackgespräche genutzt. Die produktivsten und die unproduktivsten Mitarbeitenden würden wöchentlich ermittelt und erhielten Feedback sowie Qualifizierungsangebote. Die Daten speichert Amazon zwölf Monate lang.

Die niedersächsische Datenschutzbeauftragte hielt das für nicht datenschutzkonform. Sie argumentierte, dass die für das Unternehmen relevanten Informationen auch unabhängig von individuellen Beschäftigten gewonnen werden könnten, beispielsweise durch Bestimmung des Standorts und der Bewegung der Waren. Sie erkannte außerdem, dass die minutengenaue Erfassung von Leistungsdaten zu einem permanenten Anpassungs- und Leistungsdruck führe und das Persönlichkeitsrecht der Beschäftigten verletze.

Denken wie Amazon

Das VG Hannover hingegen hielt die Überwachung für datenschutzkonform. Zwar spricht es von einer »schwierigen Entscheidung«. Innere Zweifel sind den Entscheidungsgründen jedoch nicht anzumerken. Durch Zeugenvernehmungen und Betriebsbesichtigung hat sich das Gericht tief in die Perspektive des Unternehmens hineinbegeben und dabei offenbar gelernt, die Welt wie Amazon zu sehen. Das VG meint erkannt zu haben, dass die Dauerüberwachung zulässige Zwecke verfolge, nämlich die Steuerung der Logistikprozesse, die Organisation der individuellen Qualifizierung sowie die Schaffung objektiver Bewertungsgrundlagen für Feedback und Personalentscheidungen. Statt einer kritisch-distanzierten Bewertung stellt das Gericht die Arbeitsprozesse minutiös dar und berechnet, wie viele Pakete pro Minute verschickt werden »müssen«, um das Tagesvolumen von 220 000 Stück abzuarbeiten, oder wie lange es von der Bestellung bis zur Übergabe an das Versandunternehmen dauern »darf«, wenn Amazon seine »Liefergarantie« einhalten will. Dass personenbezogene Daten zur Leistungskontrolle eingesetzt werden, hält das VG für begrüßenswert. Es tut so, als hätten Konzern und Beschäftigte ein übereinstimmendes Interesse, und führt dafür einen Mitarbeiter an, der die Überwachung lobt, »weil wir am Ende ja auch das schaffen wollen, was wir schaffen müssen«.

Während das VG die Unternehmensbrille perfekt aufzusetzen vermag, hat es für die grundrechtliche Perspektive nur spitze Bemerkungen übrig. Über den Aspekt des massiven Drucks auf die Mitarbeitenden geht das Urteil mit Verweis auf Beschäftigungsmöglichkeiten bei anderen Logistikunternehmen hinweg. Die Angst vor einer Nichtverlängerung der befristeten Verträge – 20 Prozent der Beschäftigten haben Zeitverträge – sei nur unmittelbar vor dem Ende des Arbeitsverhältnisses nachzuvollziehen. Die Grundrechtsbeeinträchtigung sei nicht »über Gebühr«. Laut Zeitungsberichten war in der mündlichen Verhandlung der Vorsitzenden Richterin nicht begreiflich zu machen, unter welch enormem Druck die Beschäftigten stehen.

Kein Verständnis für die Ursachen des Leistungsdrucks

Unter Ausblendung der Beschäftigteninteressen hielt das VG die Datenverarbeitung für angemessen. Dabei erschrecken nicht nur die zynischen Argumente, wonach die Handscanner keine privaten Gespräche aufzeichnen und keine Persönlichkeitsprofile erstellen würden, oder dass die WCs – Toilettengänge und Pausenregelungen sind bei Amazon ein umkämpftes Thema – nicht weit vom Arbeitsort entfernt seien.

Am meisten erschreckt die Unfähigkeit, hinter den »Liefergarantien« und der »effizienten Steuerung« das Profitinteresse von Amazon zu erkennen. Wenn das Gericht es »bei diesem Geschäftsmodell« nicht für möglich hält, andere Steuerungsmaßnahmen einzusetzen, dann darf man Ausführungen dazu erwarten, was an diesem Geschäftsmodell schützenswert ist und warum für kaum einzuhaltende »Liefergarantien« die Rechte der Beschäftigten herhalten müssen. Die Verantwortung für die Betriebsorganisation liegt beim Unternehmen, das nicht mehr versprechen darf, als sich unter Beachtung der Beschäftigtenrechte einhalten lässt. Das Gericht tut so, als ergebe sich der extreme Leistungsdruck bei Amazon aus unabänderlichen Umständen, für die das Unternehmen nichts kann. Amazon betreibt aber kein Krankenhaus, sondern einen Versandhandel, der dem Profitinteresse der Anteilseigner dient und dafür kaum zu realisierende Lieferzeiten garantiert. Renditeerwartungen unterliegen, anders als die Persönlichkeitsrechte, keinem grundrechtlichen Schutz. Es wäre Aufgabe der Justiz, Grundrechte endlich auch auf dem Firmengelände wirksam werden zu lassen. Gelegenheit dazu besteht: Die Datenschutzbeauftragte hat gegen das Urteil Rechtsmittel eingelegt.

Hartmut Aden

Künstliche Intelligenz menschenrechtlich einhegen

Aus ethischer Sicht muss es beim Umgang mit künstlicher Intelligenz (KI) darum gehen, dass Menschen nicht unkontrollierbar beherrscht und manipuliert werden. Dazu werden nun rechtsverbindliche europäische Regelungen geschaffen. Im Europarat wird eine KI-Konvention diskutiert, und die Europäische Kommission legte 2021 einen Entwurf für eine Verordnung der Europäischen Union vor, um »bei der Entwicklung einer sicheren, vertrauenswürdigen und ethisch vertretbaren künstlichen Intelligenz weltweit eine Führungsrolle einzunehmen« (COM [2021] 206, Erwägungsgrund 5). Sie wollte damit sowohl die Grundrechte vor Gefahren der KI-Nutzung schützen als auch günstige wirtschaftliche Rahmenbedingungen schaffen. KI-Entwicklungsfirmen und Sicherheitsbehörden vertraten zum Teil die Position, die EU solle lieber auf einen Rechtsrahmen für die KI-Nutzung verzichten, um die weitere Entwicklung nicht zu behindern. Das Europäische Parlament legte in der ersten Lesung im Sommer 2023 umfangreiche Änderungsvorschläge vor, um den Grund- und Menschenrechtsschutz zu stärken. Anfang Dezember 2023 fanden Vertreter*innen des Europäischen Parlaments und des Rats der EU in den Trilog-Verhandlungen unter Beteiligung der Europäischen Kommission einen Kompromiss, so dass die Verordnung 2024 in Kraft treten und nach einer Übergangszeit von zwei Jahren in den Mitgliedstaaten unmittelbar anwendbar sein wird.

Umstrittene Zuordnung zu Risikostufen

Die Verordnung verfolgt einen risikobasierten Ansatz: Je größer die Risiken für die Betroffenen sind, desto restriktiver sind die Regelungen. Deshalb wurde darüber gestritten, welche KI-Anwendung welcher Risikostufe zugeordnet werden soll, am meisten aber über die beiden höchsten Risikostufen: die besonders risikobehafteten KI-Anwendungen, die nach der Verordnung verboten werden, und »Hochrisiko-KI-Systeme«, an deren Nutzung die Verordnung umfangreiche Pflichten knüpft.

Das Europäische Parlament erreichte, dass mehr KI-Anwendungen verboten werden, als die Europäische Kommission vorgeschlagen hatte: Grundsätzlich illegal sein sollen nun Kategorisierungen von Menschen nach politischen und weltanschaulichen Überzeugungen, sexueller Orientierung oder nach der Zuordnung zu einer »Rasse«; die ungezielte Erstellung von Gesichtsbilddatenbanken mit Daten aus dem Internet, aus Social Media-Plattformen oder aus der Videoüberwachung; die Nutzung von Emotionserkennungssystemen am Arbeitsplatz und in Bildungseinrichtungen, Bewertungssysteme für das Verhalten von Menschen (Social Scoring); KI-Systeme, die menschliches Verhalten manipulieren oder die freie Willensentscheidung behindern, und solche, die zur Ausbeutung vulnerabler Gruppen führen können. Allerdings bleibt dieser Kompromiss hinter zivilgesellschaftlichen Forderungen zurück, die auch automatisierte Profiling-Systeme in der Strafverfolgung und im Migrationsbereich verboten sehen wollten.

Zu Recht wird kritisiert, dass sich die Zuordnung von Anwendungen zu den Risikostufen nicht konsequent an den Risiken für die Grundrechte orientiert. Problematisch bleiben die Zuordnung von KI-Anwendungen zur Hochrisiko-Kategorie und die Kompetenz der Europäischen Kommission, diese Liste in einem vereinfachten Verfahren ohne das Parlament zu ändern. Zudem unterliegen niedriger eingestufte KI-Systeme zumeist nur Transparenzregelungen – sie müssen offenlegen, dass die Inhalte künstlich erzeugt oder manipuliert wurden. Dem liegt die Hypothese zugrunde, dass von so eingestuften KI-Anwendungen keine oder nur geringe Risiken für die Grund- und Menschenrechte der Betroffenen ausgehen. Auch scheinbar harmlose KI-Anwendungen können aber in bestimmten Verwendungskontexten weitreichende Auswirkungen auf Betroffene haben, etwa wenn Firmen oder Behörden Chatbots für die Kommunikation per Telefon oder Internet einsetzen und Betroffene kaum noch Chancen haben, ihre Anliegen mit realen Menschen zu besprechen.

Defizite der Verordnung

Für Nachrichtendienste und Militär finden die Regelungen der KI-Verordnung keine Anwendung, weil die EU hier nur sehr begrenzte Kompetenzen hat. Anders als beim Datenschutz, wo die Strafverfolgung vom Anwendungsbereich der Datenschutz-Grundverordnung (DSGVO, VO (EU) 2016/679) ausgenommen ist und stattdessen die gesonderte Richtlinie (EU) 2016/680 mit größeren Umsetzungsspielräumen für die Mitgliedstaaten gilt, werden die Regelungen der KI-Verordnung grundsätzlich auch für Strafverfolgungsbehörden anwendbar sein; allerdings sind zahlreiche Ausnahmeklauseln vorgesehen, auch für die verbotenen KI-Anwendungen. Besonders kontrovers wurden diese »Hintertüren« für die sogenannte biometrische Echtzeit-Fernidentifizierung diskutiert. Unter diese Kategorie fallen Systeme, die Menschen z.B. aufgrund von Bildern aus Überwachungskameras im öffentlichen Raum identifizieren können. Für Strafverfolgungsbehörden sollen bei besonders schweren Straftaten Ausnahmen gelten, wofür eine richterliche Anordnung erforderlich sein soll.

Bereits der ursprüngliche Kommissionsentwurf sah Gremien vor, die sich mit der Einhaltung der Verordnungsregelungen befassen sollen, insbesondere die Einrichtung eines Europäischen Ausschusses (European Artificial Intelligence Board) und von Stellen zur Sicherung der korrekten Rechtsanwendung in den Mitgliedstaaten. Das Europäische Parlament bevorzugte die Einrichtung einer stärker institutionalisierten Struktur auf EU-Ebene in Form eines European Artificial Intelligence Office. In den Verhandlungen erreichte das Parlament für Hochrisiko-Systeme auch die Einführung eines individuellen Beschwerderechts gegen KI-basierte Entscheidungen und des Rechts auf deren Erläuterung.

(Nur) der Anfang eines europäischen KI-Rechts

Mit der KI-Verordnung liegt erstmals ein Regelwerk für KI-Anwendungen vor, das aber noch viele Fragen offenlässt. Erst die Anwendungspraxis wird zeigen, was davon funktioniert. Auch die Frage, ob dieser Rechtsrahmen die Entwicklung von KI in der EU beschleunigt oder hemmt, kann erst die Anwendungspraxis beantworten. Vieles spricht dafür, dass ein rechtlicher Rahmen für die Grenzen zwischen erlaubten und verbotenen Praktiken für europäische Firmen zum Marktvorteil werden könnte –, denn nicht nur in Europa, sondern auch in anderen Teilen der Welt dürften viele Regierungen, Unternehmen und zivilgesellschaftliche Gruppen Wert auf eine rechtssichere, menschenrechtsorientierte Handhabung von KI-Anwendungen legen.

Die von der Verordnung offengelassenen und viele weiterhin umstrittene Fragen legen die Prognose nahe, dass die KI-Rechtsetzung in der EU einen ähnlichen Weg gehen könnte wie das EU-Datenverarbeitungsrecht nach Erlass der DSGVO: Die KI-Verordnung könnte den allgemeinen Rahmen bilden, dem weitere Regelungen in Form von Verordnungen oder Richtlinien folgen, um speziellere Fragen konkreter zu regeln, wie die Cybersicherheit bei der KI-Nutzung, den Schutz vor KI-basierter Desinformation und vor Diskriminierung sowie einzelne KI-Anwendungsfelder. Auch die datenschutz- und urheberrechtskonforme Generierung der umfangreichen Trainingsdaten, die zur KI-Entwicklung benötigt werden, wird voraussichtlich einen konkreteren Rechtsrahmen erfordern. Die Erfahrung mit den zahlreichen EU-Regelungen, die in den letzten Jahren für die Datenverarbeitung erlassen wurden, lässt allerdings erwarten: Der Interessenkonflikt zwischen kommerzieller Nutzung von KI und hohen Standards für den Schutz von Grund- und Menschenrechten wird auch die weitere Entwicklung prägen.

Literatur

González Fuster, Gloria: Artificial Intelligence and Law Enforcement – Impact on Fundamental Rights. Study requested by the LIBE Committee of the European Parliament PE 656.295, 15.7.2020.

Hacker, Philipp: What's Missing from the EU AI Act: Addressing the Four Key Challenges of Large Language Models, Verfassungsblog v. 13.12.2023.

Ruschemeier, Hannah: AI as a challenge for legal regulation – The scope of application of the artificial intelligence act proposal, ERA Forum 23 (2023), S. 361–376.

Artikel 2 (2) **Jeder hat das Recht auf Leben und körperliche Unversehrtheit. Die Freiheit der Person ist unverletzlich.**

Hannah Espín Grau/Tobias Singelnstein

Schmerzgriffe als Form polizeilicher Gewaltausübung

Am 20. April 2023 wurde Lars Ritter, einem Aktivisten der Letzten Generation, bei einer Sitzblockade von einem Berliner Polizeibeamten ein Schmerzgriff angedroht: »[Sie] werden [...] die nächsten Tage – nicht nur heute – Schmerzen beim Kauen haben und beim Schlucken«. Die Androhung und die anschließende Anwendung wurden per Video festgehalten und sind mittlerweile Gegenstand eines Verfahrens vor dem Verwaltungsgericht Berlin.

Schmerzgriffe werden von der Polizei angewendet, um bei den Betroffenen ein bestimmtes polizeilich erwünschtes Verhalten zu erreichen. Der Schmerz und die Angst vor erneutem Schmerz werden etwa dazu genutzt, um Personen, die einen Platzverweis nicht befolgen, dazu zu bringen, sich aus einer bestimmten Körperhaltung zu lösen und die Straße zu verlassen. Durch die Zufügung von Schmerz wird also Gehorsam und damit der polizeiliche Autoritätsanspruch gesichert –, weshalb in der Debatte im englischsprachigen Raum von »pain compliance« die Rede ist.

Dabei lassen sich verschiedene Techniken unterscheiden: Bei den sogenannten Nervendrucktechniken wird ein punktueller neuronaler Reiz gesetzt, der Schmerzen auslöst. Die Schmerzen sind hier, wie Dorothee Mooser in ihrer Dissertation zu dem Thema schreibt, »nicht Nebenprodukt der Durchsetzungsmaßnahme, sondern die Durchsetzungsmaßnahme selbst«. Diese führt nicht unmittelbar zu dem polizeilich beabsichtigten Tun (etwa aufzustehen und die Straße zu verlassen). Die Kompression der Nervenstränge muss aufhören, damit die betroffene Person frei von Reflexen andere Bewegungen ausführen kann. Bei Hebeltechniken können die Betroffenen den entstehenden Schmerz dadurch vermeiden oder beenden, dass sie mit ihrem Körper in die Richtung nachgeben, in die gehebelt wird. Hier ist der Schmerz eher Nebenprodukt, nicht das eigentliche Ziel der Maßnahme.

Wirkungen und Folgen für Betroffene

Polizeiliche Schmerzgriffe führen primär zu Schmerzen. Im Unterschied zu anderen Gewaltanwendungen wie Schlägen oder Tritten bleiben kaum sichtbare Wunden zurück. Gleichwohl handelt es sich um eingriffsintensive Maßnahmen.

Die unmittelbare Folge eines Schmerzgriffes – der Schmerz selbst – ist subjektiv und kann von der körperlichen Konstitution von Betroffenen abhängig sein. Besondere körperliche Eigenschaften, z.B. vorangegangene Frakturen oder Gelenkerkrankungen, können die Schmerzwirkung potenzieren. Diese sind den anwendenden Beamt*innen in der Regel nicht bekannt, so dass eine einzelfalladäquate Dosierung der Schmerzwirkung kaum möglich ist. Eine Intoxikation der Betroffenen durch Drogen oder Alkohol kann das Schmerzempfinden herabsetzen, so dass eine fortgesetzte oder verstärkte Anwendung von Schmerzgriffen zu Brüchen, Zerrungen und Gewebeverletzungen führen kann.

Auf der psychischen Ebene kann das Gefühl, sich in polizeilicher Hand zu befinden und dabei Schmerzen zugefügt zu bekommen, denen man sich nicht entziehen kann, zu Ohnmachtsgefühlen und langfristigen psychischen Folgen führen.

Rechtliche Bewertung

Polizeiliche Schmerzgriffe sind physische Zugriffe auf den Körper der Betroffenen und bergen nicht unerhebliche Verletzungsrisiken, weshalb sie als Techniken polizeilicher Gewaltausübung zu verstehen sind. Als solche bedürfen sie einer gesetzlichen Grundlage und müssen verhältnismäßig sein.

Vor diesem grundrechtlichen Hintergrund sind Schmerzgriffe in spezifischer Weise problematisch: Erstens ist die Anwendung von Schmerzgriffen durch die Polizei auf gesetzlicher Ebene nicht ausdrücklich geregelt. Ob sich die Techniken unter die bestehenden Regelungen über die Anwendung unmittelbaren Zwangs fassen lassen, ist rechtlich sehr umstritten. So lässt sich argumentieren, dass Nervendrucktechniken nur mittelbar zu einem polizeilich beabsichtigten Tun (etwa aufzustehen und die Straße zu verlassen) führen können und daher kein unmittelbarer Zwang sind. Der Schmerz muss erst aufhören, damit die betroffene Person frei von Reflexen andere Bewegungen ausführen kann.

Zweitens können die Androhung und Anwendung eines Schmerzgriffs im Einzelfall die Betroffenen instrumentalisieren, eine unmenschliche Behandlung darstellen und damit gegen das Folterverbot aus Artikel 3 der Europäischen Menschenrechtskonvention verstoßen. Zwar muss für das Vorliegen eines solchen Verstoßes grundsätzlich eine Bagatellgrenze überschritten werden (»minimum level of severity«). Der Europäische Gerichtshof für Menschenrechte betrachtet die Schwere des Leids jedoch für unerheblich, wenn die Betroffenen sich bereits in polizeilichem Gewahrsam befinden oder keinerlei Anlass für eine Gewaltanwendung gegeben haben. Drittens können durch die Angst vor erneutem Schmerz bei Betroffenen in besonderer Weise sogenannte Chilling Effects entstehen, die sie von einer weiteren politischen Betätigung abhalten.

Gleichwohl hat die polizeiliche Praxis Schmerzgriffe in den vergangenen Jahren zunehmend als Techniken etabliert und so ihr Verständnis über die bestehenden gesetzlichen Regelungen in eine bestimmte Richtung entwickelt. Die Polizei hat im Institutionengefüge des Staates die Aufgabe, notfalls auch durch den Einsatz von Gewalt die staatliche Ordnung effektiv durchzusetzen. Die Etablierung von Gewalttechniken orientiert sich, wie die empirische Forschung zeigt, nicht alleine an rechtlichen Maßstäben, sondern ebenso an polizeilichen Erwägungen zur Effizienz und Praktikabilität bestimmter Vorgehensweisen. So bedeutet etwa ein personeller Mehraufwand bei der Durchsetzung einer Maßnahme ohne Schmerzgriffe für die Polizei eine geringere Effizienz. Praktikabilitätserwägungen können auf diese Weise das polizeiliche Verständnis der eigenen Gewaltkompetenz prägen und eine verselbständigte polizeiliche Gewaltpraxis befördern, die sich weniger am Recht orientiert.

Gewalttechniken wie Schmerzgriffe werden auf diese Weise in der alltäglichen Praxis der Polizei, aber auch in der Ausbildung und in Form untergesetzlicher Normierungen schrittweise etabliert und zur Normalität gemacht: Sie finden sich in Dienstvorschriften, polizeilichen Lehrplänen und Einsatzvorgaben, die von der Organisation selbst entwickelt werden, sich an den Anforderungen der Praxis orientieren und von der Öffentlichkeit mangels Transparenz kaum nachzuvollziehen sind.

Ausweitung von Gewalt

Schmerzgriffe bringen also ein besonderes Potenzial für die Ausweitung und Normalisierung von Gewaltanwendungen in der polizeilichen Praxis mit sich. Erstens sind sie aus Sicht verschiedener Landespolizeien praktikable, effektive und universell einsetzbare Techniken zur Arbeitsbewältigung. Zweitens wird die Zufügung von Schmerzen in der Polizei offenbar als wenig eingriffsintensive Maßnahme verstanden, weil sie nicht zwingend mit direkt sichtbaren körperlichen Verletzungsfolgen verbunden ist. Schmerzgriffe gelten in der Polizei angesichts dessen als saubere Technik; sie hinterlassen keine Spuren und schonen institutionelle Ressourcen. Ähnlich wie bei Elektroschockwaffen, wie z. B. dem Taser, der trotz seines tödlichen Potenzials als eher eingriffsarmes Instrument eingeschätzt wird, kann eine solche polizeiliche Betrachtungsweise dazu führen, dass die Androhung und Anwendung dieser Techniken zunehmend ausgedehnt werden.

Der Beitrag basiert in Teilen auf dem Beitrag »Schmerzgriffe als Technik in der polizeilichen Praxis«, der zuerst auf dem Verfassungsblog veröffentlicht wurde.

Literatur

Espín Grau, H. / Singelnstein, T. (2023). Schmerzgriffe als Technik in der polizeilichen Praxis. Zur Verselbständigung und Normalisierung polizeilicher Gewalt, in: Bönnemann, Maxim (Hrsg.): Kleben und Haften. Ziviler Ungehorsam in der Klimakrise, Verfassungsbooks, Berlin 2023, S. 291–307.

Mooser, Dorothee: Nervendrucktechniken im Polizeieinsatz. Unzulässiges Zwangsmittel und Verstoß gegen die Menschenrechte?, Baden-Baden 2022.

Pichl, Maximilian: Zur Entgrenzung der Polizei – eine juridische und materialistische Kritik polizeilicher Gewalt, in: Kritische Vierteljahresschrift für Gesetzgebung und Rechtswissenschaft, 97(3), S. 249–266.

Dyana Rezene / Neda Djamshidian / Nicole Bögelein / Levin Reichmann

Armut wegsperren

Beschleunigte Verfahren und die Haft vor der Verhandlung

Im Zuge medienwirksamer Protestaktionen, etwa die Demonstrationen gegen den G20-Gipfel in Hamburg oder die Straßenblockaden der Letzten Generation, fordern Politiker:innen regelmäßig ein hartes Durchgreifen des Rechtsstaates. Die Aktivist:innen sollen mit Hilfe des sogenannten beschleunigten Verfahrens (bV) schnell abgeurteilt und bestraft werden. Das bV wird hierdurch als ein Instrument der Justiz inszeniert, welches dem Kampf gegen schwere allgemeinschädliche Kriminalität diene. In der Debatte geht verloren, dass das bV bereits fester Bestandteil des Justizalltags ist. Entgegen den populistischen Aussagen treffen bV in erster Linie jedoch nicht »gefährliche Wiederholungstäter:innen«, sondern vor allem Menschen, die marginalisiert sind und prekär leben – und das für sehr geringe Delikte. Für die Betroffenen bedeutet die vorgeschaltete Hauptverhandlungshaft einen massiven Eingriff in ihre Freiheitsrechte nach Artikel 2 Absatz 2 Satz 2 GG.

Was ist das beschleunigte Verfahren?

Das bV nach §§ 417ff. der Strafprozessordnung (StPO) dient der schnellen Abwicklung von Strafverfahren wegen Vergehen bei Erwachsenen. Dabei wird die Zeit bis zur Hauptverhandlung sowie diese selbst deutlich verkürzt. Die Staatsanwaltschaft beantragt ein bV, wenn »die Sache auf Grund des einfachen Sachverhalts oder der klaren Beweislage zur sofortigen Verhandlung geeignet ist« (§ 417 StPO). Ab einer erwarteten Freiheitsstrafe von sechs Monaten muss ein:e Verteidiger:in bestellt werden. Damit die Hauptverhandlung sofort oder binnen kurzer Frist durchgeführt werden kann, gibt es einige (rechtsstaatlich bedenkliche) Besonderheiten: So ist u.a. die Beweisaufnahme vereinfacht, und es erfordert geringere Voraussetzungen, Beweisanträge abzulehnen.

Darüber hinaus ermöglicht die Hauptverhandlungshaft (§ 127b StPO) die Gewährleistung des bV, indem die Staatsanwaltschaft und Polizei die Möglichkeit erhalten, Personen vorläufig festzunehmen, wenn davon auszugehen ist, dass die Sache als bV verhandelt werden kann, und zu befürchten ist, dass die Person der Hauptverhandlung fernbleiben könnte. Der Begriff »Befürchtung« wird im Gesetz nicht definiert; nach herrschender Meinung genügen jedoch geringere Gesichtspunkte als die für die Untersuchungshaft vorausgesetzte Fluchtgefahr. Nach der Festnahme werden die Personen dem:der Haftrichter:in vorgeführt, welche:r einen auf maximal eine Woche befristeten Haftbefehl erlassen kann. In der Regel entscheiden sie sich dafür, wenn die beschuldigten Menschen keinen festen Wohnsitz und/oder keine deutsche Staatsbürger:innenschaft haben.

Anwendung des beschleunigten Verfahrens und der Hauptverhandlungshaft

Laut StPO kommt das bV bei sämtlichen Vergehen in Betracht. Spezifische Anwendungsbereiche finden sich jedoch meist in den Richtlinien, die die Bundesländer erlassen. So kann das bV ohne Freiheitsentzug in Nordrhein-Westfalen für sämtliche Vergehen Anwendung finden, das Verfahren mit Hauptverhandlungshaft soll jedoch insbesondere bei »Gewaltdelikten, wiederholt begangenen Eigentums- und Vermögensdelikten, ausländer- und fremdenfeindlichen Straftaten sowie Verstößen gegen ausländerrechtliche Bestimmungen« durchgeführt werden. In der Praxis sind die meisten Anwendungsfälle Massendelikte, wie Diebstähle geringwertiger Sachen.

Die Richtlinien benennen als Gruppe, bei der das bV mit Hauptverhandlungshaft zu beantragen ist, u.a. Menschen ohne festen Wohnsitz in Deutschland. Dabei handelt es sich meist um Personen in Wohnungs- und Obdachlosigkeit sowie illegalisierte Menschen. Die Haft soll deren Präsenz in der Hauptverhandlung gewährleisten. Demnach wiegt die Sicherstellung der Hauptverhandlung schwerer als die Schwere der Tat selbst und ermöglicht die Festnahme tatverdächtiger Menschen bei Bagatelldelikten. Sowohl das bV als auch die Hauptverhandlungshaft treffen folglich insbesondere Menschen aus sozialen Randgruppen und sollen sie abschrecken.

Obwohl weitgehend unbekannt, werden einige Tausend Fälle pro Jahr auf diese Weise abgeurteilt. 2021 gab es bundesweit 6014 bV, das entspricht einem Prozent der Verfahren vor Amtsgerichten. 23 Prozent (1391 von 6014) der Beschuldigten wurden aus der Hauptverhandlungshaft vorgeführt. Zwischen den Städten bestehen erhebliche Unterschiede: In München kamen 2 Prozent (29 von 802) der Beschuldigten aus Haft, in Düsseldorf 26 Prozent (32 von 122) und in Köln 77 Prozent (470 von 612).

Kritik aus rechtsstaatlicher Perspektive

Besonders bei zu erwartenden Geldstrafen erscheint die Hauptverhandlungshaft unverhältnismäßig. Soziale, emotionale und gesundheitliche Folgen der Inhaftierung (z. B. Trennung von Kindern, Inhaftierungsschock, Entzug) werden in Kauf genommen. Im Rahmen des vom Bundesministerium für Bildung und Forschung geförderten Forschungsprojektes »Justiz und Institutioneller Rassismus« unter der Leitung von Nicole Bögelein an der Universität zu Köln wurden im Sommer und Herbst 2023 beispielsweise folgende Gerichtsverfahren beobachtet: Eine junge Romni war nach einem versuchten Diebstahl zwei Tage in Haft und wurde von ihrem Kleinkind getrennt. Die Familie wusste nicht, wo sich die Frau befand. In einem anderen Fall wurde einem psychisch und chronisch erkrankten Angeklagten während seiner mehrtägigen Haft die medizinische Behandlung verwehrt. Insbesondere die erschwerten Haftbedingungen für ausländische Beschuldigte mit geringen Deutschkenntnissen sowie der psychische Stress, den Menschen vor allem in den ersten Tagen im Gefängnis aufgrund der plötzlichen Inhaftierung (und gegebenenfalls der befürchteten aufenthaltsrechtlichen Konsequenzen) erleiden, werden bei der schnellen Anordnung von Haft sowie der folgenden beschleunigten Hauptverhandlung außer Acht gelassen.

Die Anwendung des bV hat nicht allein rechtliche Voraussetzungen, sondern hängt auch von den Kapazitäten des Gerichts ab. Innerhalb des engen Zeitrahmens müssen meist Pflichtverteidiger:innen und Dolmetscher:innen bestellt sowie die Hauptverhandlung vorbereitet werden. Folglich spielen für die Haftanordnung auch Faktoren eine Rolle, die nicht mit der Tat oder der Persönlichkeit der Täter:innen in Verbindung stehen. Zudem bleibt für die Ausarbeitung einer Verteidigungsstrategie kaum Zeit, da Angeklagte und ihre Anwält:innen sich – zumindest in unseren Beobachtungen – nicht selten erst vor Gericht das erste Mal begegnen. Viele Verfahren enden mit Geldstrafen, woran sich zeigt, dass es sich um Delikte handelt, die keiner freiheitsentziehenden Maßnahme bedürften. Ist dies im Vorfeld absehbar, wird eine gleichwohl angeordnete Hauptverhandlungshaft der Bedeutung des Freiheitsentzugs als einschneidendster Maßnahme des Strafrechts nicht gerecht. Im äußersten Fall führt die Geldstrafe, wenn sie nicht beglichen wird, aufgrund der Ersatzfreiheitsstrafe zu einer erneuten Inhaftierung.

Obwohl in der politischen und medialen Debatte der Eindruck erweckt wird, das bV diene dem Schutz der Allgemeinheit vor gefährlichen Täter:innen und vor Gewalttaten, wird es tatsächlich vor allem gegen Menschen in sozialen Notlagen, die Eigentumsdelikte verübt haben, angewandt. Aufgrund der strukturellen Anlage trifft es Menschen in prekären, teils desolaten Lebenslagen: Menschen ohne festen Wohnsitz, People of Color mit unsicheren Aufenthaltstiteln und Menschen mit schwerer Suchtmittelabhängigkeit. Ihnen wird von jetzt auf gleich ein Gefängnisaufenthalt zugemutet für ein Delikt, das bei weißen »Normalbürger:innen« die polizeiliche Aufnahme der Personalien und vermutlich nach einigen Monaten eine Nachricht der Staatsanwaltschaft zur Folge hätte, die lauten würde: Das Verfahren ist eingestellt. Deutlicher kann man Menschen soziale Ungleichheit kaum spüren lassen.

Literatur

Lubitz, Tobias: Das beschleunigte Verfahren der StPO und seine rechtstatsächliche Durchführung in Berlin und Brandenburg, Berlin 2010.

Morgenstern, Christine: Need for Speed: Die neue Beschleunigungsfreude im Strafverfahren am Beispiel der Untersuchungshaft, in: Zeitschrift für Rechtssoziologie, 40(1–2), 2021, S. 90–116.

Scheffler, Uwe: Das beschleunigte Verfahren als ein Akt angewandter Kriminalpolitik, in: Graul, Eva & Wolf, Gerhard (Hrsg.): Gedächtnisschrift für Dieter Meurer, Berlin/Boston 2002, S. 437–448.

Benjamin Derin

Präventiver Paradigmenwechsel

Die Entscheidung des Bayerischen Verfassungsgerichtshofs zum ausgeweiteten polizeilichen Präventivgewahrsam

Am 14. Juni 2023 hat der Bayerische Verfassungsgerichtshof (BayVerfGH) die Bestimmungen im Bayerischen Polizeiaufgabengesetz (PAG) über den polizeilichen Präventivgewahrsam für mit der (bayerischen) Verfassung vereinbar erklärt. Die Entscheidung ist Teil der andauernden Auseinandersetzung um die Welle von Polizeigesetzreformen, die ab 2018 bundesweit zu heftigen Protesten geführt und vor allem Vorverlagerungen polizeilicher Eingriffe, den Ausbau von Überwachungsbefugnissen und die Erweiterung freiheitsentziehender oder -beschränkender Maßnahmen wie elektronische Fußfesseln oder eben den Präventivgewahrsam beinhaltet hatte.

Präventivgewahrsam: vorbeugend eingesperrt

Während das Strafrecht hauptsächlich der Verfolgung bereits begangener Straftaten dient, regeln die Polizeigesetze der Länder die präventive Abwehr von allgemeinen Gefahren, bevor ein Schaden eintritt (etwa das Verhindern eines Anschlags). Freiheitsentziehungen werden meist mit dem Strafrecht assoziiert, bei dem in Gerichtsverfahren die Schuld bewiesen werden muss, bevor gegebenenfalls eine Haftstrafe verhängt wird. Weniger bekannt sind die präventiven Möglichkeiten der Freiheitsentziehung. Alle Polizeigesetze erlauben es, eine Person vorübergehend in Gewahrsam zu nehmen, um eine bevorstehende Gefahr abzuwenden. Im Gegensatz zur Haftstrafe geht es dabei um eine eher kurze Maßnahme, deren Zweck mit der Unterbindung des befürchteten Ereignisses erreicht ist. Andererseits erfordern sie ihrem Wesen nach weder den Beweis oder auch nur den Verdacht einer begangenen Straftat, sondern es kommt darauf an, ob von den Betroffenen eine Gefahr ausgeht. Die Empörung darüber, es könnten nun Menschen eingesperrt werden, die keinerlei Straftat begangen haben, ging insofern etwas an der Sache vorbei, schließlich war das schon immer möglich. Entscheidend ist allerdings, wie der Polizeigewahrsam erweitert wurde. Lange Zeit hatten die meisten Länder diesen auf längstens zwei Tage begrenzt; in Bayern war eine Höchstdauer von 14 Tagen erlaubt. Mit dem neuen PAG wurde die mögliche Erstdauer schlagartig auf drei Monate angehoben, die beliebig oft um weitere drei Monate verlängert werden konnte. Andere Bundesländer verlängerten die mögliche Gewahrsamsdauer in dieser Zeit ebenfalls erheblich, die bayerische Regelung aber stand in der öffentlichen Wahrnehmung stellvertretend für den bundesweiten legislativen Ruck.

Paradigmenwechsel im Sicherheitsrecht

Die vorbeugende Gewahrsamnahme ist ein massiver Grundrechtseingriff, dessen drastische Ausweitung sich von der Konzeption als äußerst begrenzter Ausnahmebefugnis löst und auf einen grundsätzlichen Paradigmenwechsel im Sicherheitsrecht hinweist. Anders als in einem Strafprozess, zu dem die Unschuldsvermutung, eine förmliche Beweiserhebung und der Grundsatz »Im Zweifel für den Angeklagten« gehören, basiert die gefahrenabwehrrechtliche Freiheitsentziehung ausschließlich auf einer polizeilichen Gefahrenprognose.

Solche Einschätzungen sind grundsätzlich vager Natur: Während der Besetzung des Hambacher Forsts 2018 beschlagnahmte die Polizei die Farben und Keilrahmen zweier Künstler:innen, weil aus dem Holz Speere und aus den Farben Molotowcocktails gefertigt werden könnten. Und vor Fußballspielen bescheinigt die Polizei Fans regelmäßig, dass von ihnen Ausschreitungen zu erwarten seien und sie die Stadt nicht betreten dürften, weil sie etwa in einschlägigen polizeilichen Datenbanken erfasst sind. Die Vorhersage eines potenziellen zukünftigen Geschehens ist nie sicher möglich und nach dem polizeilichen Einschreiten auch keinem Beweis mehr zugänglich – die Betroffenen werden nie nachweisen können, dass von ihnen keine

Gefahr ausgegangen wäre, wenn sie sich nicht in Gewahrsam befunden hätten.

An der grundrechtlichen Brisanz ändert es auch nichts, dass gemäß Artikel 104 Absatz 2 GG spätestens am Tag nach dem Ergreifen eine gerichtliche Entscheidung über die Zulässigkeit und Fortdauer der Freiheitsentziehung herbeigeführt werden muss. Auch diese muss sich auf die polizeiliche Prognose stützen und beseitigt weder die damit einhergehenden Unsicherheiten noch die bedenkliche Anwendungsbreite.

Das gilt umso mehr vor dem Hintergrund der fortschreitenden Absenkung der allgemeinen Eingriffshürden, die staatliche Interventionen immer früher ermöglichen sollen. Setzten polizeiliche Maßnahmen früher eine konkrete Gefahr voraus, genügt heute mitunter bereits eine »drohende Gefahr«. Dieser neue, schwammige Rechtsbegriff soll in den Worten des Bundesverfassungsgerichts (BVerfG) ein Eingreifen schon dann erlauben, wenn noch kein »konkretisiertes und zeitlich absehbares Geschehen erkennbar ist, jedoch das individuelle Verhalten einer Person die konkrete Wahrscheinlichkeit begründet, dass sie solche Straftaten in überschaubarer Zukunft begehen wird«. Diese Voraussetzungen sind ebenso unverbindlich wie weitreichend. Zwar erlaubt das PAG den Gewahrsam nicht direkt zur Abwendung einer nur »drohenden Gefahr«, in diesem Falle sind allerdings Maßnahmen wie Platzverweise und Kontaktverbote erlaubt –, zu deren Durchsetzung wiederum der Gewahrsam zulässig ist.

Die Entscheidung des BayVerfGH

Obwohl der gesellschaftliche Aufschrei mittlerweile abgeklungen ist, ist die juristische Auseinandersetzung über die Polizeireformen noch im Gange. Der BayVerfGH stellt nun maßgeblich darauf ab, dass das Gesetz nach Erhebung der dagegen gerichteten Klage dahingehend geändert wurde, den Gewahrsam auf zunächst einen Monat und eine Gesamtdauer von zwei Monaten zu begrenzen. Ein solcher Eingriff stehe zu dem Ziel der Abwehr anhaltender Gefahren zum Schutz hochrangiger Rechtsgüter nicht in unangemessenem Verhältnis. Weil das

BVerfG 2004 den bayerischen Präventivgewahrsam von 14 Tagen für wohl zulässig gehalten hatte, sieht der BayVerfGH auch eine zweimonatige Ausgestaltung als unproblematisch an, zumal darin »jedenfalls keine ›langfristige Freiheitsentziehung‹« liege. Die Möglichkeit eines Gewahrsams aufgrund einer erst »drohenden Gefahr« erscheint zwar auch dem BayVerfGH als zu weitgehend. Weil das Gesetz den Gewahrsam aber nicht allein an die drohende Gefahr knüpft, sondern an die Durchsetzung daran anschließender Maßnahmen wie eines Platzverweises, deren Befolgung die Betroffenen selbst in der Hand haben, werden diese Bedenken verworfen. Das Feilschen um die erforderliche Wochenanzahl trifft den Kern des Problems ohnehin nicht. Immerhin ist die Gefahr, die von einer attentatsgeneigten Person ausgeht, möglicherweise nie vorüber. Vielmehr gilt, dass eine Präventivhaft nur als engste Ausnahme gerechtfertigt sein kann – diese Grenze darf nicht verwischt werden und ist mit der Zeit bis zum Ende des Folgetages noch am zutreffendsten beschrieben.

Das alte Spiel

Der BayVerfGH erinnert daran, dass die Verschärfungen dem Gesetzgeber zufolge aufgrund der »veränderten nationalen und internationalen Gefährdung durch verschiedene Formen des Terrorismus und Extremismus« notwendig geworden seien. Die Anwendungspraxis zeigt: Präventivhaft dient derzeit vor allem als Mittel gegen Klimaproteste. Wie so häufig werden Befugniserweiterungen mit Bildern von terroristischen Anschlägen verkauft, um sie sodann in das alltägliche Repertoire der Sicherheitsapparate aufzunehmen und schließlich großflächig bei der Repression politischer Bewegungen einzusetzen. Allein vor und während der Proteste rund um die Automesse IAA Mobility in München im September 2023 saßen mindestens 29 mutmaßliche Mitglieder der Letzten Generation in vorbeugendem Gewahrsam, häufig wurde offenbar sofort die Höchstdauer von 30 Tagen angeordnet (zu weiteren Beispielen siehe Bohlmann/Schönberger, Grundrechte-Report 2023).

Das letzte Wort ist mit der Entscheidung vom 14. Juni 2023 nicht gesprochen. Sowohl vor dem BayVerfGH als auch beim BVerfG sind weitere Verfahren anhängig. Die Hoffnung auf höchstgerichtliche Begrenzungen präventiver Gewahrsamsregelungen ist jedoch verfehlt. Die erforderliche zumindest ansatzweise Abkehr von der alles beherrschenden Sicherheitslogik wird nicht auf juristischer, sondern auf politischer Ebene zu erfolgen haben, was wiederum ein grundsätzliches Umdenken in allen Teilen der Gesellschaft voraussetzt. Denn Sicherheitsdiskurse finden nicht isoliert in den Gerichten, Parlamenten oder Behörden statt, sondern sind gesamtgesellschaftliche Aufgabe.

Literatur

Meiertöns, Heiko: Anmerkungen zu BayVerfGH, Entscheidung v. 14.6.2023 – Vf. 15-VII-18, in: Zeitschrift für das Gesamte Sicherheitsrecht 2023, S. 190 ff.

Winkler, Michèle: Ist da etwas in Bewegung? Eine Bilanz der Proteste gegen verschärfte Polizeigesetze, in: Bürgerrechte & Polizei/CILIP 127 (Dez. 2021), S. 17 ff.

Artikel 3 (1) **Alle Menschen sind vor dem Gesetz gleich.**

Charlotte Ellinghaus

Gleiche Arbeit, ungleicher Lohn

Wie das BAG die Ungleichbehandlung in der Leiharbeitsbranche am Leben hält

Mit Urteil vom 31. Mai 2023 (Az. 5 AZR 143/19) hat das Bundesarbeitsgericht (BAG) die Klage einer Leiharbeitnehmerin abgewiesen, die verlangt hatte, dieselbe Bezahlung wie ihre Kolleg:innen im Entleihbetrieb zu erhalten. Die Klägerin verdiente etwa ein Drittel weniger als vergleichbare Arbeitnehmer:innen im Betrieb, wodurch sie in ihrem gesetzlichen und grundrechtlichen Recht auf Gleichbehandlung berührt war. Sah es nach einer Entscheidung des Europäischen Gerichtshofs (EuGH) von 15. Dezember 2022 (Az. C-311/21) noch so aus, als würde diese Ungleichbehandlung bald zu Ende gehen, hat das BAG die Schlechterstellung und das damit verbundene System der Ungleichheit von Arbeit und Lohn mit kaum nachvollziehbaren Gründen für zulässig erklärt. Der einfache Grundsatz von Equal Pay, Equal Treatment lässt für Leiharbeitnehmer:innen also weiter auf sich warten.

Gesetzlicher Equal-Pay-Grundsatz – oder doch nicht?

2008 trat eine EU-Richtlinie über Leiharbeit in Kraft, die vorsieht, dass für Leiharbeitnehmer:innen der Gleichbehandlungsgrundsatz gelten soll: Die wesentlichen Arbeits- und Beschäftigungsbedingungen der Leiharbeitnehmer:innen müssen mindestens denjenigen entsprechen, die für vergleichbare Arbeitnehmer:innen im Entleihbetrieb gelten. Auch das deutsche

Arbeitnehmerüberlassungsgesetz (AÜG) sieht die Gleichstellung von Leiharbeitnehmer:innen mit der Stammbelegschaft vor, für sie sollen Equal Pay (gleicher Lohn) und Equal Treatment (Gleichbehandlung) gelten. Nach der EU-Richtlinie und ihrer Umsetzung im deutschen Recht kann in einem Tarifvertrag jedoch von diesem Grundsatz der Gleichbehandlung abgewichen werden, solange der »Gesamtschutz von Leiharbeitnehmern« gewahrt wird. Diese sogenannte Tarifdispositivität muss von den Tarifvertragsparteien zwar aktiv genutzt werden. Die geschlossenen Tarifverträge benachteiligen die Leiharbeitnehmer:innen im Vergleich zur Stammbelegschaft jedoch drastisch. Vorgesehen sind niedrigere Löhne und verkürzte Kündigungsfristen von teilweise gerade einmal zwei Tagen. Auch in Bezug auf Urlaubstage und Freistellungsmöglichkeiten weichen die Tarifverträge ausschließlich zum Nachteil der Leiharbeitnehmer:innen von denen der Stammbelegschaft ab. Deshalb drängte sich in den Verfahren die Frage geradezu auf, ob der Gesamtschutz von Leiharbeitnehmer:innen EU-richtlinienkonform sichergestellt ist und die Grundrechte der Leiharbeitnehmer:innen eingehalten werden.

Ursprünglich wurde der Einsatz von Leiharbeit damit begründet, dass dadurch Auftragsspitzen ausgeglichen werden sollten. Davon ist die Praxis jedoch weit entfernt: Leiharbeit wird vielfach zur Substitution von Dauerarbeitsplätzen genutzt, und die arbeitsrechtlichen Standards der Stammarbeitnehmer:innen werden für einen Teil der Belegschaft umgangen. Im Zuge der »Agenda 2010« wurde der Einsatz von Leiharbeit stark vereinfacht. Die durchgehende Einstellung von Leiharbeitnehmer:innen ist mittlerweile gängig und ermöglicht es Arbeitgebern, Lohnkosten zu sparen und den Kündigungsschutz zu umgehen.

Dass die tarifvertragliche Regelung der Leiharbeit, die diese Praxis stützt, von Gleichbehandlung oder einem Gesamtschutz von Leiharbeitnehmern wenig übrig lässt, wurde von einer Kampagne öffentlich thematisiert, die der Arbeitsrechtswissenschaftler Wolfgang Däubler ins Leben gerufen hatte. Im Rahmen der Kampagne wurden Klagen von Leiharbeitnehmer:innen organisiert, die von der tarifvertraglichen Ungleichbehandlung betroffen waren. Eine dieser Klagen legte das BAG dem EuGH vor, der die Bedeutung des »Gesamtschutzes von Leiharbeitnehmern« und damit die Grenzen der Tarifdispositivität darlegen sollte.

Überraschende Wende zum Schlechten – Gesetzlicher Schutz genügt

Mit Urteil vom 15. Dezember 2022 (Az. C-311/21) stellte der EuGH fest, dass der Gesamtschutz von Leiharbeitnehmer:innen im Tarifvertrag nur gewahrt bleibt, wenn tarifvertragliche Nachteile in Bezug auf die wesentlichen Arbeits- und Beschäftigungsbedingungen auch mit geeigneten tarifvertraglichen Vorteilen ausgeglichen werden. Er hielt es z. B. für denkbar, niedrigere Löhne durch eine entsprechend höhere Anzahl von Urlaubstagen zu kompensieren. Die Ungleichbehandlung gilt laut EuGH als ausgeglichen, wenn die Arbeitsbedingungen eines Leiharbeitnehmers bei einer Gesamtabwägung keine Benachteiligung zeigen. Es hätte für die Entscheidung des BAG nahegelegen, dass die streitgegenständlichen Tarifverträge, die ausschließlich Benachteiligungen ohne expliziten Ausgleich vorsehen, als nicht EU-rechtskonform und damit hinfällig eingestuft werden. Das hätte zudem den grundrechtlichen Gleichbehandlungsgrundsatz in seiner arbeitsrechtlichen Ausformung gestärkt. Denn für eine Ungleichbehandlung im Arbeitsverhältnis gelten grundsätzlich dieselben Maßstäbe wie für andere Ungleichbehandlungen nach dem Grundgesetz.

Das BAG sah es überraschenderweise anders. Es urteilte, dass die tarifvertragliche Benachteiligung von Leiharbeitnehmer:innen bereits durch die deutsche Gesetzeslage ausgeglichen sei: Weil nach der deutschen Rechtslage in Zeiten, in denen Arbeitgeber*innen keine Verwendung für Beschäftigte haben, nach § 615 des Bürgerlichen Gesetzbuchs (BGB) Annahmeverzugslohn zu bezahlen ist, erhalten Leiharbeitnehmer:innen auch in verleihfreien Zeiten Lohn. Diese gesetzliche Regelung stelle einen Vorteil dar, und es werde im Tarifvertrag nicht von ihr abgewichen. Dass die rechtliche Stellung von Leiharbeitnehmer:innen durch den Tarifvertrag nicht zusätzlich verschlechtert wird, muss also als Vorteil genug sein. Den Gesamtschutz sieht das Gericht als gewahrt, weil der Tarifvertrag die bestehenden gesetzlichen Ansprüche aus § 615 BGB nicht negativ berührt. Damit wertet das BAG die ohnehin gültige Gesetzeslage als pauschalen Ausgleich für die tarifvertragliche Benachteiligung. Die geringe Sachnähe der Urteilsgründe zeigt sich schon daran, dass Leiharbeitnehmer:innen wegen der aufgrund desselben Tarifvertrags besonders kurzen Kündigungsfristen kaum jemals für längere Zeit in den Genuss dieses vermeintlichen »Ausgleichs« des Annahmeverzugslohns kommen dürften. Fehlt es an einem Einsatzort, werden sie kurzfristig entlassen. Von einem Gesamtschutz fehlt jede Spur.

Warten auf Godot

Das EuGH-Urteil zur Bedeutung des Gesamtschutzes von Leiharbeitnehmern schien bahnbrechend in Deutschland – es wäre zu erwarten gewesen, dass das BAG die Schlechterstellung von Leiharbeitnehmer:innen durch Tarifverträge für hinfällig erklärt. Eine konsequente Umsetzung des EuGH-Urteils hätte für die Arbeitswelt in Deutschland gravierende Folgen gehabt: Für Leiharbeitnehmer:innen wäre sie ein erster Schritt aus der prekären Beschäftigung gewesen, für Arbeitgeber hätte sie Profiteinbuße bedeutet. Insgesamt wäre es ein Weg aus der Segmentierung des Arbeitsmarktes und der ungerechtfertigten Schlechterstellung bestimmter Beschäftigtengruppen gewesen. Mit einer fadenscheinigen Argumentation entschied das BAG gegen die Gleichbehandlung. Damit setzt sich das BAG inhaltlich schlicht über die EuGH-Entscheidung hinweg. Bis auf weiteres hat das BAG dafür gesorgt, dass die prekären Zustände in der Leiharbeitsbranche aufrechterhalten bleiben und Gleichbehandlung von gleicher Arbeit – auch auf diesem Feld – auf sich warten lässt.

Kirsten Bock

Offlinezugangsgesetze

Braucht es ein Grundrecht auf ein analoges Leben?

Wer in Bad Segeberg oder Norderstedt ein Kraftfahrzeug zulassen möchte, hat nun keine andere Möglichkeit, als den Termin online zu beantragen. Wer in Kassel ein städtisches Schwimmbad besuchen möchte, zahlt seit kurzem an der Kasse 20 Prozent mehr Eintritt als die Onlinezahler*innen. Wer wissen möchte, wann die Mülltonnen geleert werden, muss vielerorts ins Internet schauen. Dies sind nur einige Beispiele für eine wachsende Anzahl öffentlicher Verwaltungsdienstleistungen, die nicht mehr für alle Bürger*innen einfach verfügbar sind. Wer kein Smartphone besitzt oder keinen Internetzugang hat, bleibt ausgeschlossen. Das Recht der Bürger*innen auf Teilhabe am öffentlichen Leben darf aber nicht davon abhängig gemacht werden, das Internet/Smartphone nutzen zu müssen. Das allgemeine Persönlichkeitsrecht im Grundgesetz schützt die freie Entfaltung der Persönlichkeit. Zu diesem Recht zählt auch das Recht, etwas nicht zu tun. Dies schließt die Entscheidung, das Internet nicht zu nutzen, mit ein. Daneben ist auch das allgemeine Gleichbehandlungsgebot aus Artikel 3 GG betroffen. Daraus ergibt sich ein Recht auf Gleichbehandlung und gleiche Teilhabe an bestehenden staatlichen Leistungen. Der Staat darf also nicht ohne sachlichen Grund bestimmte Menschen von einer Leistungsgewährung ausschließen, die er anderen gewährt. Müssen also staatliche Leistungen auch analog zur Verfügung gestellt werden, um allen Menschen die gleiche Teilhabe zu ermöglichen?

Digital schlägt analog

Erklärtes Ziel vieler Regierungen ist die Onlinenutzung möglichst vieler staatlicher Dienstleistungen durch die Bürger*innen. In Deutschland ist die Grundlage dafür das Onlinezugangsgesetz (OZG). Dabei zeichnet sich ein Trend ab, der im privaten Bereich bereits deutlich zu beobachten ist. Werden digitale Dienstleistungen angeboten, verschlechtern sich die analogen Angebote vor Ort. Für Menschen ohne Smartphone und ohne Internetzugang ist dies zum Problem geworden. Das betrifft viele Menschen, aber insbesondere ältere, obdachlose oder arme Menschen könnten bald von vielen alltäglichen Angeboten ausgeschlossen werden. Diese Art der »totalen Digitalisierung« hat also nicht nur Gewinner*innen. Aber was bedeutet Digitalisierung, genauer: Verwaltungsdigitalisierung?

Bei der Digitalisierung werden analoge, dinglich vorhandene (physische) Vorgänge und Mittel durch elektronische, virtuelle Vorgänge auf der Basis digitaler Daten ersetzt. Ganz praktisch bedeutet dies z.B., dass ein Gang zum Amt durch den Besuch einer Webseite ersetzt wird oder ein Antrag nicht mehr auf Papier, sondern elektronisch ausgefüllt und abgeschickt werden kann. Digitalisierung soll Verwaltung effizienter, d.h. kostengünstiger, effektiver und vor allem schneller machen. Grundsätzlich ist dies positiv, wenn diese wünschenswerten Effekte für Verwaltung und Bürger*innen gleichermaßen eintreten, keine zusätzlichen Daten gesammelt werden, analoge Angebote neben digitalen bestehen bleiben und die Leistungen auch dann erbracht werden können, wenn der digitale Dienst nicht verfügbar ist – dies ist auch ein Ausdruck von Resilienz.

Die Entscheidung fürs »Off«

Viele Menschen können oder wollen aus unterschiedlichen Gründen kein Smartphone oder Internet nutzen. Auch im Jahr 2023 haben die meisten Menschen analoge Dienstleistungen in Anspruch genommen, selbst dann, wenn es Onlinemöglichkeiten gab. Für diese Entscheidung gibt es viele Gründe: Unverständliche Technik, Unsicherheit im Umgang damit, Armut, Ablehnung des sogenannten Überwachungskapitalismus und Angst vor politischer Verfolgung sind nur einige davon. Die Bedienung von Apps ist für viele Ältere und Menschen mit Handicap oft schwierig. Im April 2023 waren laut Statistischem Bundesamt knapp 3,4 Millionen Bürger*innen »offline«.

Die Welt ist, was digitalisierbar ist

Die Digitalisierung wird vorangetrieben mit dem Versprechen, das Leben effizienter und einfacher zu machen. Aber für Menschen ohne Smartphone und ohne Internetzugang macht die Digitalisierung das Leben vor allem komplizierter und teurer. Wenn Dienstleistungen und Informationen nur noch digital erreichbar sind, werden sie für Menschen ohne Endgerät unsichtbar und unerreichbar. Besonders hart trifft die immer stärkere Verlagerung in den digitalen Raum all diejenigen Menschen, die in ländlichen Regionen leben. Der Weg ins Amt wird beschwerlicher, weil externe Hilfe nötig wird, wenn das Bus- und Bahnticket nur noch online gebucht werden kann. Aber auch der Weg ins Schwimmbad, ins Museum oder das Parken sind vielerorts analog bereits teurer oder gar nicht mehr möglich. Das Kindergeld digital zu beantragen bevorzugt Menschen, die sich in der digitalen Welt gut auskennen. Wer mit der Digitalisierung nicht Schritt halten kann, droht leicht, an den Rand der Gesellschaft gedrückt und von der Teilhabe am öffentlichen Leben ausgeschlossen zu werden.

Das Recht auf Teilhabe

Ein Grundrecht auf ein analoges Leben ist (noch?) nicht in der Rechtsprechung präsent. Es könnte aber aus dem Recht auf Leben, auf körperliche Unversehrtheit und auf die freie Entfaltung der Persönlichkeit einerseits und dem allgemeinen Gleichheitsgrundsatz andererseits abgeleitet werden. Zum allgemeinen Persönlichkeitsrecht gehört auch das Recht, auf Smartphone und Internet zu verzichten. Das ist negative Handlungsfreiheit. Gleichzeitig haben Bürger*innen ein Recht auf Teilhabe am öffentlichen Leben. Werden Leistungen jedoch nur noch digital angeboten, so werden in der Folge entweder das Persönlichkeitsrecht oder die Teilhabe eingeschränkt sowie das allgemeine Gleichbehandlungsgebot verletzt. Dies ist besonders schwerwiegend, wenn es sich um Leistungen des Staates und der Grundversorgung handelt. Die Wahrnehmung der Rechte darf nicht von Smartphone oder Internetzugang abhängen.

Ein Recht auf analoge Teilhabe würde bedeuten, dass öffentliche Angebote nicht nur digital, sondern auch analog verfügbar sein müssen, da ein ausschließlich digitales Angebot die Verfügbarkeit von Informationen und Dienstleistungen einengt und damit zu strukturellen Benachteiligungen und Einschränkungen der Teilhabe am öffentlichen Leben führt. Gespräche mit der Verwaltung sollten weiterhin auch im Gespräch von Mensch zu Mensch möglich bleiben und nicht etwa per E-Mail geführt werden müssen – Stichwort Phishing. Öffnungszeiten und Terminvereinbarungen müssen auch ohne digitale Endgeräte transparent erkennbar, verfügbar und nutzbar sein. Die Nutzung von Onlinekonten wie beim Ende 2023 in Deutschland eingeführten E-Rezept oder der im Jahr 2025 folgenden elektronischen EU-Gesundheitsakte sollte nicht verpflichtend sein – das allerdings sieht die Europäische Kommission mittelfristig vor. Auch Dienstleistungen der Verwaltung sollten ohne Erhebung und Speicherung nicht erforderlicher Daten, z.B. durch Barzahlung, möglich sein.

Schutz der Demokratie

Die Nutzung eines Smartphones oder des Internets ist aber nicht nur eine individuelle Entscheidung, die jede einzelne Person für sich unabhängig fällen sollte. Das Bestehen analoger Dienstleistungen und die Ermöglichung der analogen Teilhabe sind auch Grundvoraussetzungen für das Bestehen einer freiheitlichen Demokratie, die eigenen digitalen Fehlern und Cyberangriffen Dritter gegenüber widerstandsfähig ist. Das Recht auf ein analoges Leben würde damit nicht nur der Person individuelle Entscheidungsmacht garantieren, auf welche Weise sie am öffentlichen Leben teilnehmen möchte, sondern würde auch dem Staat den Erhalt der Handlungsfähigkeit garantieren, wenn die digitalen Systeme zeitweise nicht verfügbar sind.

Primäre Aufgabe des Staates ist es, seine Bürger*innen und ihre Grundrechte zu schützen und ihnen – insbesondere auch Minderheiten – durch Angebote und Dienstleistungen ein menschenwürdiges Leben in der Gemeinschaft zu ermöglichen. Die Teilhabe an diesen Angeboten darf nicht von der Nutzung eines digitalen Geräts abhängig gemacht werden.

Literatur

Digitalzwangmelder. Ein Projekt von Digitalcourage, https://civi.digitalcourage.de/digitalzwangmelder

Capurro, Rafael: Digitaler Weltentwurf, 1999, www.capurro.de/digit.html

Mitali Nagrecha

Eine Chance für weniger Haft?

Die Berücksichtigung des Existenzminimums bei der Festsetzung von Tagessätzen

Im deutschen Strafsystem wird heute die große Mehrheit der Straftaten mit Geldstrafen geahndet. Im Jahr 2021 erfolgte eine solche Ahndung in über 500 000 Fällen. Wenn Betroffene Geldstrafen nicht zahlen können, werden sie inhaftiert – jedes Jahr etwa 56 000 Menschen. In der Praxis macht diese sogenannte Ersatzfreiheitsstrafe Armut zum Haftgrund (siehe Bögelein, Grundrechte-Report 2023). Das trifft insbesondere Menschen in schwierigen Lebenslagen: Viele Betroffene haben psychische oder Suchterkrankungen, sind wohnungslos oder befinden sich in ähnlichen oder miteinander verschränkten Notlagen. Besonders für arme Menschen wird die angeordnete Geldstrafe oft zu einer Freiheitsentziehung. Das kostet viel Geld und berührt das Grundrecht der Betroffenen auf Gleichbehandlung aus Artikel 3 Absatz 1 GG.

Eine Ursache für die hohe Zahl an Ersatzfreiheitsstrafen ist die Höhe der verhängten Geldstrafen. Um dieses Problem zu entschärfen, beschloss der Bundestag im Juni 2023 eine Änderung des § 40 Strafgesetzbuch (StGB), wonach Geldstrafen so festzusetzen sind, dass der betroffenen Person »mindestens das zum Leben unerlässliche Minimum [ihres] Einkommens verbleibt«. Es wird aber auf das Engagement von Betroffenen und Anwält*innen ankommen, damit diese Neuregelung in der Praxis etwas bewirkt. Die Chance besteht – und der Handlungsbedarf ist akut.

Die Tagessätze werden häufig geschätzt

Vor der Änderung des § 40 StGB sah das Gesetz vor, dass die Tagessätze einer Geldstrafe sich nach dem Einkommen richten, welches die betroffene Person »durchschnittlich an einem Tag hat oder haben könnte«. Die »persönlichen und wirtschaftlichen Verhältnisse« einer Person konnten berücksichtigt werden. Nach dem sogenannten Nettoeinkommensprinzip müsste eine Person für jeden Tagessatz ihr volles Tageseinkommen zahlen, d.h. ihren Monatslohn geteilt durch 30. Eine Person, die 900 Euro im Monat verdient, müsste beispielsweise 30 Euro pro Tag zahlen. Im Gegensatz zu anderen Tagessatzsystemen (etwa in Österreich oder Schweden) werden bei der Berechnung des verfügbaren Einkommens selbst lebensnotwendige Ausgaben nicht abgezogen.

Nach Angaben der Bundesregierung von 2021 werden etwa 40 Prozent der Geldstrafen auf 25 Euro pro Tag oder mehr festgesetzt – ein Betrag, der deutlich über dem Tageseinkommen von Bürgergeldberechtigten liegt. Nur ein Prozent der Tagessätze wird auf 5 Euro oder weniger festgesetzt. Für Menschen mit höherem Einkommen bzw. Vermögen stellt dieses System kein Problem dar. Doch die Mehrheit der strafrechtlich Verurteilten verfügt über ein geringeres Einkommen, Geldstrafen sind für sie häufig nicht zu bezahlen.

Es könnte auch anders sein. Da § 40 StGB die »Berücksichtigung der persönlichen und wirtschaftlichen Verhältnisse« von Betroffenen vorsieht, verfügen Richter*innen über einen Ermessensspielraum, um eine Geldstrafe an die jeweiligen Umstände anzupassen. In der Praxis wenden Gerichte diese Möglichkeit jedoch nur selten an. Davon zeugen Interviews mit über 50 Richter*innen und Staatsanwält*innen (Nagrecha/Bögelein 2019). Gerichte reduzieren den Tagessatz für Menschen mit geringem Einkommen nur selten so, dass diesen ihr Existenzminimum bleibt. Ihre Zurückhaltung begründen die Gerichte damit, dass es gesetzgeberische Absicht sei, die Geldstrafe nach dem Nettoeinkommensprinzip festzusetzen. Für Transferleistungsberechtigte bedeutet das, dass je nach Gericht Tagessätze zwischen 6 und 20 Euro festgelegt werden –, was für Betroffene zu viel ist.

Weitere Faktoren tragen dazu bei, dass Tagessätze zu hoch angesetzt werden. So liegen den Gerichten nur selten genaue Informationen über die finanziellen Verhältnisse vor. Etwa 90 Prozent aller Geldstrafen werden per Strafbefehl verhängt. Richter*innen und Staatsanwält*innen setzen Geldstrafen in der Regel auf Grundlage begrenzter polizeilich ermittelter Informationen oder durch sogenannte Schätzungen fest –, wobei es sich dabei vor allem um häufig verhängte Regelsätze handelt. Für die übrigen 10 Prozent der Betroffenen, die tatsächlich vor einem Gericht landen, ist die Situation nicht viel besser. Auch in diesen Fällen werden häufig Schätzungen verwendet, die kaum auf die individuellen Umstände einer Person zugeschnitten sind. Dabei überschätzen die Gerichte das Einkommen der Betroffenen, was zu überhöhten Tagessätzen führt.

Das Ziel bleibt: Weniger Ersatzfreiheitsstrafen

Mit der Änderung des § 40 StGB soll die Zahl der Ersatzfreiheitsstrafen reduziert werden, nachdem sie sich in den letzten 40 Jahren verdoppelt hatte. Ob die Gesetzesänderung zu diesem Ziel beiträgt, wird davon abhängen, ob die Gerichte sie als Abkehr vom Nettoeinkommensprinzip begreifen. Hier wird Aufklärungsarbeit vor Gericht erforderlich sein. Es wird nicht genügen, wenn Gerichte zur Sicherung des Existenzminimums nun Ratenzahlungsangebote machen, statt die finanzielle Belastung der Betroffenen tatsächlich zu verringern. Denn Ratenzahlungen ziehen die Strafe nur in die Länge und entziehen den Betroffenen dringend benötigte Mittel.

Es wird also darum gehen, sich für eine konsequente Auslegung des § 40 StGB einzusetzen, wonach einer betroffenen Person »mindestens das zum Leben unerlässliche Minimum« des Einkommens verbleibt. Auch wenn die überwiegende Mehrheit der Geldstrafen-Fälle nicht vor einem Gericht landet, so sind es doch immerhin mehrere Tausend pro Jahr, bei denen Betroffene und Anwält*innen die Auslegung des neuen Gesetzes beeinflussen können. Sie können in Einzelfällen ihre Auslegung geltend machen. Auch wenn sich diese Auffassung bei Gericht nicht allgemein durchsetzt, sollten Verteidiger*innen die Gerichte auf die neue Formulierung aufmerksam machen und auf eine stärkere Abweichung vom Nettoeinkommensprinzip drängen, weil die Gesetzesänderung ansonsten wirkungslos wäre. Wie die Gerichte das Gesetz in diesen Fällen auslegen, kann größere Auswirkungen auf die 90 Prozent der Fälle haben, die nicht vor einem Gericht verhandelt werden.

Zu überlegen wäre auch, inwiefern im Sinne einer strategischen Prozessführung passende Verfahren eingesetzt werden können, wenn Geldstrafen verhängt wurden, die das Existenzminimum der Verurteilten unterschreiten, um so über den individuellen Fall hinaus die Gerichtspraxis zu beeinflussen. Ausgangspunkt wäre der Wortlaut des neuen § 40 StGB.

Argumentationspotenzial bietet auch das europäische Recht: Im Urteil Lăcătuş gegen die Schweiz aus dem Jahr 2021 erklärte der Europäische Gerichtshof für Menschenrechte (EGMR) ein pauschales Bettelverbot in der Schweiz für unvereinbar mit der Europäischen Menschenrechtskonvention. Der EGMR bewertete ein solches Gesetz als Verletzung der Menschenwürde der verurteilten Person –, unter anderem weil sie ins Gefängnis komme, wenn sie nicht zahlen könne. Wie in den Fällen individuell nicht zu leistender Tagessätze geht es dabei um eine Diskriminierung aufgrund des (niedrigen) verfügbaren Einkommens.

Das Ziel der Reduzierung der Ersatzfreiheitsstrafe dürfte zur Legislative zurückführen – und wird auch davon abhängen, ob breite Bündnisse geschaffen werden können, die betroffene Personen miteinbeziehen. Neben der Interessenvertretung in Einzelfällen gehören zu den anstehenden legislativen Zielen auch die Diskussionen des Bundestages zum Strafbefehl. Auch die Entkriminalisierung von häufig mit Geldstrafen belegten Delikten bleibt nötig – anknüpfend an die Ankündigung im Koalitionsvertrag zur teilweisen Cannabis-Legalisierung oder zur Entkriminalisierung des Fahrens ohne Fahrschein.

Wie der neue § 40 StGB in der Praxis umgesetzt wird, wird genau zu beobachten sein. Sollte sich nichts ändern, wird ein neuer rechtspolitischer Versuch nötig sein, um die Ungerechtigkeit des derzeitigen Systems gesetzlich zu beenden.

Aus dem Englischen übersetzt von Anthony Obst

Literatur

Nagrecha, Mitali/Bögelein, Nicole: Criminal-Legal System Actors' Practices and Views on Day Fines, in: Kriminologie – Das Online-Journal | Criminology – The Online Journal 2, 2019, S. 267 ff.

Ganty, Sarah: The Double-Edged ECtHR Lăcătuş Judgment on Criminalisation of Begging: Da Mihi Elimo Sinam Propter Amorem Dei, in: European Convention on Human Rights Law Review 3 (2022), S. 393 ff.

Wilde, Frank: Die Geldstrafe – Ein unsoziales Rechtsinstitut?, in: Monatsschrift für Kriminologie und Strafrechtsreform 98(4), 2015, S. 348 ff.

Artikel 3 (2) Männer und Frauen sind gleichberechtigt. Der Staat fördert die tatsächliche Durchsetzung der Gleichberechtigung von Frauen und Männern und wirkt auf die Beseitigung bestehender Nachteile hin.

Ulrike Lembke/Marie Volkmann

Sprechende Sprachverbote

Geschlechtergerechte Sprache im hoheitlichen Sprachhandeln

In Hessen haben CDU und SPD in ihrem Koalitionsvertrag im Dezember 2023 vereinbart, »dass in staatlichen und öffentlich-rechtlichen Institutionen (wie Schulen, Universitäten, Rundfunk) auf das Gendern mit Sonderzeichen verzichtet wird und eine Orientierung am Rat für deutsche Rechtschreibung erfolgt«. Gemeint ist damit ein Verbot geschlechtergerechter Sprache nicht nur für Schulen, sondern auch für grundrechtsberechtigte (und -verpflichtete) Körperschaften und Anstalten des öffentlichen Rechts.

In Sachsen, Sachsen-Anhalt und Schleswig-Holstein wurde die Verwendung geschlechtergerechter Sprache mit Sonderzeichen den Schulleitungen und Lehrkräften bereits untersagt und wird in Prüfungen mit Punktabzug bedroht. Sprachverbote für selbstverwaltete Universitäten und staatsfernen Rundfunk wären aber eine neue Qualität staatlich angeordneter Geschlechtsdiskriminierung.

Die Verpflichtung zur Gleichbehandlung von Frauen im staatlichen Sprachhandeln folgt aus Artikel 3 Absatz 2 GG und ist seit Jahrzehnten auch gesetzlich verankert. Fast ebenso lange fordert das Bundesverfassungsgericht (BVerfG) die Berücksichtigung der Geschlechtsidentität bei hoheitlicher Ansprache. Erst seit 2017 sind Geschlechtsidentitäten jenseits der binären Norm explizit rechtlich anerkannt, was nicht nur durch das Persönlichkeitsrecht, sondern auch durch das Verbot der Geschlechtsdiskriminierung geboten war (BVerfG, Beschluss vom 10. 10. 2017, Az. 1 BvR 2019/16). Damit ist sprachliche Gleichbehandlung von Frauen zu geschlechtergerechtem hoheitlichem Sprachhandeln weiterzuentwickeln, um Artikel 3 Absatz 2 und 3 GG nicht zu verletzen.

Umsetzung: Ein Schritt nach vorne, zwei Schritte zurück

Hessen war schon weiter: Bereits 1984 stellte ein Runderlass der hessischen Regierung fest, dass »die männliche Form einer Bezeichnung [...] nicht als Oberbegriff angesehen werden [kann], der die weibliche und männliche Form einschließt«. Damit war in Hessen bereits vor 40 Jahren eine Erkenntnis vorhanden, die heute vielerorts wieder fehlt: Es gibt in der deutschen Sprache kein generisches Maskulinum. Seit 2016 verpflichtet § 1 Absatz 2 des Hessischen Gleichberechtigungsgesetzes zur sprachlichen Gleichbehandlung in Rechts- und Verwaltungsvorschriften und im dienstlichen Schriftverkehr. Bis 2021 sah die Gemeinsame Geschäftsordnung der hessischen Ministerien auch Binnen-I, Sternchen und Unterstrich als mögliche Optionen vor. Mittlerweile sind diese Möglichkeiten wieder verschwunden. Es sollen stattdessen geschlechtsneutrale Alternativen ohne Sonderzeichen oder Beidnennungen der weiblichen und der männlichen Form verwendet werden. Außerhalb davon haben viele Kommunen, Hochschulen und Rundfunkanstalten in ihrem Kompetenzbereich verfassungskonforme Lösungen entwickelt.

Mit einem Verbot geschlechtergerechter Sprache ohne verfassungskonforme Alternativen würden staatliche Stellen und öffentliche Einrichtungen angewiesen, das Geschlechtsdiskriminierungsverbot zu missachten sowie durch Misgendering, also die Ansprache einer Person unter Verwendung falscher Pronomen, das allgemeine Persönlichkeitsrecht von trans*, intergeschlechtlichen und nicht-binären Personen zu verletzen. (Die Privatwirtschaft bliebe zugleich bundesgesetzlich verpflichtet, ihre Kund*innen bei der Ansprache nicht wegen des Geschlechts zu diskriminieren.) Überdies wäre der mit dem geplanten Sprachverbot verbundene Eingriff in Rundfunkfreiheit und universitäre Selbstverwaltung offensichtlich verfassungswidrig.

Der Rechtschreibrat und das Verfassungsrecht

Die hessische Koalition beruft sich auf die Empfehlungen des Rats für deutsche Rechtschreibung. Die Aufgaben dieses 2004 gegründeten zwischenstaatlichen Expert*innen-Gremiums erschöpfen sich in der Beobachtung des Schreibgebrauchs und daraus folgenden Empfehlungen. Der Rat hat keinerlei Regelungskompetenz. Sein »amtliches Regelwerk« wird nur durch Beschluss der Kultusministerkonferenz und der Länder für Schulen sowie durch Beschluss der Bundesregierung für die Bundesverwaltung verbindlich.

Der Rechtschreibrat bezeichnet sich selbst als „maßgebende Instanz« in Sprachfragen, kann oder will bislang aber nicht zwischen hoheitlichem Sprachhandeln und privatem Sprachgebrauch unterscheiden. In seinen Empfehlungen vom 26. März 2021 erklärte er die Notwendigkeit geschlechtergerechter Sprache zur (allein) gesellschaftspolitischen, nicht aber auch rechtlichen Aufgabe. Konstruktive Hinweise zu nicht diskriminierender Amts- und Rechtsprache in sieben deutschsprachigen Ländern blieben aus. Stattdessen wurde am 14. Juli 2023 verkündet, dass Unterstrich, Doppelpunkt oder Genderstern »nicht zum Kernbestand der deutschen Orthografie« gehören würden.

Im Gegensatz zu staatlichen Stellen ist der Rat nicht grundrechtsgebunden. Seine Empfehlungen müssen daher nicht zielführend sein, und er kann regelmäßig die Grenze zwischen Aufgabenverfehlung und bewusster Politisierung gegen verfassungsrechtliche Verpflichtungen überschreiten. Damit ist er aber auch keine Referenzgröße für staatliches Handeln (mehr).

Was es Wichtigeres gibt

Das Verbot geschlechtergerechter Sprache war im Eckpunktepapier für die hessischen Koalitionsverhandlungen 2023 unter »Freiheit und Generationengerechtigkeit« aufgeführt. Dies mutet bizarr an, fügt sich aber in von rechts geführte Kulturkämpfe, welche die Gesellschaft spalten. Schon länger dienen Antifeminismus und Anti-Gender rechtspopulistischen Bewegungen als Brückenideologie in die »gesellschaftliche Mitte«. Gleichstellung, Antidiskriminierung und Minderheitenschutz werden als illegitime Freiheitsbeschränkungen (»Zwang« und »Umerziehung«) delegitimiert und dann für politisch verhandelbar erklärt.

Dies trifft den demokratischen Rechtsstaat im Kern. Der Schutz von Minderheiten steht gerade nicht unter dem Vorbehalt, das Wohlgefallen der Mehrheit zu finden. Ein entsprechendes fundamentales Missverständnis liegt auch den Volksbegehren gegen geschlechtergerechtes hoheitliches Sprachhandeln in Baden-Württemberg, Hamburg und Hessen zugrunde und wird von einigen politischen Parteien nach Kräften gefördert. Die Absichtserklärung zum Erlass eines offensichtlich verfassungswidrigen Gesetzes in Hessen mag primär den Zweck haben, das Volksbegehren abzufischen oder von anderweitigen politischen Problemen abzulenken. Die Botschaft ist aber deutlich: Es kann Regierungsprogramm werden, garantierten Schutz zu versagen.

In der Sache ließen sich gute Formen verfassungskonformen hoheitlichen Sprachhandelns ohne unzumutbaren Aufwand finden: Hoheitliches Sprachhandeln könnte als eigenständiger Sprachgebrauch gefasst oder geschlechterinklusive Kurzformen als typografische Erscheinungen jenseits der Orthographie eingeordnet werden. Deutsche Politik könnte aufhören, ein beobachtendes Gremium wie den Rechtschreibrat faktisch über die Verfassung zu stellen, um sie zu brechen. Stattdessen könnte sie unaufgeregt geschlechtergerechte Sprache nutzen, die Gleichberechtigung von Frauen durchsetzen und Geschlechtsdiskriminierung in jeder Form beenden.

Literatur

Lembke, Ulrike: Verfassungswidrige Sprachverbote, Verfassungsblog v. 24.11.2023.

Lembke, Ulrike: Geschlechtergerechte Amtssprache. Rechtliche Expertise zur Einschätzung der Rechtswirksamkeit von Handlungsformen der Verwaltung bei Verwendung des Gendersterns oder von geschlechtsumfassenden Formulierungen, Juli/Dezember 2021.

Friederike Boll/Lea Welsch

Über Geld spricht man nicht?

Die BAG-Entscheidung zur Entgeltdiskriminierung von Frauen

Gleicher Lohn für gleiche Arbeit! Dieser Anspruch ist gesellschaftlicher Konsens. In Wirklichkeit galt bislang jedoch das Schlagwort: »Ein Prinzip ohne Praxis« (Regine Winter)

Die Zahlen sprechen dabei für sich: Der Gender-Pay-Gap – also der Einkommensunterschied zwischen Männern und Frauen – betrug auch im Jahr 2023 noch 18 Prozent. Ursache dafür ist nur in Ausnahmefällen eine vorsätzlich niedrigere Bezahlung von Frauen. Vielmehr wirkt ein ganzer Strauß hartnäckiger, struktureller Faktoren wie beispielsweise das gesetzliche Ehegattensplitting, eine geringere Vergütung vermeintlicher »Frauenarbeiten« in personennahen Tätigkeiten oder die sprichwörtliche Gläserne Decke, die Frauen den Zugang zu gut bezahlten Positionen verwehrt.

Bei Gehaltsverhandlungen wurde bislang die Perspektive, dass ungleiche Bezahlung von Männern und Frauen Ausdruck von Diskriminierung und damit Ungleichbehandlung ist, immer durch die Vorstellung verdrängt, dass die Vertragsfreiheit entscheidet, wer wie viel verdient. In dem Urteil des Bundesarbeitsgerichts (BAG) vom 16. Februar 2023 (Az. 8 AZR 450/21) wurde nun festgestellt, dass die Begründung, der Mann habe besser verhandelt, für die Rechtfertigung einer ungleichen Bezahlung für gleiche Arbeit nicht ausreicht. Vielmehr lege die ungleiche Bezahlung nahe, dass hier Mechanismen einer geschlechtsbezogenen Diskriminierung wirken.

Angeblich besser verhandelt? Keine Ausrede!

Geklagt hatte eine Mitarbeiterin im Vertriebsaußendienst eines Elektrounternehmens. Seit 2017 in dem Unternehmen angestellt, erhielt sie als Einstiegsgehalt einen Bruttomonatslohn von 3500 Euro. Durch Zufall erfuhr die Mitarbeiterin dann, dass ein nur wenige Monate vor ihr eingestellter Kollege 1000 Euro brutto mehr im Monat erhielt – bei gleicher Tätigkeit. Sie und ihr Kollege trugen die gleiche Verantwortung, hatten die gleichen Befugnisse und vertraten sich im Krankheitsfall. Eine ungleiche Bezahlung schien für die Klägerin daher nicht gerechtfertigt.

In den beiden ersten Instanzen verlor die Klägerin. Ihr Anspruch wurde im Kern damit abgelehnt, dass es dem Arbeitgeber gelungen sei darzulegen, der unterschiedlichen Bezahlung läge keine Diskriminierung aufgrund des Geschlechts zugrunde. Der Arbeitgeber habe sich mit Erfolg darauf berufen dürfen, dass der Kollege die höhere Bezahlung zur Bedingung im Bewerbungsprozess gemacht habe. Eine Nichtbesetzung der Stelle sei für das Unternehmen nicht in Frage gekommen, und so habe man der Forderung des Kollegen letztlich nachgegeben.

Das BAG stellte nun in seiner Entscheidung klar, dass der Klägerin ein Anspruch auf das gleiche Entgelt wie ihrem Kollegen und daneben ein Schmerzensgeld für die erlittene Diskriminierung zustehe.

Nach § 22 des Allgemeinen Gleichbehandlungsgesetzes (AGG) genügt es, wenn die Person, die sich auf eine Benachteiligung beruft, Indizien vorträgt, die eine Diskriminierung vermuten lassen. Arbeitgeber*innen können sich laut BAG hiergegen nicht damit verteidigen, dass das höhere Gehalt nur Ergebnis einer besseren Vertragsverhandlung des männlichen

Kollegen sei. Sie könnten sich so »nur allzu leicht« dem Grundsatz der Entgeltgleichheit entziehen. Dieser Gedankengang des BAG ist aus europarechtlicher Sicht nur folgerichtig. Dort wird in den einschlägigen Richtlinien und der Rechtsprechung des Gerichtshofs der Europäischen Union (EuGH) davon ausgegangen, dass sämtliche Mechanismen in den Blick zu nehmen sind, die geeignet sind, Entgeltgleichheit zu unterwandern. Erweisen sich Mechanismen als derart geeignet, Ungleichheit zu befördern, können sie nicht zur Entlastung der Arbeitgeber*innen dienen.

Entgeltgleichheit oder: Über Geld spricht man nicht?

Die Verpflichtung zur Entgeltgleichheit ist keineswegs neu. Verankert ist sie in Artikel 3 Absatz 2 und 3 GG, der in Absatz 2 die Gleichstellung von Frauen und Männern sogar gebietet. Verfassungsrechtlich erwächst damit die Verpflichtung, die Gleichberechtigung zu fördern und tatsächliche Nachteile zu beseitigen. Das Übereinkommen 100 der Internationalen Arbeitsorganisation hat Entgeltgleichheit bereits 1951 zum normativen Ziel erhoben. In den direkt anwendbaren europäischen Verfassungsrechten in Artikel 157 des Vertrags über die Arbeitsweise der Europäischen Union und in Artikel 23 der Charta der Grundrechte der Europäischen Union sowie in europäischen Richtlinien, die in Deutschland im Entgelttransparenzgesetz und dem AGG umgesetzt wurden, ist der entsprechende Grundsatz enthalten.

Die Knackpunkte liegen in der tatsächlichen Umsetzung, vor allem in der Vergleichbarkeit von Tätigkeiten und in mangelnder Transparenz. Heute noch häufig in Arbeitsverträgen anzutreffende Verbote, über das Gehalt zu sprechen, wurden bereits 2009 durch das Landesarbeitsgericht Mecklenburg-Vorpommern für unwirksam erklärt. Sie verhindern es, Gehaltsgefälle innerhalb der Belegschaft aufzudecken, und schwächen so die Verhandlungsposition von Arbeitnehmer*innen. Es gilt also: Über Geld darf gesprochen werden!

Mit Einführung des Entgelttransparenzgesetzes im Jahr 2017 wurde ein Auskunftsanspruch für die potenziell von ungleicher Bezahlung Betroffenen ergänzt. Die Auskunftspflicht gilt aber erst ab einer Betriebsgröße von 200 Mitarbeitenden. Seine Geltendmachung setzt zudem eine gewisse Souveränität und Streitlust der betroffenen Person voraus, die im Abhängigkeitsverhältnis eines Arbeitsverhältnisses keineswegs niedrigschwellig ist. Zudem müssen Kolleg*innen beim Austausch über Bezahlung mit der sozialen Konvention brechen, »dass man über Geld nicht spricht«.

Vertragsfreiheit im Kräfteungleichgewicht

Die Entscheidung des BAG ist ein Meilenstein. Sie erkennt die soziale Dimension der Ungleichheit im Geschlechterverhältnis für die rechtliche Bewertung an. Das Gericht bleibt nicht bei der formalen Hülle der Vertragsfreiheit und der freien Verhandlung von abstrakt Gleichen stehen. Das BAG fragt nach subtilen Mechanismen, die sich in einer Verhandlungssituation konkret auswirken. Denn das »bessere Verhandeln« ist nun mal kein neutraler Fakt, sondern auch Ausdruck von Selbstbewusstsein, das entlang der Geschlechtergrenzen unterschiedlich verteilt ist. Selbstverständlich lassen sich Selbstbewusstsein und Verhandlungsstärke im Einzelfall nicht pauschal, nicht geschlechterstereotyp zuordnen. Menschen sind komplexer. Jedoch liegt das BAG hier völlig richtig, wenn es das Selbstschutzargument von Arbeitgeber*innen, Frauen weniger zu zahlen, weil der Mann aktiv mehr gefordert habe, als Mechanismus mit Schlagseite qualifiziert.

Auch in der Logik von Tarifverträgen kommt der Gedanke zum Tragen, der asymmetrischen Verhandlungsposition in Vertragsverhandlungen eine einheitliche Regelung entgegenzustellen, um Willkür, »Nasenfaktor« und Ausnutzung struktureller Unterlegenheit zu vermeiden. Flächentarifverträge wären demnach geeignet, geschlechtsspezifische Lohn- und Gehaltslücken zu schließen. Dafür müssen Gewerkschaften sich der Aufgabe stellen, auch in den von ihnen ausgehandelten Tarifverträgen diskriminierende Mechanismen abzubauen. Da tut sich noch viel zu wenig.

Dem »Prinzip ohne Praxis« zur Wirksamkeit verhelfen

Viel Bewegung gibt es in dem Bereich weiterhin auf europäischer Ebene. Am 6. Juni 2023 ist die europäische Entgelttransparenzrichtlinie in Kraft getreten. Erklärtes Ziel ist es, die Rechtsdurchsetzung zu stärken: Informationen über übliche Gehälter bereits im Bewerbungsprozess, erleichterte Auskunftsansprüche mit aussagekräftigeren Antworten, Berichtspflichten und Entgeltbewertungsverfahren in allen Unternehmen ab 100 Beschäftigten. Statt mühsamer Klagen Einzelner tragen damit Arbeitgeber*innen die Verantwortung zum Handeln. Deutschland hat bis zum 7. Juni 2026 Zeit, die Vorgaben in nationales Recht umzusetzen.

Literatur

Jochmann-Döll, Andrea / Tondorf, Karin: Gleiches Entgelt für gleichwertige Arbeit? Die Entgeltordnung des Tarifvertrags der Länder (TV-L) auf dem Prüfstand, Antidiskriminierungsstelle des Bundes, 2018.

Markard, Nora: Das Gebot der Entgeltgleichheit. Verfassungsrechtliche Perspektiven, in: JuristenZeitung 2019, Heft 11.

Artikel 3 (3) **Niemand darf wegen seines Geschlechtes, seiner Abstammung, seiner Rasse, seiner Sprache, seiner Heimat und Herkunft, seines Glaubens, seiner religiösen oder politischen Anschauungen benachteiligt oder bevorzugt werden. Niemand darf wegen seiner Behinderung benachteiligt werden.**

Tarik Tabbara

Modernisierung des Staatsangehörigkeitsrechts

Eine Reform mit gleichheitsrechtlichen Problemen

Im Koalitionsvertrag von 2021 hat die Bundesregierung eine weitreichende Reform des Staatsangehörigkeitsrechts verabredet. Ziel ist es, die Zahl der Einbürgerungen deutlich zu erhöhen, da seit der letzten Reform im Jahr 2000, entgegen der damaligen Intention, der Anteil der Bevölkerung ohne deutsche Staatsangehörigkeit erheblich gestiegen ist und das nicht nur aufgrund gestiegener Zuwanderung, sondern auch durch eine im EU-Vergleich unterdurchschnittliche Einbürgerungsquote. Damit klafft aus demokratischer Sicht eine immer problematischere Lücke zwischen Wohn- und Wahlbevölkerung. Der Entwurf der Bundesregierung für ein Gesetz zur Modernisierung des Staatsangehörigkeitsrechts vom August 2023 (BR-Drs. 438/23) setzt vor allem auf eine generelle Hinnahme von Mehrstaatigkeit. Bislang müssen alle Bewerber*innen außer Unionsbürger*innen, abgesehen von Ausnahmefällen, ihre ursprüngliche Staatsangehörigkeit aufgeben, um in Deutschland eingebürgert werden zu können. Außerdem soll die für eine Einbürgerung erforderliche Aufenthaltsdauer von acht auf fünf Jahre verkürzt werden (§ 10 Staatsangehörigkeitsgesetz – StAG). Der Entwurf enthält aber auch neue Restriktionen, die zu neuen Ungleichbehandlungen und Diskriminierungen führen.

Verschärfungen bei der Lebensunterhaltssicherung

Eine erhebliche Verschlechterung gegenüber der geltenden Rechtslage betrifft die von Einbürgerungsbewerber*innen geforderte Sicherung des Lebensunterhalts. Bisher stand der Bezug von Sozialleistungen nach dem Sozialgesetzbuch (SGB) II (Bürgergeld) oder SGB XII (Grundsicherung im Alter) einer Einbürgerung nur dann entgegen, wenn der Bezug dieser Leistungen zu vertreten war, etwa weil zumutbare Beschäftigungsangebote nicht angenommen wurden. Künftig soll dagegen nur noch in drei Ausnahmefällen eine Einbürgerung trotz Sozialleistungsbezugs zulässig sein: 1. für die sogenannten Gastarbeiter*innen, die aufgrund eines Anwerbeabkommens vor dem 30.6.1974 in die BRD, oder Vertragsarbeiter*innen, die vor dem 13.6.1990 in die DDR zugezogen sind und den Leistungsbezug nicht zu vertreten haben; 2. für Personen, die innerhalb der letzten zwei Jahre vor der Einbürgerung mindestens 20 Monate in Vollzeit gearbeitet haben und 3. für Ehegatt*innen oder Lebenspartner*innen der unter 2. genannten Vollzeitbeschäftigten, sofern sie mit diesen und einem minderjährigen Kind zusammenleben.

Konflikte mit dem allgemeinen Gleichbehandlungsgrundsatz

Diese Gesetzesverschärfung wirft Fragen im Hinblick auf den allgemeinen Gleichbehandlungsgrundsatz (Artikel 3 Absatz 1 GG) auf. Gibt es z.B. einen hinreichenden Grund dafür, dass die Gastarbeiter*innen, nicht aber ihre Ehegatt*innen, die ihnen im Wege des Familiennachzugs folgten, unter die Ausnahme fallen? Ist es gerechtfertigt, dass die Betreuung minderjähriger Kinder als Ausnahmefall gilt, nicht aber die die Pflege anderer Familienangehöriger?

Die Rechtsprechung verlangt für die Rechtfertigung einer Ungleichbehandlung angemessene Gründe im Hinblick auf die

Bedeutung der Ungleichbehandlung (BVerfG, Beschluss vom 22.3. 2022, Az. 1 BvR 2868/15, Rn. 122). Solche Gründe sind nicht ersichtlich. Besonders problematisch im Hinblick auf das Demokratieprinzip sind Fälle wie die von Rentner*innen, die auf aufstockende Sozialleistungen angewiesen sind, bei denen die neuen Ausschlüsse in aller Regel dauerhaft sind. Der Verweis der Bundesregierung auf die Möglichkeit einer Ermesseneinbürgerung, bei der »zur Vermeidung einer besonderen Härte« (§ 8 Absatz 2 StAG) von der Sicherung des Lebensunterhalts abgesehen werden kann, dürfte dagegen ins Leere gehen. Eine Ermesseneinbürgerung wird in der Praxis nur bei besonderem öffentlichen Interesse an der Einbürgerung vorgenommen (z.B. bei Spitzensportler*innen). Erfüllt eine Person (nur) die Voraussetzungen der Lebensunterhaltssicherung für eine Anspruchseinbürgerung nicht, ist dagegen der Rückgriff auf die Ermesseneinbürgerung in aller Regel ausgeschlossen. Zudem liegt ein Härtefall im Sinne der Vorschrift ohnehin allenfalls in atypischen Fällen vor. Noch gravierendere Probleme ergeben sich bei den Diskriminierungsverboten nach Artikel 3 Absatz 2 und 3 GG.

Diskriminierung von Personen mit Behinderung

Menschen mit Behinderungen beziehen in vielen Fällen zeitlebens Leistungen nach dem SGB II/XII. Dass sie in Zukunft dauerhaft von einem Einbürgerungsanspruch ausgeschlossen sind, steht offensichtlich in einem Spannungsverhältnis zu Artikel 3 Absatz 3 Satz 2 GG (»Niemand darf wegen seiner Behinderung benachteiligt werden«) sowie zur UN-Behindertenkonvention.

Dass die Gesetzesänderung Nachteile für Behinderte mit sich bringen wird, erkennt die Gesetzesbegründung ausdrücklich an, rechtfertigt das aber lediglich mit dem Grundsatz hinreichender wirtschaftlicher Integration, der im Gesetz stärker verankert werden soll. Das dürfte den gesteigerten Anforderungen an die Rechtfertigung für Ungleichbehandlungen, die an Diskriminierungsmerkmale anknüpfen, kaum genügen.

Förderung des patriarchalen Ernährermodells

Ähnlich verhält es sich mit dem Ausschluss von Alleinerziehenden, die nicht in Vollzeit arbeiten oder von Paaren, die sich die Betreuung ihrer minderjährigen Kinder gleichberechtigt teilen und daher beide in Teilzeit arbeiten. Eine Nichtberücksichtigung dieser Konstellationen verstößt gegen die Gleichberechtigung von Mann und Frau (Artikel 3 Absatz 2 GG). Denn hier werden absehbar überproportional Frauen benachteiligt, weil sie die Mehrzahl der Alleinerziehenden ausmachen bzw. schlechter verdienen und im Zweifelsfall aus familiären Gründen eher auf eine Vollzeittätigkeit verzichten. Da sich eine geschlechtsneutral formulierte Regelung überwiegend zu Lasten von Frauen auswirkt, liegt eine mittelbare Diskriminierung vor (BVerfG, Urteil vom 30.1.2002, Az. 1 BvL 23/96, Rn. 70). Auch hier ist eine Rechtfertigung sehr zweifelhaft, schon weil das privilegierte Familienernährer-Modell, bei welchem in der Regel der Ehemann Vollzeit arbeitet, eine stärkere wirtschaftliche Integration von Frauen gerade nicht fördert, insbesondere wenn beide Partner*innen in Teilzeit arbeiten und zusammen sogar mehr verdienen könnten als der »Familienernährer«.

Antimuslimischer Bias

Die Förderung eines eher rückständigen Familienmodells führt auch zu Widersprüchen im Entwurf: Statt der viel kritisierten Voraussetzung der »Einordnung in die deutschen Lebensverhältnisse« ist jetzt vorgesehen, dass eine Einbürgerung ausgeschlossen sein soll, wenn ein*e Einbürgerungsbewerber*in durch ihr/sein »Verhalten zeigt, dass er die im Grundgesetz festgelegte Gleichberechtigung von Mann und Frau missachtet«. Was zunächst unproblematisch klingt, zeigt beim Blick in die Gesetzesbegründung erhebliche Schlagseite. Es werden nur Verhaltensweisen aufgegriffen, die insbesondere die muslimische Bevölkerung ansprechen wie »patriarchalische Familienstrukturen«, die »Verheiratung minderjähriger Töchter« oder ein »Werteverständnis, wonach die Scharia-Normen über Teilen der deutschen Rechtsordnung stehen«. Dabei werden nicht Gesetzesverstöße sanktioniert, sondern kulturelle Verhaltenserwartungen. Es ist leicht absehbar, dass eine solche höchst dehnbare Norm zu vorurteilsbehafteten Sonderprüfungen bei als muslimisch eingeordneten Personen führen kann. Vor solchen Formen des institutionellen antimuslimischen Rassismus sollte das Verbot rassistischer Diskriminierung (Artikel 3 Absatz 3 Satz 1 GG) schützen.

Literatur

Tabbara, Tarik: Modernisierung des Staatsangehörigkeitsrechts – halbierte Reform, in: Zeitschrift für Rechtspolitik (ZRP) 2023, S. 237–239.
Thierer, Johannes: Deutschlands goldener Pass? Zur geplanten Verschärfung der ökonomischen Voraussetzungen für die Einbürgerung, Verfassungsblog v. 27. 5. 2023.

Claus Förster

Vereinte Nationen zutiefst besorgt über die Situation von Behinderten in Deutschland

Am 29. und 30. August 2023 reisten Vertreter*innen der Bundesregierung und der Landesregierungen zum Sitz der Vereinten Nationen in Genf, um dem dort tagenden Ausschuss für die Rechte von Menschen mit Behinderungen über die Fortschritte Deutschlands bei der Umsetzung des Übereinkommens über die Rechte von Menschen mit Behinderungen (Behindertenrechtskonvention [BRK]) zu berichten. Rechtliche Grundlage hierfür ist das in Artikel 35 BRK geregelte Staatenprüfungsverfahren.

Dabei konnte Deutschland die Nachfragen des Ausschusses nicht zufriedenstellend beantworten. Auf die Kritik an der Separierung behinderter Kinder in Schulen, die den Grundsatz der Inklusion verletze, berief sich der Vertreter der deutschen Länder auf die Wahlfreiheit der Eltern. Er blendete dabei aus, dass diese angesichts des Fehlens angemessen geförderter inklusiver Angebote oftmals keine andere Wahl haben, als ihre Kinder in Sonderschulen zu schicken. Er trug vor, die Länder seien überzeugt, die Existenz separierender Förderschulen verstoße nicht gegen den Grundsatz der Inklusion. Auf die Kritik am weiteren Bestehen der sogenannten ersetzenden Entscheidung, bei der die Zustimmung von Betroffenen durch diejenige von Betreuungspersonen oder eines Gerichts ersetzt wird und die zur Verletzung der Selbstbestimmung von Patient*innen durch Maßnahmen bis hin zu Fixierungen führen kann, entgegnete er lapidar, hier sei man anderer Meinung als der Ausschuss.

Nach der Anhörung verfasste der Ausschuss seine abschließenden Bemerkungen. Diese sind für Deutschland vernichtend: In dem Dokument folgen auf eine halbe Seite, auf der positive Aspekte gewürdigt wurden, 16 Seiten, in denen der Ausschuss »besorgt« oder »zutiefst besorgt« über Zustände und Entwicklungen ist und Deutschland ausführlich dargelegte Maßnahmen zur Veränderung empfiehlt.

Segregation in Bildungs- und Arbeitswelt muss beendet werden!

So zeigte sich der Ausschuss besorgt über die unzureichende Umsetzung der Inklusion im gesamten Bildungssystem, über Sonderschulen und -klassen sowie die verschiedenen Hindernisse, auf die Kinder mit Behinderungen und ihre Familien stoßen, wenn sie Regelschulen besuchen wollen. Er empfahl Deutschland sicherzustellen, dass Kinder mit Behinderungen Regelschulen besuchen können, unter anderem durch die Verbesserung der Zugänglichkeit, die Anpassung an alle Arten von Behinderungen und die Bereitstellung geeigneter Transportmöglichkeiten, insbesondere in ländlichen Gebieten.

Ebenfalls besorgt war der Ausschuss über die hohe Arbeitslosigkeit von Menschen mit Behinderungen, insbesondere von Menschen mit intensivem Unterstützungsbedarf, die hohe Zahl von Menschen, die in geschützten »Werkstätten für behinderte

Menschen« untergebracht sind, und deren niedrige Übergangsquote in den ersten Arbeitsmarkt.

Als besonders dringlich bezeichnete der Ausschuss seine Empfehlungen: erstens die freie Wahl des Wohnortes zu ermöglichen statt einer Segregation in Heimen und zweitens einen umfassenden Plan zu entwickeln zur Beschleunigung des Übergangs von der Sonderschule zur inklusiven Bildung und zur Inklusion von Menschen mit Behinderungen in den allgemeinen Arbeitsmarkt.

Verbot der Zwangsbehandlung

Zu den Menschen mit Behinderungen zählen gemäß Artikel 1 Satz 2 BRK auch Menschen mit seelischen Beeinträchtigungen. Ihre Rechte aus der BRK werden in Deutschland in besonderer Weise verletzt. Der Ausschuss zeigte sich zutiefst besorgt über die Zwangseinweisung und Zwangsbehandlung von Menschen mit Behinderungen aufgrund dieser Beeinträchtigungen in Einrichtungen der Pflege, der Eingliederungshilfe und anderen Institutionen, psychiatrischen Einrichtungen und der forensischen Psychiatrie.

In diesem Zusammenhang steht eine von vielen Menschen mit psychosozialen Behinderungen als diskriminierend empfundene Entscheidung des Bundesverfassungsgerichts (BVerfG), die nicht nur die Verfassungs- und Konventionswidrigkeit von Zwangsbehandlungen leugnete, sondern aus der Schutzpflicht aus Artikel 2 Absatz 2 Satz 1 GG ableitete, der Gesetzgeber sei verpflichtet, sie noch auszuweiten und die Zwangsbehandlung in bestimmten Situationen auch für Menschen einzuführen, die nicht geschlossen untergebracht sind (Beschluss vom 26.7.2016, Az. 1 BvL 8/15). Das BVerfG sah sich dabei auch nicht im Widerspruch zum UN-Ausschuss. Dabei hat sich Deutschland in Artikel 12 Absatz 4 Satz 2 BRK verpflichtet, dass bei »Maßnahmen, die die Ausübung der Rechts- und Handlungsfähigkeit betreffen, der Wille und die Präferenzen der betreffenden Person geachtet werden müssen«.

Mechanismen wie die unterstützte Entscheidungsfindung ermöglichen es, bei Maßnahmen sowohl den aktuell geäußerten Willen als auch die längerfristig gebildeten Präferenzen zu ermitteln und einen im Einzelfall dazwischen bestehenden Widerspruch aufzulösen. Aus der Zeit gefallen ist aber der Rückgriff auf einen objektiv – also in der Praxis von Ärzt*innen und Gerichten – definierten fiktiven »freien Willen«, der nichts mit dem tatsächlich geäußerten Willen und den Präferenzen der Betroffenen zu tun hat. Die Erfahrung der Praxis zeigt, dass die vermeintliche Notwendigkeit, gegen Menschen in Krisensituationen Zwangsmaßnahmen wie Fixierungen und Zwangsmedikation zu richten, eine Folge personeller Engpässe der Einrichtungen ist. Gerade aber die mit der Anwendung von Zwangsmaßnahmen verbundene Atmosphäre ist wiederum nicht dazu geeignet, qualifiziertes Personal für die Tätigkeit in psychiatrischen Einrichtungen zu gewinnen. So entsteht ein Teufelskreis, der beendet werden muss, denn die Freiheit von Zwangsmaßnahmen, deren Anwendung im Übrigen eine erhebliche Traumatisierungsgefahr in sich birgt, gehört zur Menschenwürde und darf nicht der Disposition von Sparzwängen unterliegen.

So hat der Ausschuss dem BVerfG denn auch indirekt eine klare Antwort gegeben. In den abschließenden Bemerkungen hat er erneut Deutschland die »Abschaffung aller Formen von ersetzenden Entscheidungen und deren Ersetzung durch ein System der unterstützten Entscheidungsfindung« empfohlen. Wenn das BVerfG ernst nimmt, dass den Ausführungen des Ausschusses erhebliches Gewicht zukommt und dass ein nationales Gericht sich mit seinen Auffassungen argumentativ auseinandersetzen muss, wird es seine bisherige Rechtsprechung überprüfen müssen.

Völkerrechtsfreundliche Grundgesetzauslegung

Der in Deutschland verbreiteten Stimmung, man wisse es besser als die Vereinten Nationen, muss entgegengetreten werden. Die BRK besitzt nicht nur eine formale Legitimation durch die Verabschiedung auf der UN-Generalversammlung und die Ratifizierung durch 188 Vertragsstaaten. An ihrer Erarbeitung waren 469 Nichtregierungsorganisationen und damit Betroffenenvertreter*innen aus aller Welt beteiligt. Auch der Prozess der Staatenprüfung wurde durch eine breite Beteiligung von Betroffenenorganisationen begleitet. Zu der formalen Legitimation tritt daher eine weitere Legitimation durch die Beteiligung der Betroffenen.

Artikel 3 GG ist wie alle innerstaatlichen Rechtsnormen völkerrechtsfreundlich auszulegen, also im Einklang mit den Normen des Völkerrechts, zu denen auch die BRK gehört. Die vom Ausschuss aufgezeigten Diskriminierungen von Menschen mit Behinderungen sind zugleich auch Verletzungen des Verbots der Benachteiligung wegen der Behinderung aus Artikel 3 Absatz 3 Satz 2 GG. Die ihnen zugrunde liegenden gesetzlichen Regelungen verletzen nicht nur die BRK, sondern sind auch verfassungswidrig.

Literatur

menschenrechte-in-aktion.de/brk

Artikel 5 (1, 1) **Jeder hat das Recht, seine Meinung in Wort, Schrift und Bild frei zu äußern und zu verbreiten und sich aus allgemein zugänglichen Quellen ungehindert zu unterrichten.**

Vivian Kube/Hannah Vos

Gelöscht, nicht »aktenrelevant« oder nie gespeichert

Der Umgang mit der Handykommunikation von Politiker*innen und Behörden gefährdet die Informationsfreiheit

Der plötzliche Abzug der Bundeswehr aus Afghanistan im Sommer 2021 hat viele Fragen aufgeworfen: Wie hatte das Auswärtige Amt (AA) das Ende des 20-jährigen Bundeswehreinsatzes im »Krieg gegen den Terror« geplant? War der Vormarsch der Taliban wirklich unvorhersehbar? Wieso scheiterten die Evakuierungen? Und gab es überhaupt Pläne, Ortskräfte und Menschenrechtsverteidiger*innen zu retten?

Darüber könnte die Kommunikation des damaligen Außenministers Heiko Maas Aufschluss geben. Wie bei allen »amtlichen Informationen« besteht für jeden Menschen auf Grundlage des Informationsfreiheitsgesetzes ein Anspruch, solche Kommunikation einzusehen, soweit keine Ausnahmegründe, etwa Sicherheitsbedenken oder Datenschutz, vorliegen. Daher stellte die NGO FragDenStaat im September 2021 beim AA einen Antrag auf Übersendung der SMS und Messenger-Nachrichten von Maas zu diesem Themenkomplex.

Das AA lehnte den Antrag ab und behauptete, es handele sich nicht um amtliche Informationen. Während des laufenden Verwaltungsverfahrens löschte es schließlich sogar alle Handydaten, ohne diese vorher auf wichtige Informationen hin zu sichten. FragDenStaat erhob Klage vor dem Verwaltungsgericht (VG) Berlin, um grundsätzlich klären zu lassen, dass die Öffentlichkeit einen Anspruch auf Zugang zu amtlicher Kommunikation hat, egal ob über Handy, E-Mail oder Brief: Es dürfe keinen Bereich geben, der einer demokratischen Kontrolle vollständig entzogen ist.

Regieren per SMS und Messenger – und niemand kontrolliert

In den letzten Jahrzehnten kommunizieren auch Minister*innen und Regierungschef*innen zunehmend über SMS und Messenger-Apps. Die erste Politikerin, die durch ihre extensive Handynutzung auffiel, war Angela Merkel. Ihr wurde nachgesagt, sie habe das Land per SMS regiert. Auch sonst berichtete die Presse über das Handyverhalten von Politiker*innen, insbesondere dann, wenn mal wieder eine wichtige Nachricht »verschwunden« war, so wie die Kommunikation von Ex-Bundesverkehrsminister Andreas Scheuer, die zur Aufklärung der geplatzten Pkw-Maut eigentlich Gegenstand eines Untersuchungsausschusses werden sollte. Oder die Nachrichten der EU-Kommissionspräsidentin Ursula von der Leyen an den Chef des Pharmakonzerns Pfizer vor Abschluss des Milliardendeals über den Coronaimpfstoff.

Informationsfreiheit ist Voraussetzung für eine freiheitliche und gerechte Demokratie. Das Bundesverfassungsgericht hat schon früh entschieden, dass das Recht, sich selbst aus möglichst vielen Quellen zu informieren, wesentlich ist für die Entfaltung der eigenen Persönlichkeit, zur Ausübung der politischen Teilhabe und der Kritikfähigkeit, aber auch zum Abbau von Vorurteilen und nicht zuletzt für die soziale Stellung des Einzelnen (grundlegend Beschluss vom 3.10.1968, Az. 1 BvR 46/65, BVerfGE 27, 71).

Anlass für die Gewährleistung der Informationsfreiheit in Artikel 5 Absatz 1 Satz 1 GG waren die Erfahrungen mit den nationalsozialistischen Informationsbeschränkungen, der staatlichen Meinungslenkung und den Verboten für ausländische Rundfunksender. Der Umfang der Informationen, die unter dieses Grundrecht fallen, wird jedoch von der Gesetzgebung bestimmt. Die Informationsfreiheits- und Transparenzgesetze des Bundes und der Länder legen fest, dass alle »amtlichen Informationen« für jede Person grundsätzlich zugänglich sein müssen. »Amtlich« sind Informationen, die bei staatlichen Stellen wie Behörden und Ministerien zum Zwecke ihrer Verwaltungstätigkeit gespeichert werden. Damit die Informationen zugänglich gemacht werden können, müssen sie aber zunächst bei der staatlichen Stelle gespeichert werden.

Informationsrechtliche Grauzone

Dabei ist der Staat schon per Grundgesetz dazu verpflichtet, sein Handeln wahrheitsgetreu und vollständig zu dokumentieren. Dieses Gebot der ordnungsgemäßen Aktenführung wurde bisher jedoch nur ganz vereinzelt in Gesetzen konkretisiert, etwa für die Personalaktenführung von Beamt*innen in §§ 106 ff. des Bundesbeamtengesetzes. Der überwiegende Umgang mit amtlichen Informationen ist nur durch die jeweiligen Aktenordnungen oder Datensicherungskonzepte der Behörden geregelt. Eine Richtlinie für die Arbeit der Bundesbehörden gilt zwar auch für elektronisch verwaltete Daten und verbietet es, Aktenteile zu entfernen oder bei Nutzung elektronischer Vorgangsbearbeitung Daten zu löschen. Sie gibt aber keine Auskunft darüber, welche Informationen überhaupt aktenkundig zu machen sind.

Genau dieses Schlupfloch machen sich nun die Behörden zunutze. Dabei berufen sie sich meist auf die Entscheidung des Bundesverwaltungsgerichts (BVerwG) zu den Twitter-Direktnachrichten des Bundesinnenministeriums (BMI) (Urteil vom 28.10.2021, Az. 10 C 3.20). Das BMI hatte einen Antrag auf Einsicht in diese Nachrichten abgelehnt, weil es Twitter nur für »informelle« Kommunikation genutzt habe, insbesondere um Fragen von Journalist*innen und Bürger*innen zu beantworten. Diese seien »bagatellartig« und müssten daher nicht veraktet werden. Das BVerwG gab dem BMI recht. Die Aufzeichnung der Nachrichten bei Twitter habe keinen amtlichen Zwecken gedient. Aufgrund ihrer geringfügigen inhaltlichen

Relevanz habe das BMI sie auch nicht im eigenen Aktenbestand speichern müssen. Seitdem behaupten Ministerien und Behörden gerne: Wenn etwas nicht veraktet wurde, war es wohl nicht relevant genug. Zuständig für die Veraktung sind die jeweiligen Sachbearbeiter*innen oder Minister*innen selbst. Möglichkeiten zur Überprüfung gibt es nicht. Weder bestehen interne Mechanismen, die zum Beispiel stichprobenartig prüfen, ob wirklich relevante Informationen veraktet worden sind, noch werden Sanktionen wie Disziplinarmaßnahmen verhängt, wenn rechtswidrige Löschungen bekannt werden.

Das Gericht vertraut den Behörden blind

Im Oktober 2023 wies das VG die Klage von FragDenStaat ab (Urteil vom 11.10.2023, Az. VG 2 K 124/22). Dabei stellte es schon in Frage, dass Maas sein Diensthandy überhaupt für amtliche SMS oder Chatnachrichten genutzt habe. Denn laut AA sei nach internen Regelungen eine solche Nutzung »nicht vorgesehen«. Diese Vermutung wollte das Gericht weder durch die zahlreichen Beispiele aus der Vergangenheit, in denen SMS und Chatnachrichten durch Presseberichte bekannt geworden sind, noch durch das Fehlen jeglicher Überprüfung, ob sich an diese internen Vorgaben überhaupt gehalten wird, erschüttert sehen. Auch eine schlichte Nachfrage bei Maas selbst oder der AA-Leitungsebene hielt das Gericht nicht für notwendig. Damit wird es für Behörden in Zukunft leicht: Es reicht, die Nutzung von Handys zu dienstlicher Kommunikation schlicht nicht zu regeln und dann einfach wegzuschauen.

Bereits 2021 hatte das VG einen Eilantrag auf Sicherung von SMS abgewiesen, die Angela Merkel im Zusammenhang mit dem Abzug der Bundeswehr aus Afghanistan versandt und empfangen hatte (Beschluss vom 16.12.2021, Az. VG 2 L 302/21). Das Kanzleramt hatte damals argumentiert, »veraktungswürdige« SMS seien selbstverständlich zu den Akten genommen worden. Im Oktober 2023 berichteten Medien, dass im Untersuchungsausschuss zum Abzug aus Afghanistan SMS der Kanzlerin fehlten, die diese mit Regierungsinformationen versandt habe. Die SMS waren anscheinend nie veraktet worden. Darüber hinaus hatte das Kanzleramt Terminkalender trotz eines bestehenden Moratoriums gelöscht.

Gesetzliche Pflicht zur Speicherung notwendig

Es ist also dringend notwendig, konkrete Vorgaben für den Umgang mit digitaler Kommunikation in Form eines Gesetzes zu schaffen. Solch ein Gesetz muss einfach umsetzbare Regelungen für die Speicherung digitaler Daten enthalten, etwa durch automatisierte Speicherung in elektronischen Akten. Darüber hinaus müssen die Einhaltung dieser Regelung überprüft und Verstöße sanktioniert werden. Ein für die Demokratie wesentliches Grundrecht läuft ansonsten zunehmend ins Leere.

Literatur

Beisel, Karoline Meta / Bullion, Constanze von / Fritzsche, Lara / Meier, Nicola: Handy-Jahre einer Kanzlerin, in: Süddeutsche Zeitung Magazin, 2.9.2021, Heft 35/2021.
Schweppe, Christian: Kanzleramt vernichtete Merkels persönlichen Kalender, in: ZEIT ONLINE, 11.10.2023.
Guckelberger, Annette: Informationszugang zu exekutiven Textnachrichten, in: Zeitschrift für das gesamte Informationsrecht 2022, S. 55ff.

John Philipp Thurn

Immer neue Lücken im Äußerungsstrafrecht?

Am 7. Oktober 2023 feierten auf der Sonnenallee in Berlin-Neukölln Dutzende Personen mit Baklava den Terrorangriff der Hamas auf Israel. In der Folge wurden öffentliche Rufe nach Strafrechtsverschärfungen laut. Die Justizminister:innen der Länder kündigten im November an, etwaige »Schutzlücken im Hinblick auf das Existenzrecht Israels und den Schutz jüdischen Lebens« beheben zu wollen. Die »Ampel«-Fraktionen im Bundestag verabschiedeten einen Entschließungsantrag (BT-Drs. 20/9149), der neben Sinnvollem – etwa Strafverfolgungsbehörden und Gerichte besser für antisemitische Stereotypen, Chiffren und Codes zu sensibilisieren – auch die Forderung beinhaltete, den Tatbestand der Volksverhetzung in § 130 Absatz 1 Strafgesetzbuch (StGB) auf eine »Schließung von Strafbarkeitslücken« zu überprüfen. Und die Konferenz der Innenminister:innen sprach sich im Dezember dafür aus, die öffentliche Leugnung oder Verneinung des Existenzrechts Israels unter Strafe zu stellen.

So berechtigt das Anliegen ist, politisch gegen antisemitische Hassbekundungen vorzugehen: Der phantasielose Bestrafungseifer offenbarte, wie wenig Verständnis noch dafür herrscht, dass die Kriminalisierung von Äußerungen nur Ultima Ratio sein darf. Nach einer Reihe von gesetzlichen Beschränkungen in den letzten Jahren drohen nun weitere Eingriffe in die Meinungsfreiheit (Artikel 5 Absatz 1 Satz 1 GG) und die Demonstrationsfreiheit (Artikel 8 Absatz 1 GG).

Zwischen Fluss und Meer

Bislang kann der Staat Israel nicht Adressat einer Volksverhetzung sein, denn die Tathandlung von § 130 Absatz 1 StGB muss sich auf hinreichend konkretisierte Gruppen oder Teile der inländischen Bevölkerung beziehen. Rechtswissenschaftlich wird bereits länger diskutiert, auch das Aufstacheln gegen Gruppen im Ausland unter Strafe zu stellen und dazu aus dem Volksverhetzungstatbestand das einschränkende Schutzgut des »öffentlichen Friedens« herauszunehmen. Genau dieses Merkmal dient aber bislang als notwendiges Korrektiv eines weiten Tatbestands: Die Eignung einer Äußerung zur Friedensstörung erlaubt es, die grundrechtlichen Wertungen der Meinungsfreiheit und der Kunstfreiheit (Artikel 5 Absatz 3 GG) zu berücksichtigen, um nicht strafwürdige Fälle auszuscheiden (Bundesverfassungsgericht [BVerfG], Beschluss vom 4. 11. 2009, Az. 1 BvR 2150/08 [Wunsiedel]).

Die jüngsten Forderungen nach Verschärfungen im Äußerungsstrafrecht nahmen insbesondere den Slogan »From the river to the sea, Palestine will be free« in den Blick. Bis Ende Oktober 2023 ging die Berliner Staatsanwaltschaft nach Angaben von Oberstaatsanwalt Sebastian Büchner gegenüber der *Süddeutschen Zeitung (SZ)* dabei nur dann von Volksverhetzung aus, wenn der konkrete Äußerungskontext ergab, dass damit antisemitische Gewalt befürwortet wurde. Aus bürgerrechtlicher Perspektive überzeugt das, denn der Slogan an sich ist mehrdeutig, wie etwa das Verwaltungsgericht (VG) Berlin ausführt (Urteil vom 23.8.2023, Az. VG 24 K 7/23). Er rufe nicht zwingend zu Gewalt oder zur Zerstörung auf, sondern »namhafte Antisemitismusforscher« wie Alon Confino und Amos Goldberg würden dafür plädieren, ihn »in erster Linie als Ruf nach Freiheit und Gleichberechtigung« zu verstehen. Historisch seit den 1960er Jahren ein Slogan des säkularen palästinensischen Nationalismus, der einen demokratischen Staat gleichberechtigter Staatsbürger:innen zwischen Jordan und Mittelmeer forderte, wurde er in der Charta der islamistischen Hamas von 2017 aufgegriffen. Ob darin heute die »Forderung nach der Freiheit für Palästinenser von der israelischen Besatzung gemäß des Völkerrechts« liegt oder, insbesondere seit dem 7. Oktober 2023, ein »Aufruf zur Vernichtung des israelischen Staats« (beide Interpretationsmöglichkeiten nennt das VG Münster, Beschluss vom 17.11.2023, Az. 1 L 1011/23), hängt davon ab, wer ihn wann, wo und wie verwendet.

Anfang November 2023 verbot das Bundesinnenministerium die Betätigung der Hamas in Deutschland. Damit ging das Verbot einher, Kennzeichen dieser Gruppe zu verwenden, darunter neben Wappen und Flaggen auch »die Parole ›Vom Fluss bis zum Meer‹ (auf Deutsch oder anderen Sprachen)«. Ein Kennzeichen einer unanfechtbar verbotenen Vereinigung zu verwenden, ist nach § 86a StGB strafbar; dazu zählen auch Parolen und Grußformen. Dass es zweifelhaft ist, »From the river to the sea« gleichermaßen zu bestrafen wie etwa »Sieg Heil«, hielt die Staatsanwaltschaft in München nicht davon ab, gegenüber der *SZ* die »neue juristische Klarheit« zu begrüßen und konsequentes Vorgehen anzukündigen. Klar ist indes nur die Fragwürdigkeit, auf diese Weise heterogenen Protest zur Terrorunterstützung zu vereindeutigen. Dazu kommt, dass das Verbot allein die erste Hälfte des Slogans betrifft: Bestrafung droht selbst dann, wenn darauf »... we demand equality« folgt.

Geschichte schreiben

Der gesetzgeberische Trend, politische Äußerungen stärker zu kriminalisieren, besteht seit mehreren Jahren. Seit 2020 verbietet es § 104 StGB, öffentlich die Flagge eines ausländischen Staates (oder eine, die ihr »zum Verwechseln ähnlich« ist) zu zerstören oder zu beschädigen und sie dadurch zu verunglimpfen. Eine Freiheitsstrafe bis zu zwei Jahren kann danach etwa denen drohen, die demonstrativ mitgebrachte Fahnen der Islamischen Republik Iran zerreißen. Auch das Verbrennen einer US-amerikanischen Flagge kann so in Deutschland bestraft werden, in den USA selbst dagegen nach der Leitentscheidung des Supreme Court im Fall Texas v. Johnson von 1989 nicht.

Eine Überprüfung dieser Strafnorm durch das BVerfG müsste gute Erfolgsaussichten haben, denn diesen Eingriff in die Meinungsfreiheit für verhältnismäßig zu erklären, wäre – in den hier übersetzten Worten des US-Rechtswissenschaftlers Justin Collings – »eine drastische – und ich glaube desaströse – Änderung des deutschen Rechts auf freie Meinungsäußerung«. Schließlich kriminalisiert § 104 StGB zum Schutz der Ehre ausländischer Staaten auch völlig legitime demokratische Protestbekundungen.

Seit Dezember 2022 stellt es § 130 Absatz 5 StGB unter Strafe, Völkerverbrechen zu billigen, zu leugnen oder gröblich zu verharmlosen, wenn dies geeignet ist, zu Hass oder Gewalt aufzustacheln und den öffentlichen Frieden zu stören. An dieser Erweiterung des Volksverhetzungstatbestands hatte es viel berechtigte Kritik gegeben. Formal, weil die Gesetzesänderung sehr kurzfristig und sachfremd in eine Reform des Bundeszentralregistergesetzes einbezogen worden war (»Omnibus-Verfahren«), also den Bundestag ohne ernst zu nehmende Debatte passierte. Vor allem aber inhaltlich, weil damit – weit über die

Strafbarkeit der Holocaustleugnung (§ 130 Absatz 3 StGB) hinaus – den Amtsgerichten (AG) die Bewertung historischer Ereignisse übertragen wird. Zudem ist die Vorschrift auffällig unbestimmt und sorgt so für Rechtsunsicherheit. Vorgeblich setzte der Bundestag bloß einen EU-Rahmenbeschluss von 2008 zur »strafrechtlichen Bekämpfung bestimmter Formen und Ausdrucksweisen von Rassismus und Fremdenfeindlichkeit« um, in der Sache geht das deutsche Gesetz aber deutlich weiter: Es gilt auch für Äußerungen in privaten Versammlungen, und es erfasst nicht nur gerichtlich festgestellte Völkerstraftaten, sondern alle derartigen Verbrechen – global, und zu allen Zeiten.

Diese illiberale und handwerklich misslungene Gesetzgebung scheint bislang rein symbolisch zu wirken, ohne dass ein problematischer »Chilling effect« (Einschüchterungseffekt) ausgeschlossen werden könnte. Verurteilungen nach § 130 Absatz 5 StGB sind jedenfalls nicht bekannt. Laut Auskunft der Berliner Generalstaatsanwaltschaft spielte die Vorschrift bis Ende Oktober 2023 »in keinem der hier bereits anhängigen Verfahren eine Rolle«.

Ein anderer Weg

Bereits jetzt ist die öffentliche Billigung unter anderem von Völkerstraftaten strafbar, wenn sie in einer Weise geschieht, die geeignet ist, den öffentlichen Frieden zu stören (§ 140 Nr. 2 StGB). Jubel über die Hamas-Verbrechen kann danach zu Recht verfolgt werden, wenn er Angst und Schrecken verbreitet, insbesondere bei Jüdinnen und Juden, gegebenenfalls auch bei anderen von islamistischem Terrorismus betroffenen Gruppen.

Die Vorschrift betraf zuletzt aber vor allem prorussische Äußerungen, oft die Verwendung des »Z«-Symbols. Mitte 2023 verurteilte das AG Köln eine Frau wegen Billigung eines Angriffskriegs zu einer Geldstrafe von 30 Tagessätzen: Sie hatte als Organisatorin eines Autokorsos am 8. Mai 2022 in einem Fernsehinterview u. a. geäußert, Russland sei »kein Aggressor« und zu Putins Vorgehen gebe es »keine[n] andere[n] Weg« (Urteil vom 6.6.2023, Az. 523 Ds 38/23). Das Gericht schloss sich dabei einem Beschluss des Hanseatischen Oberlandesgerichts (vom 31.1.2023, Az. 5 Ws 5–6/23) an, wonach eine Äußerung nicht erst bei einer »kriminogenen Inlandswirkung« zur Friedensstörung geeignet ist, sondern schon bei der Schaffung eines Klimas, in dem das völkerrechtliche Gewaltverbot der UN-Charta ausgehöhlt erscheint und sich internationale Führungspersonen zu Angriffskriegen ermutigt sehen könnten.

Das hätte wohl eher auf die damalige CDU-Vorsitzende Angela Merkel gepasst, die 2003 den völkerrechtswidrigen Angriffskrieg gegen den Irak als »unvermeidbar« bezeichnete. Aber Artikel 5 Absatz 1 Satz 1 GG als Schutz auch und gerade polemischer oder moralisch »unerträglicher« Rede ernst zu nehmen, hieße letztlich, beide Äußerungen nicht zu verbieten. Schließlich gewährt das Grundgesetz die Meinungsfreiheit, wie das BVerfG in seinem Wunsiedel-Beschluss formuliert hat, »im Vertrauen auf die Kraft der freien öffentlichen Auseinandersetzung vielmehr grundsätzlich auch den Feinden der Freiheit«. Eine pluralistische Demokratie braucht Debattenräume –, in denen dann Meinungskämpfe engagiert geführt werden.

Literatur

Collings, Justin: Protecting All the Flags but Not the Freedom of Speech, Verfassungsblog v. 17.1.2020.

Rhein-Fischer, Paula: Demonstrieren für einen Aggressor: Grenzen der Meinungs- und Versammlungsfreiheit, in: Juristenzeitung 2023, Heft 5, S. 167ff.

Rebmann, Florian/Schlicksupp, Simon: Der neue § 130 Abs. 5 StGB – zugleich ein Beitrag zur europarechtlichen Determinierung des Umgangs mit sog. Hasskriminalität, in: Zeitschrift für die gesamte Strafrechtswissenschaft 2023, Heft 1, S. 84ff.

Timo Laven/Lorenz Wielenga

Rassismuskritik oder Beleidigung?

Entzug der Lehrerlaubnis wegen polizeikritischer Äußerung

Am 20. Mai 2023 setzte Bahar Aslan, Lehrbeauftragte an der Hochschule für Polizei und öffentliche Verwaltung Nordrhein-Westfalen in Gelsenkirchen und hauptberuflich Lehrerin an einer Hauptschule, folgenden Tweet auf der Plattform X ab: »Ich bekomme mittlerweile Herzrasen, wenn ich oder meine Freund:innen in eine Polizeikontrolle geraten, weil der ganze braune Dreck innerhalb der Sicherheitsbehörden uns Angst macht. Das ist nicht nur meine Realität, sondern die von vielen Menschen in diesem Land.«

Daraufhin widerrief die Hochschule den nur zwei Wochen zuvor neu erteilten Lehrauftrag für das Fach »Interkulturelle Kompetenzen« auf Grundlage von § 49 Absatz 2 des Verwaltungsverfahrensgesetzes für das Land Nordrhein-Westfalen und ordnete die sofortige Vollziehbarkeit an, was im Ergebnis einer fristlosen Kündigung gleichkommt. Aslan verbreite Vorurteile und pauschale Beleidigungen von Polizeibeamt*innen, weshalb sie ungeeignet sei, die Polizeianwärter*innen zu unterrichten. Dagegen klagte sie mit dem Argument, durch die privat getätigte Äußerung, mit der sie rechtsextremes und rassistisches Gedankengut in der Polizei kritisieren wollte, nicht gegen das Zurückhaltungs- und Mäßigungsverbot verstoßen zu haben. Ihrem Antrag gaben sowohl das Verwaltungsgericht (VG) Gelsenkirchen am 5. September 2023 als auch das Oberverwaltungsgericht (OVG) Nordrhein-Westfalen (NRW) am 15. Dezember 2023 statt. Das Ergebnis beider Beschlüsse ist eindeutig: Der Bescheid der Hochschule ist offensichtlich rechtswidrig.

Gerichte geben Aslan recht, bezweifeln aber ihre Eignung

Dies begründen die Gerichte allerdings nicht mit Aslans Recht auf freie Meinungsäußerung nach Artikel 5 Absatz 1 Satz 1 GG oder mit einer Unbedenklichkeit ihrer Aussagen, sondern mit der unzureichenden Begründung der Hochschule. Bei der Beurteilung der Eignung komme es, so das VG, auf eine Abwägung aller erheblichen Eigenschaften der Person an. Aus der Formulierung des Bescheides gehe noch nicht einmal hervor, ob die Hochschule dies überhaupt erkannt habe. Sie hätte also neben dem problematischen Tweet auch auf die in Evalutionen positiv bewerteten Lehrveranstaltungen eingehen müssen, die Aslan über mehrere Semester abgehalten hatte. Auch sei unberücksichtigt geblieben, dass sie in ihren Lehrveranstaltungen keine Anhaltspunkte für problematische Ansichten sowie beleidigende oder diskriminierende Kommunikationsweisen gezeigt habe. Noch weniger begründet das OVG die Rechtswidrigkeit mit dem Inhalt des Widerrufs: Es geht kaum auf die Begründung der mangelnden Eignung ein, sondern verweist darauf, dass das Argument, Aslan habe keine Nebentätigkeitsgenehmigung vorgelegt, nicht tragfähig sei und der Widerruf schon deshalb auf falschen rechtlichen Erwägungen beruhe.

Dadurch kam es auf die Einordnung des Tweets gar nicht mehr an. Die Gerichte deuteten ihre Sichtweise dazu aber dennoch an: Eine Lehrbeauftragte habe Treuepflichten gegenüber der Hochschule, die sie zu – für eine funktionsmäßige Amtsausübung unverzichtbar – politischer Loyalität verpflichteten. Diese sei Teil der Eignung einer Lehrbeauftragten. Dabei lässt der Beschluss des OVG erkennen, Aslan hätte ihre Treuepflicht verletzt, was als Grund für einen Widerruf des Lehrauftrags in Betracht komme: Die Äußerung sei potenziell so zu verstehen, dass mit »braunem Dreck« sämtliche Polizeibeamt*innen und nicht rassistische Verhaltensweisen oder Gesinnungen einzelner Beamt*innen gemeint seien. Insoweit sei Aslan dem Thema des strukturellen Rassismus in Sicherheitsbehörden nicht mit der nötigen Sachlichkeit begegnet und habe das Vertrauensverhältnis zur Hochschule nachvollziehbar beeinträchtigt. Insbesondere der Beschluss des OVG lässt den Schluss zu, dass ein Widerruf aufgrund des Tweets rechtmäßig gewesen wäre, hätte ihn die Hochschule nicht mit einer sachfremden Argumentation (Nebentätigkeitsgenehmigung) verbunden. Der Widerruf war für die Gerichte also in erster Linie aus formellen Gründen rechtswidrig.

Sieg für den Rechtsstaat, Niederlage für die Meinungsfreiheit?

Die Beschlüsse hinterlassen damit ein zwiespältiges Bild: Positiv ist, dass die überhastete und einseitige Reaktion der Hochschule als solche benannt wurde. Damit besteht ein Schutz dahingehend, dass auch grenzüberschreitende, behördlich missbilligte Äußerungen nur rechtsstaatliche Reaktionen nach sich ziehen dürfen. Gleichzeitig zeichnet sich aber ab, dass sich die Gerichte inhaltlich womöglich der Wertung der Hochschule hinsichtlich des Tweets angeschlossen hätten, wenn diese in Form eines ordnungsgemäß begründeten Widerrufs erfolgt wäre. Es ist also nicht die Meinungsfreiheit, die hier geschützt wurde.

Zum Kontext und Inhalt des Tweets positionieren sich die Gerichte nahezu gar nicht. Sicherlich war die Äußerung unsachlich, polemisch und eine problematische Kommunikationsform für eine Lehrbeauftragte einer Polizeihochschule. Auch lässt sich darüber streiten, ob Aslan alle Polizist*innen oder nur rechtsradikale Verhaltensweisen einzelner Beamt*innen als »braunen Dreck« bezeichnen wollte.

Bei alledem gerät der Hintergrund jedoch leicht in Vergessenheit: Als Lehrbeauftragte für das Fach »Interkulturelle Kompetenzen« war es gerade Aslans Aufgabe, auf rassistische Verhaltensweisen in den Sicherheitsbehörden aufmerksam zu machen. Dass das Fach in das Curriculum aufgenommen wurde, war eine Reaktion auf eine Vielzahl von Skandalen innerhalb der Polizei. Seit einigen Jahren ist dort eine erschreckende Anzahl rechtsextremer Chatgruppen entdeckt worden. Diskussionen um sogenanntes Racial Profiling und sogenannte Clankriminalität lenken gleichzeitig den Blick darauf, dass eine Anknüpfung an rassifizierende Merkmale sogar offen propagiert wird. Dass das Vertrauen migrantisch gelesener Personen in die Polizei durch institutionellen Rassismus sinkt, ist inzwischen empirisch belegt. Eine Verurteilung von Aslans Äußerung ohne inhaltliche Auseinandersetzung verfestigt die Fronten zwischen Kritik und Rechtfertigung der Polizei. Der rechtliche Umgang sollte stattdessen auch berücksichtigen, was Aslan kritisieren wollte.

Kritikfähigkeit der Polizei statt »Härte des Rechtsstaats«

Selbst wenn man Aslans Tweet dahingehend auslegt, dass alle Polizist*innen als »brauner Dreck« beschimpft werden sollten, wäre die Schwelle zur Strafbarkeit nicht überschritten. Die Äußerung ist von der Meinungsfreiheit unzweifelhaft geschützt. Zwar ergeben sich für Lehrbeauftragte im Verhältnis zur Hochschule zusätzliche Treuepflichten, jedoch rechtfertigt ein Verstoß gegen diese nicht jede Maßnahme. Der Entzug der Lehrerlaubnis, verbunden mit der Forderung nach disziplinarrechtlichen Konsequenzen für ihren Hauptberuf als Lehrerin, stellt die Ultima Ratio der Hochschule dar. Greift das Land auf dieses Mittel derart energisch zurück, schafft es eine Atmosphäre, in der Minderheiten nachvollziehbar um die Grenzen des für sie Sagbaren fürchten. Daher geht der Umgang mit Aslan über den Einzelfall hinaus: Statt den Dialog zu suchen und sich kritikfähig zu zeigen, wählte die Hochschule die offene Konfrontation. Sie erweckte den Eindruck, als habe man eine Person, die sich »gegen die eigenen Reihen« wendet, besonders scharf sanktionieren, womöglich ein Exempel statuieren wollen.

Genau hier liegt das Problem. Der Tweet war für eine Lehrbeauftragte einer Polizeihochschule problematisch. In Aslans Sinne verstanden war er undurchdacht, im Sinne der Hochschule verstanden war er pauschal und diskriminierend. Auch auf Äußerungen dieser Art darf der Staat aber nur mit rechtsstaatlichen Mitteln reagieren. Ein Vorgehen wie das der Hochschule trägt hingegen zu einer Atmosphäre bei, in der gerade marginalisierte Gruppen um die Gewährleistung der Meinungsfreiheit fürchten.

Literatur

Czymara, Christian S./Mitchell, Jeffrey: All cops are trusted? How context and time shape immigrants' trust in the police in Europe, in: Ethnic and Racial Studies 46 (2023), S. 72 ff., www.tandfonline.com/doi/full/10.1080/01419870.2022.2060711

Feltes, Thomas/Plank, Holger: Rassismus und Rechtsextremismus in der Polizei?, 2021, www.thomasfeltes.de/images/2021_0415_Feltes_Plank_aktualisiert.pdf

Laven, Timo/Wielenga, Lorenz: Über den Umgang mit Bahar Aslan: Die disziplinar- und strafrechtliche Lage, in: JuWiss 36/2023, www.juwiss.de/36-2023, und dies.: Über den Umgang mit Bahar Aslan: Die verbogene Hufeisentheorie, in: JuWiss 37/2023, www.juwiss.de/37-2023

Artikel 5 (1, 2 und 3) **Die Pressefreiheit und die Freiheit der Berichterstattung durch Rundfunk und Film werden gewährleistet. Eine Zensur findet nicht statt.**

Jan Rahner

Razzia bei Radio Dreyeckland

Wie kritische Berichterstattung kriminalisiert wird

Am Morgen des 17. Januar 2023 durchsuchten Polizei und Staatsanwaltschaft die Redaktionsräume des unabhängigen und für seine kritische Berichterstattung bekannten Freiburger Senders Radio Dreyeckland (RDL) sowie die Privatwohnungen zweier Redakteure. Dabei wurden Computer, Handys und Speichermedien beschlagnahmt und von den Strafverfolgungsbehörden anschließend ausgelesen. Der Grund: Ein Redakteur soll im Sommer 2022 mit der Veröffentlichung eines Artikels auf der Radiowebsite, den das Onlinearchiv der Internetplattform linksunten.indymedia verlinkt hat, den gleichnamigen und 2017 verbotenen Verein in strafbarer Weise unterstützt haben.

Dieses Vorgehen der Behörden gerät nicht nur im konkreten Fall in Konflikt mit der Presse- und Rundfunkfreiheit nach Artikel 5 Absatz 1 Satz 2 GG, sondern wirft grundsätzliche Fragen zum grundrechtlichen Schutz von Verlinkungen in Pressebeiträgen und von kritischem Journalismus allgemein auf.

Artikel mit Vorgeschichte

Der besagte Text trägt den Titel »Linke Medienarbeit ist nicht kriminell! Ermittlungsverfahren nach Indymedia Linksunten Verbot wegen ›Bildung krimineller Vereinigung‹ eingestellt«. Er berichtet darüber, dass die im Zuge des linksunten.indymedia-Verbots eingeleiteten strafrechtlichen Ermittlungsverfahren mangels hinreichenden Tatverdachts eingestellt wurden. linksunten.indymedia galt lange als wichtige Internetplattform der linken Szene, wurde 2017 aber aufgrund einzelner strafbarer Beiträge vom Bundesinnenministerium im Wege eines Vereinsverbots verboten. Das wirft bis heute hinsichtlich der Meinungs- und Pressefreiheit bedeutsame grundrechtliche Fragen auf (dazu Leifker/Meissler, Grundrechte-Report 2018).

Auch der Artikel auf der RDL-Website steht dem Verbot erkennbar kritisch gegenüber. 2020 wurden die Inhalte der verbotenen Plattform als statisches Archiv im Internet hochgeladen. Dieses verlinkt der RDL-Artikel am Ende mit den Worten: »Im Internet findet sich linksunten.indymedia.org als Archivseite«. Andere Medien wie etwa *Zeit Online* hatten das Archiv zuvor ebenfalls verlinkt.

Hohe Strafbarkeitshürden

Der strafrechtliche Vorwurf der Staatsanwaltschaft Karlsruhe stützt sich auf § 85 Absatz 2 Strafgesetzbuch: Mit Freiheitsstrafe bis zu drei Jahren oder Geldstrafe wird bestraft, wer die weitere Betätigung eines verbotenen Vereins unterstützt.

Bereits die weitere Betätigung ist bei linksunten.indymedia äußerst zweifelhaft. Bis auf das Hochladen der Archivseite gab es seit dem Verbot keine neuen Aktivitäten. Sogar der Generalbundesanwalt hatte kurz vor der Veröffentlichung des RDL-Artikels bezüglich der Ermittlungseinstellungen in einem internen Vermerk keine weitere Betätigung festgestellt.

Grundrechtlich relevant ist aber vor allem die Frage nach der Unterstützung. Die Staatsanwaltschaft warf dem betreffenden Redakteur vor, durch die Verlinkung und die inhaltliche Beitragsgestaltung den verbotenen Verein über eine bloße journalistische Berichterstattung hinaus beworben und somit unterstützt zu haben. Das ist grundrechtlich nicht haltbar, denn die Pressefreiheit verlangt hohe Strafbarkeitshürden: Nach der Rechtsprechung sind Pressebeiträge erst dann als strafbares Unterstützen zu verstehen, wenn die darin enthaltene Berichterstattung aus Sicht unvoreingenommener Leser*innen nur einen Vorwand darstellt, um selbst Werbung oder Propaganda für den verbotenen Verein zu machen. Handelt es sich hingegen um distanzierte, kritische Berichterstattung, schützt die Pressefreiheit vor Strafverfolgung (vgl. Bundesgerichtshof, Urteil vom 9.4.1997, Az. 3 StR 387/96). Bei der inhaltlichen Deutung des Artikels muss dabei nach der vom Bundesverfassungsgericht (BVerfG) entwickelten Wechselwirkungslehre (vgl. Beschluss vom 10.10.1995, Az. 1 BvR 1476/91) für die strafrechtliche Bewertung stets diejenige Lesart herangezogen werden, die am wenigsten als Unterstützung zu verstehen ist. Diese hohen Hürden ergeben sich unmittelbar aus der Pressefreiheit, denn nur so kann ihrer zentralen Bedeutung für die Demokratie Rechnung getragen werden.

Kritische Berichterstattung statt Unterstützung

Der RDL-Artikel ist danach keine strafbare Unterstützung. In seinem Mittelpunkt steht die sachliche Berichterstattung über die Einstellung von Ermittlungsverfahren im Kontext des linksunten.indymedia-Verbots. Etwas anderes ergibt sich auch nicht aus der übrigen Beitragsgestaltung wie dem Titel, der Bebilderung oder der Verlinkung. Alle weisen einen klaren Sachbezug zum Thema der Ermittlungseinstellungen auf und sind gestalterisch typisch. Insbesondere kann dem Onlinelink keine werbende Wirkung für den verbotenen Verein angeheftet werden. Die Staatsanwaltschaft unterstellte dem Redakteur, sich durch die Verlinkung die Inhalte der verbotenen Website und damit die Sache des verbotenen Vereins zu eigen gemacht zu haben. Das verkennt bereits die besondere Natur von Verlinkungen, denn in der Regel haben die Link-Setzenden keinen Einfluss darauf, welche Inhalte auf der verlinkten Webadresse hochgeladen werden. Eine Verlinkung ist daher nur ein Hinweis darauf, dass weiterführende oder im Zusammenhang stehende Informationen vorhanden sind. Das gilt umso mehr, wenn sie Teil eines Presseartikels ist. Darin werden weiterführende Links dem freiheitlich-demokratischen Medienauftrag gerecht, Bürger*innen möglichst umfassend zu informieren. Die Verlinkung des Archivs von linksunten.indymedia in einem

Artikel, der über Ermittlungsverfahren gegen eben diese Internetplattform berichtet, ist deshalb nicht nur sachbezogen, sondern erst recht von der Pressefreiheit gedeckt. Auch die kritische Haltung zum Verbot der Internetplattform kann nicht für eine Strafbarkeit herangezogen werden, denn Kritik an staatlichen Handlungen und Entscheidungen ist Kernelement und historischer Daseinszweck der Pressefreiheit.

Werden solche unbegründeten strafrechtlichen Vorwürfe schließlich für Durchsuchungen der Privatwohnungen von Journalist*innen und der Redaktionsräume eines Radiosenders sowie zur Beschlagnahme von elektronischen Arbeitsgeräten und Speichermedien herangezogen, gehen damit unter anderem durch die Offenlegung vertraulicher Daten weitere Verletzungen von Presse- und Rundfunkfreiheit einher.

Ausleuchtung als eigentliches Ziel?

Das bestätigte in bemerkenswerter Deutlichkeit auch das Landgericht (LG) Karlsruhe. Mit Beschlüssen vom 16. Mai (Az. 5 KLs 540 J 44796/22) und 22. August 2023 (Az. 5 Qs 1/23) wies es zum einen die Anklage der Staatsanwaltschaft gegen den Redakteur zurück und stellte zum anderen die Rechtswidrigkeit der Durchsuchungen und Beschlagnahmen wegen Verletzungen der Presse- und Rundfunkfreiheit fest. Doch die Staatsanwaltschaft erhielt unerwartete Schützenhilfe vom Oberlandesgericht (OLG) Stuttgart. In wenig überzeugenden Beschlüssen vom 12. Juni (Az. 2 Ws 2/23) und 7. November 2023 (Az. 2 Ws 5/23) zwang es einerseits das LG, die Anklage gegen den Redakteur zuzulassen, und beurteilte andererseits die Durchsuchung seiner Privatwohnung als rechtmäßig. Eine angemessene Auseinandersetzung mit der grundrechtlichen Problemlage findet sich in beiden Beschlüssen nicht. Vielmehr unterstellte das OLG dem RDL-Artikel sogar, als »Verlängerung« der verbotenen Internetplattform zu erscheinen.

Die bedenklichen Beschlüsse des OLG verhindern deshalb nicht, dass sich ein beunruhigender Verdacht aufdrängt: Angesichts der haltlosen Vorwürfe muss der Grund des Behördenhandelns weniger in der tatsächlichen Ahndung von Straftaten als in einer gezielten Ausleuchtung des Radiosenders sowie seines Umfelds vermutet werden. Nicht selten lassen Strafverfolgungsbehörden bei ähnlichen Durchsuchungsmaßnahmen verlauten, sie wollten vor allem Hintergründe, Verbindungen und Strukturen offenlegen. Dadurch wird kritischer Journalismus grundrechtswidrig kriminalisiert. Bleibt ein solches Handeln der Strafverfolgungsbehörden ohne Konsequenzen, bedroht das die Presse- und Rundfunkfreiheit grundlegend.

Literatur

Linke Medienarbeit ist nicht kriminell! Ermittlungsverfahren nach Indymedia Linksunten Verbot wegen »Bildung krimineller Vereinigung« eingestellt, 30. Juli 2022, https://rdl.de/beitrag/ermittlungsverfahren-nach-indymedia-linksunten-verbot-wegen-bildung-krimineller

Benjamin Lück

Whistleblower*innen – Wer schützt die Quelle vor der Presse?

Julian Reichelt als Vorkämpfer für Whistleblower*innen – diese Rolle hatte wahrscheinlich niemand auf dem Schirm, als er die Verlagsgruppe Axel Springer 2021 unter anderem wegen Vorwürfen des Machtmissbrauchs und der Ausnutzung von Abhängigkeitsverhältnissen gegenüber jungen Mitarbeiterinnen verlassen musste. Und dennoch wirft nun eine von ihm angestrengte Entscheidung ein Schlaglicht darauf, an welcher entscheidenden und für sie sicher unerwarteten Stelle Hinweisgeber*innen schutzlos sind: davor, selbst von den Journalist*innen verpfiffen zu werden, an die sie sich vertrauensvoll wenden.

Das zumindest folgt aus einer Entscheidung des Landgerichts (LG) Berlin (Beschluss vom 6.6.2023, Az. 67 O 36/23), vom Deutschen Journalisten-Verband lapidar mit »Informantenschutz abgeschafft« zusammengefasst. In den Hauptrollen: Holger Friedrich, Berlins »schillerndster Verleger« *(Neue Züricher Zeitung)*, und Julian Reichelt, der »Journalist, Kriegsreporter und Webvideoproduzent« *(Wikipedia)*, vor allem aber ehemalige Chefredakteur der *BILD*.

Grundrechtlich geschützte Wahrnehmung staatsbürgerlicher Rechte

Die Frage ist hier also nicht, ob Journalist*innen ihre Quelle preisgegeben müssen, sondern ob sie es gegen deren Willen tun dürfen. Im ersten Fall geht es um die Freiheit von staatlichem Zwang, das Grundrecht der Pressefreiheit nach Artikel 5 Absatz 1 Satz 2 GG ist in seiner klassischen Funktion als Abwehrrecht betroffen. Der Quellenschutz, also der Schutz des Redaktionsgeheimnisses und insbesondere davor, Informant*innen offenlegen zu müssen, stellt insofern unbestritten eine Grundvoraussetzung der Pressefreiheit dar und ist in den Prozessordnungen entsprechend abgesichert.

Anders aber das Verhältnis zwischen Journalist*innen und ihren Quellen: Hier geht es nicht um unmittelbaren staatlichen Zwang, hier stehen sich die Freiheitssphären zweier Individuen gegenüber, die in Einklang gebracht werden müssen, nämlich die Pressefreiheit auf der einen, die Meinungsfreiheit nach Artikel 5 Absatz 1 Satz 1 GG und die grundrechtlich geschützte Wahrnehmung staatsbürgerlicher Rechte der Whistleblower*innen nach Artikel 2 Absatz 1 in Verbindung mit Artikel 20 Absatz 3 GG (Bundesverfassungsgericht, Beschluss vom 2.7.2001, Az. 1 BvR 2049/00) auf der anderen Seite.

Gegenstand des Verfügungsverfahrens am LG war eine Auseinandersetzung zwischen Reichelt und Friedrich als Verleger der Berliner Zeitung. Reichelt hatte Friedrich über Vorgänge informiert, die, wie es im Beschluss heißt, im Zusammenhang mit der Beendigung seines Beschäftigungsverhältnisses bei Springer stehen, und die der Öffentlichkeit offenbar nicht bekannt waren. Friedrich hatte diese Informationen in der Folge unter anderem an Springer selbst weitergeleitet und so seinen Informanten verpetzt.

Entscheidend war nun, ob Reichelt ein Anspruch gegen Friedrich auf Unterlassung der ihn betreffenden Äußerungen und die damit einhergehende Offenlegung gegenüber seinem früheren Arbeitgeber zustand. Abstrakter formuliert und losgelöst von der Berliner Medienposse ging es aber um eine weit über den Einzelfall hinausreichende Frage: Können Hinweisgeber*innen, die sich mit potenziell belastenden Informationen an die Presse wenden, verbindlich erwarten, dass diese ihre Informationen nur zum Zwecke der journalistischen Arbeit verwendet, oder müssen sie davon ausgehen, dass die Presse ihre Identität gerade gegenüber der von ihnen angeprangerten Stelle offenlegen könnte? Der Pressekodex trifft hier eine klare Grundentscheidung. Nach dessen Ziffer 5 hat die Presse Informant*innen ohne deren ausdrückliche Zustimmung nicht preiszugeben. Dementsprechend sprach der Deutsche Presserat im Juni 2023 eine Rüge gegenüber Friedrich aus. Nach der Begründung müssten sich Whistleblower*innen auf Vertraulichkeit verlassen können, sonst würden das Vertrauen in die Presse und deren Glaubwürdigkeit insgesamt beschädigt.

Das LG Berlin dagegen verneint den Unterlassungsanspruch: Weder aus dem Persönlichkeitsrecht noch aus sonstigen Rechtsgründen sei Friedrich zum Quellenschutz verpflichtet gewesen. Die unautorisierte Preisgabe einer Quelle sei vom Grundrecht auf freie Meinungsäußerung gedeckt. Das Geheimhaltungsrecht der Presse bedeute nicht eine Geheimhaltungspflicht gegenüber den Quellen. Außerdem sei der Pressekodex rechtlich unverbindlich, und eine nicht rechtsgeschäftlich begründete Verpflichtung zum unbeschränkten Quellenschutz widerspreche der Pressefreiheit. So weit, so nachvollziehbar. Zu guter Letzt aber: Ohne vorherige ausdrückliche Geheimhaltungsvereinbarung seien Journalist*innen und Verleger*innen nicht zum Quellenschutz verpflichtet. Eine stillschweigend vereinbarte Geheimhaltungsverpflichtung habe es im konkreten Fall nicht gegeben.

Das Landgericht verkennt die Interessenlage von Whistleblower*innen

An dieser Stelle ist die Entscheidung wenig überzeugend und zeugt von geringer Kenntnis der journalistischen Praxis sowie der berechtigten Erwartungshaltung von Whistleblower*innen. Das Gericht lässt die stillschweigende Geheimhaltungsvereinbarung sogar bereits daran scheitern, dass Reichelt selbst nach seinem eigenen schlüssigen Handeln nicht verbindlich auf die Vertraulichkeit vertraut habe. Gerade als Journalist habe er wissen müssen, dass mit Gewinnerzielungsabsicht tätige Veröffentlichungsmedien kein »sicherer Hafen« für ihnen anvertraute Informationen und deren Quellen seien. Er habe mit der jederzeitigen Enttarnung durch das Medium zu rechnen. Daher würden sich Informant*innen Medien häufig nur anonym anvertrauen. Gingen Gerichte dagegen davon aus, dass Medien mit ihren Informant*innen grundsätzlich stillschweigend die Vertraulichkeit vereinbarten, würde dies nach Auffassung des LG den Informant*innen ein Werkzeug zur Informationsunterdrückung an die Hand geben und Medien zu weitgehend binden.

Abgesehen von der darin zum Ausdruck kommenden und für eine Entscheidung, die gerade die Pressefreiheit hochhalten will, wenig nachvollziehbaren Geringschätzung der freien Presse: Das LG verkennt, dass Journalist*innen vertrauliche Informationen gerade dann bekommen, wenn ihre Hinweisgeber*innen mit der Vertraulichkeit rechnen können. Gleichzeitig ist die Presse darauf angewiesen, dass sich die Quellen ihnen gegenüber offenbaren und sich nicht nur anonym äußern. Nur dann können sie deren Glaubwürdigkeit und die Stichhaltigkeit der Vorwürfe sorgfaltsgemäß prüfen. Bedeutung erlangt die Entscheidung hier dadurch, dass die Argumente losgelöst von dem Fall Reichelt auf alle typischen Konstellationen anwendbar sind, in denen sich Whistleblower*innen vertraulich an (kommerzielle) Medien wenden. Eine zu einseitige Gewichtung der individuellen Pressefreiheit kratzt am Fundament journalistischer Tätigkeit. Gerichte sollten stattdessen stärker den objektiven Gehalt der Pressefreiheit in die Abwägung einbeziehen. Ohne Vertrauen in die Vertraulichkeit fehlt es am Ende an Quellen. Ohne Quellen fehlt es an der tatsächlichen Grundlage journalistischer Tätigkeit und es erübrigt sich letztlich der grundrechtlich garantierte Quellenschutz. Unter Berücksichtigung der objektiven Dimension der Pressefreiheit und der Rechte der Hinweisgeber*innen kann also gerade die Annahme einer stillschweigend geschlossenen Geheimhaltungsvereinbarung ein grundrechtsschonendes Ergebnis sein, eher jedenfalls als ihre pauschale Ablehnung. Wie weit eine solche Vereinbarung reicht, wäre wiederum eine Frage für den Einzelfall.

Whistleblowing Vertraulichkeitsvereinbarung?

Nach dem LG Berlin dürfen Journalist*innen ihre Quellen nun also »ans Messer liefern«, wie es in der Entscheidung heißt. Eine Korrektur der Entscheidung ist nicht zu erwarten; Reichelt hatte es offenbar verpasst, rechtzeitig formgemäß dagegen vorzugehen (LG Berlin, Beschluss vom 6.7.2023, Az. 67 O 36/23). So ist zu hoffen, dass sich bald ein anderes Gericht bzw. eine höhere Instanz mit einem ähnlich gelagerten Fall befasst.

Bis dahin müssen sich Whistleblower*innen gegenüber der Presse wohl vertraglich absichern, wollen sie verhindern, dass diese sie selbst verpfeift. Eine weitere Hürde, die eher davon abschrecken wird, Skandale und Missstände an die Öffentlichkeit zu bringen. Der Pressefreiheit erweist das LG Berlin so einen Bärendienst.

Literatur

Czernik, Ilja: Quellenoffenlegung, in: Gewerblicher Rechtsschutz und Urheberrecht in der Praxis 20/2023, S. 611 ff.

Deutscher Presserat: Rüge für Verletzung des Informantenschutzes durch Verleger der BERLINER ZEITUNG, Pressemitteilung vom 15.6.2023.

Gilbert, Cathrin: »Wäre das interessant für euch? Yours aye, Julian.« – »Wie kann ich euch bestenfalls und vertraulich zusammenschalten?«, in: DIE ZEIT, Ausgabe Nr. 30/2023.

Artikel 5 (3) **Kunst und Wissenschaft, Forschung und Lehre sind frei. Die Freiheit der Lehre entbindet nicht von der Treue zur Verfassung.**

Nina Keller-Kemmerer

Israelbezogener Antisemitismus und Kunstfreiheit

Der Fall Roger Waters

Antisemitische Kunst ist so alt wie der Judenhass selbst. Seit jeher und bis heute spiegeln sich judenfeindliche Ressentiments auch in Kunstwerken wider. Angepasst an aktuelle Kontexte werden sie im Rahmen künstlerischer Werke reproduziert, wie unter anderem die Ereignisse auf der *documenta fifteen* gezeigt haben. Auch die Bühnenshows des Pink-Floyd-Mitbegründers Roger Waters sind ein Beispiel für diese Kontinuitäten antisemitischer Kunst. In seinem dualistischen Weltbild ordnet der Sänger Israel gemeinsam mit Kapitalismus und Faschismus der Seite des Bösen zu, unter anderem symbolisiert durch ein Luftballonschwein. Zunächst bedruckt mit einem Davidstern und später mit dem Symbol des israelischen Rüstungskonzerns Elbit Systems schießt der Sänger das fliegende Schwein am Ende seiner Show mit einem Gewehr ab. Dabei trägt er einen langen schwarzen Ledermantel mit roter Armbinde.

(K)eine öffentliche Bühne für Antisemiten?

Es sind diese Manifestationen des Antisemitismus, die das deutsche Recht in besonderer Weise herausfordern, basierte doch die Massenvernichtung europäischer Jüdinnen und Juden gerade auf dieser Ideologie. Kann eine Verfassung vor diesem Hintergrund antisemitische Kunst schützen und ihr –

hier ganz wörtlich – eine Bühne bieten? Konkreter: Darf eine Stadt einem Künstler, der in seinen Bühnenshows antisemitische Ressentiments reproduziert, den Auftritt auf einer öffentlichen Bühne verwehren? Mit diesen Fragen hatte sich das Verwaltungsgericht Frankfurt am Main (VG) im April 2023 zu befassen, nachdem der Magistrat der Stadt im Einvernehmen mit der hessischen Landesregierung die Messe GmbH veranlasst hatte, vom Nutzungsvertrag mit Roger Waters, der die Festhalle für sein geplantes Konzert am 28. Mai 2023 gemietet hatte, zurückzutreten. Begründet wurde die Entscheidung mit der antisemitischen Haltung des Künstlers, die sowohl in seiner Unterstützung der israelkritischen Bewegung »Boycott, Divestment and Sanctions« (BDS) als auch in seinen Auftritten zum Ausdruck komme. Die Bühnenshow sei mit der besonders belasteten Geschichte der Festhalle Frankfurt, wo in den Tagen nach der Reichspogromnacht 1938 mehr als 3000 jüdische Männer misshandelt und später in Konzentrationslager deportiert wurden, nicht vereinbar. Waters ging gegen die Kündigung des Vertrags mit einem Eilantrag vor und hatte Erfolg. Am 24. April 2023 (Az. 7 L 1055/23.F) entschied das VG, dass die Nutzungsentziehung den Sänger in seiner Kunstfreiheit aus Artikel 5 Absatz 3 Satz 1 GG verletze. Zwar sei die Bühnenshow »als besonders geschmacklos zu bewerten«, jedoch entziehe sich »eine solche Bewertung der verwaltungs- bzw. verfassungsrechtlichen Prüfung«, so das Gericht.

Kampf gegen Antisemitismus als gesamtgesellschaftliche Aufgabe

Die Entscheidung zeigt zu Recht, dass antisemitischer Kunst nicht ohne weiteres mit staatlicher Repression begegnet werden kann. Vor dem Hintergrund der totalitären NS-Herrschaft haben sich die Gründungsväter und -mütter des Grundgesetzes gezielt für einen liberalen Grundkonsens entschieden, der auch in der vorbehaltlos gewährleisteten Kunstfreiheit zum Ausdruck kommt. Als Gegenentwurf zur Kunstdiktatur sollte eine erneute Restriktion künstlerischer Freiheit unter allen Umständen verhindert werden, weshalb auch antisemitische Kunst grundsätzlich von der Kunstfreiheit umfasst ist. Zwar baut das Grundgesetz »auf der Erwartung auf, dass die Bürger die allgemeinen Werte der Verfassung ›wozu auch der Anti-Antisemitismus zählt, die Verf.‹ akzeptieren und verwirklichen«, es »erzwingt diese Werteloyalität aber nicht«, wie das Bundesverfassungsgericht (BVerfG) betont. Somit setzt die Verfassung darauf, dass Antisemitismus »mit bürgerschaftlichem Engagement begegnet und letztlich in Freiheit die Gefolgschaft verweigert wird«, wie das VG im Fall Waters mit Verweis auf den sogenannten Wunsiedel-Beschluss des BVerfG (BVerfGE 124, 300, Rn. 77) zu Recht unterstreicht. Kurzum: Der Kampf gegen antisemitische Weltbilder ist eine gesamtgesellschaftliche Aufgabe, in der jede*r einzelne Bürger*in gefragt ist. So waren sowohl die Proteste vor der Festhalle in Frankfurt am Main am Tag des Konzerts, also auch die von der Stadt organisierten Gegenveranstaltungen, wichtige Teile dieses »bürgerschaftlichen Engagements« gegen Antisemitismus.

Zugang zu öffentlichen Einrichtungen: Das Recht auf Gleichbehandlung

Die rechtliche Durchsetzbarkeit der Vertragsaufhebung scheiterte insbesondere an einer fehlenden ausdrücklichen oder konkludenten Nutzungsbeschränkung der Festhalle. Denn bietet eine staatliche Stelle Leistungen an und stellt beispielsweise öffentliche Einrichtungen zur Verfügung, so folgt aus dem Gleichheitssatz des Artikels 3 Absatz 1 GG ein Anspruch auf gleichberechtigte Teilhabe. An einer Widmungsbeschränkung, die sich auf die besondere historische Bedeutung der Festhalle Frankfurt bezieht, fehlt es jedoch. Weder in den Allgemeinen Geschäftsbedingungen der Eigentümerin und Betreiberin des Messegeländes noch auf der Internetseite finden sich Anhaltspunkte für eine entsprechende Widmungsbeschränkung. Und auch der bisherigen Benutzungspraxis lässt sich, so das VG zu Recht, eine konkludente Beschränkung der Nutzung nicht entnehmen. Dafür bedürfe es mehr als der Aufstellung einer Gedenktafel sowie gelegentlich stattfindender Mahn- und Gedenkveranstaltungen.

Damit folgt aus der Entscheidung des VG ein Auftrag an den Magistrat der Stadt Frankfurt am Main: Sollen in Zukunft Veranstaltungen verhindert werden, die nicht im Einklang mit der belasteten Geschichte der Festhalle stehen, so ist dies nur über eine Widmungsbeschränkung möglich. Auf diese Weise kann auch dem Geltungs- und Achtungsanspruch aller in Deutschland und insbesondere im Stadtgebiet lebenden Jüdinnen und Juden Rechnung getragen werden.

An den Grenzen der Kunstfreiheit

Fehlt eine Widmungsbeschränkung, dürfen Nutzungen im Einzelfall nur unter engen Voraussetzungen eingeschränkt werden, etwa bei strafrechtlich relevanten Veranstaltungen. Im Fall Waters war zumindest in Bezug auf das fliegende Schwein als auch die SS-ähnliche Uniform an mögliche Strafbarkeiten zu denken. Leider lässt die Entscheidung des VG gerade an dieser Stelle eine dezidierte Auseinandersetzung mit der Bühnenshow missen und lehnt eine Strafbarkeit in knappen Worten ab. Damit bleibt die Frage offen, weshalb der Abschuss des Luftballonschweins ebenso wie das Tragen der Uniform nicht als eine Aufstachelung zum Hass gegen in Deutschland lebende Jüdinnen und Juden und damit als Volksverhetzung gem. § 130 Absatz 4 Strafgesetzbuch zu werten sein sollen. Unter diesem Aspekt hätten auch Auflagen geprüft werden können.

»Geschmacklose« Bühnenshow oder Antisemitismus?

Eine dem Kontext angemessene und damit antisemitismuskritische gerichtliche Kommunikation wäre zentral gewesen, um für mehr Klarheit im justiziellen Umgang mit verbalen und visuellen Manifestationen des Antisemitismus zu sorgen. Diese Chance hat das Gericht leider nicht wahrgenommen. Im Gegenteil erweckt die Bezeichnung der Bühnenshow als »geschmacklos« den Eindruck der Banalisierung antisemitischer Ressentiments, was die öffentlichen Kontroversen zusätzlich befeuert hat. Auch ist diese Bewertung rechtlich irrelevant. Statt ihrer wäre es wichtig gewesen hervorzuheben, dass und weshalb die Frage, ob die Bühnenshow antisemitisch ist oder nicht, für die rechtliche Möglichkeit des Rücktritts von dem Nutzungsvertrag nicht von Bedeutung ist und sich das Gericht daher einer diesbezüglichen Beurteilung zu enthalten hat.

Literatur

Bernstein, Julia/Diddens, Florian: Antisemitische Kontinuitäten in Bildern, Frankfurt am Main, 2023.

Artikel 8 (1) **Alle Deutschen haben das Recht, sich ohne Anmeldung oder Erlaubnis friedlich und ohne Waffen zu versammeln.**

Clemens Arzt

Sind Versammlungsverbote bald der Normalfall?

Von Corona über »Klimakleber« zum Krieg in Gaza

Bereits kurz nach dem Angriff der Hamas auf Israel am 7. Oktober 2023 wurde in Deutschland zur Unterstützung des palästinensischen Volkes und gegen das militärische Vorgehen Israels demonstriert. Einige dieser Demonstrationen unterstützten die Hamas, die meisten widmeten sich aus unterschiedlichen Perspektiven dem Konflikt. Insbesondere Demonstrationen in Berlin, wo Zehntausende Menschen mit palästinensischen Wurzeln leben, wurden seitens der Versammlungsbehörden und Polizei verboten, behindert oder aufgelöst, entgegen den vom Bundesverfassungsgericht (BVerfG) 1985 in der Brokdorf-Entscheidung aufgestellten Grundsätzen. Diese Entscheidung markierte eine Zeitenwende für die Versammlungsfreiheit in Deutschland. Dreißig Jahre nach Inkrafttreten des Versammlungsgesetzes des Bundes 1953 (VersG) begann hier eine moderne Auslegung von Artikel 8 GG. Das Gesetz gilt derzeit noch in rund der Hälfte der Bundesländer, in anderen traten seit 2006 nach und nach Landesgesetze in Kraft.

Zulässigkeit von Versammlungsverboten seit »Brokdorf«

Das präventive Verbot (»Totalverbot«) ist das schärfste Schwert des Versammlungsrechts. Es verhindert die öffentliche Meinungskundgabe durch Versammlung von Anfang an und »eliminiert« damit die Grundrechtsgewährleistung aus Artikel 8 Absatz 1 GG: »Alle Deutschen haben das Recht, sich ohne Anmeldung oder Erlaubnis friedlich und ohne Waffen zu versammeln.« Artikel 11 Absatz 1 der Europäischen Menschenrechtskonvention weitet dieses Recht unzweideutig auf »jede Person« aus.

Versammlungsverbote können deswegen nur letztes Mittel sein, wie das BVerfG in der Brokdorf-Entscheidung (BVerfGE 69, 315) festgestellt hat: Der Gesetzgeber dürfe »die Ausübung der Versammlungsfreiheit nur zum Schutz gleichgewichtiger anderer Rechtsgüter unter strikter Wahrung des Grundsatzes der Verhältnismäßigkeit begrenzen«. Verbot oder Auflösung setzten »voraus, daß das mildere Mittel der Auflagenerteilung ausgeschöpft ist«. Verbote und Auflösungen seien »nur bei einer ›unmittelbaren Gefährdung‹ der öffentlichen Sicherheit oder Ordnung statthaft«. Die Gefahrenprognose müsse »auf ›erkennbaren Umständen‹ beruhen [...], also auf Tatsachen, Sachverhalten und sonstigen Einzelheiten; bloßer Verdacht oder Vermutungen können nicht ausreichen«.

Anforderungen an Versammlungsverbote

Damit ist ein Verbot eng an Tatsachen gekoppelt, die einen Schutz gleichgewichtiger anderer Rechtsgüter ohne Verbot unmöglich erscheinen lassen. Jede Verbotsentscheidung muss auf der nachvollziehbaren und plausiblen Prognose beruhen, dass »nach den zur Zeit des Erlasses der Verfügung erkennbaren Umständen die öffentliche Sicherheit oder Ordnung bei Durchführung der Versammlung oder des Aufzuges unmittelbar gefährdet ist« (§ 15 Absatz 1 VersG). Dieser Maßstab gilt auch im Landesrecht. Hieraus folgt im Kern ein »Übermaßverbot«, da bei irriger Einschätzung noch die Möglichkeit einer späteren Auflösung besteht. Wenn also strafrechtlich unzulässige Parolen (hierzu John Philipp Thurn in diesem Band, S. 95–100) gerufen oder gezeigt werden, kann hiergegen im Regelfall vor oder während der Versammlung seitens der Versammlungsbehörden und Polizei eingeschritten oder bei Erfolglosigkeit als Ultima Ratio die Versammlung aufgelöst werden.

Der Ausnahmefall Versammlungsverbot wird seit einigen Jahren mehr und mehr zum Regelfall. Die neuen Versammlungsgesetze der Länder haben dabei trotz ausdrücklichem Bezug auf die Versammlungsfreiheit in ihrem Namen kein »Mehr« an Schutz gebracht, wie das behördliche Vorgehen nicht nur in Berlin im Kontext von Versammlungen zum Thema Palästina belegt. Immer wieder führen im Kontext des Palästinakonflikts (zu früheren Verboten in Berlin siehe Samour, Grundrechte-Report 2023) die Inhalte von Meinungskundgaben zu Verboten, Auflagen oder Auflösungen von Versammlungen, nicht selten unter dem Hinweis auf die deutsche »Staatsräson«, die eine besondere Beziehung zum Staat Israel begründe. Ob politische Meinungskundgaben mithin zukünftig vor, während und nach jeder Demonstration seitens Polizei, Staatsanwaltschaften und Gerichten auf ihre Strafbarkeit hin geprüft werden sollen, bleibt im Lichte der durch Artikel 5 Absatz 1 GG geschützten Meinungsfreiheit spannend. Auf Kritik an der Vielzahl von Versammlungsverboten gegen Demonstrationen anlässlich des Kriegs im Gazastreifen reagierte die Berliner Polizeipräsidentin offenbar stolz mit der Aussage, dass »nur« rund die Hälfte der Versammlungen zum Thema Palästina verboten worden sei.

»Vorrats-Verbote« durch Allgemeinverfügung

Wie ausgeführt, bedarf jedes Versammlungsverbot einer aktuellen und passgenauen Prognose auf Tatsachenbasis, um rechtmäßig zu sein. Das Verbot mittels einer Allgemeinverfügung, also eines Verwaltungsaktes nicht für eine unmittelbar bevorstehende Versammlung, sondern für eine ganze »Kategorie« von Versammlungen über Tage oder Wochen hinweg, war zwar schon bisher dem Versammlungsrecht nicht fremd (beispielsweise im Kontext von Castor-Transporten). Diese Praxis erfuhr indes eine grandiose Aufwertung und Popularität bei den Versammlungsbehörden im Kontext der Coronapandemie. Sogenannte Montags-Spaziergänge wurden über Wochen hinweg verboten. Zur Begründung reichte den Versammlungsbehörden meist ein Verweis auf die Anmeldenden und Versammlungen in der Vergangenheit, eine präzise Prognose für eine bestimmte Versammlung in der Zukunft unterblieb vielfach. Diese Praxis wurde in Bayern gegen Proteste der Letzten Generation wiederbelebt und fand in Hamburg mit einer Allgemeinverfügung vom 15. Oktober 2023 und deren 14 Verlängerungen ein neues Anwendungsfeld gegen Versammlungen zum Palästinakonflikt. Nach der Allgemeinverfügung waren »alle nicht angemeldeten und nicht behördlich bestätigten Versammlungen im Zusammenhang mit dem Einmarsch der israelischen Armee in den Gazastreifen« untersagt, die nicht fristgerecht angemeldet wurden und »inhaltlich einen Bezug zur Unterstützung der Hamas oder deren Angriffe auf das Staatsgebiet Israels aufweisen (sog. pro-palästinensische Versammlungen)«. Damit wurde faktisch ein Genehmigungsvorbehalt eingeführt, der von Artikel 8 GG nicht gedeckt ist.

Erst am 8. Dezember 2023 schritt das Verwaltungsgericht Hamburg (Az. 5 E 5290/23) ein und stellte fest, soweit »die Allgemeinverfügung alle Versammlungen erfasst, die ›inhaltlich einen Bezug zur Unterstützung der Hamas oder deren Angriffe auf das Staatsgebiet Israels aufweisen (sog. pro-palästinensische Versammlungen)‹ dürfte die für ein Verbot erforderliche Gefahrenschwelle zum gegenwärtigen Zeitpunkt nicht für alle hiervon potenziell umfasste[n] Versammlungen überschritten sein«. Auch für Verbote durch Allgemeinverfügung seien die Anforderungen an die Gefahrenprognose nicht niedriger. Das Gericht bezog sich argumentativ vorrangig auf die Meinungsfreiheit, die anders als das Versammlungsrecht keine Begrenzungen durch die »öffentliche Ordnung« kenne.

In der Pandemie wurde die Spur gelegt

Die Praxis einiger Versammlungsbehörden seit dem 7. Oktober 2023 kann nicht als »Sonderfall« angesehen werden. Während der Coronapandemie kam es flächendeckend über Monate hinweg zu verfassungswidrigen Einschränkungen und Verboten von Versammlungen durch Rechtsverordnungen und Allgemeinverfügungen. Die Verwaltungsgerichtsbarkeit schwieg zunächst und hinterfragte mit wenigen Ausnahmen bis heute diese Praxis nicht. Auch das BVerfG hat sie bisher nicht auf den Prüfstand gestellt. Allgemeinverfügungen zur Beschränkung der Versammlungsfreiheit wurden auch 2023 zur dauerhaften Behinderung und Kontrolle von Protest gegen Aktivist*innen der Letzten Generation genutzt. In der »dritten Runde« der behördlichen »Neuinterpretation« von Artikel 8 GG haben sich Totalverbote und kleinlichste Auflagen zur Kontrolle von Meinungen jenseits der deutschen »Staatsräson« fest etabliert. Immerhin haben sich hier die Verwaltungsgerichte vielfach gegen die Tendenz gestellt, jede Parole, die als gegen Israel gerichtet verstanden werden kann, als Verbotsgrund zu akzeptieren.

Literatur

Michaels, Ralf: Israels Sicherheit und Existenz zwischen Staatsräson und Rechtsstaatsprinzip, in: Recht und Politik 59/1 (2023), S. 32 ff.

Ridder, Helmut/Breitbach, Michael/Deiseroth, Dieter (Hrsg.): Versammlungsrecht des Bundes und der Länder, Baden-Baden 2020[2].

Weiterführende Zeitschriftenaufsätze und Onlinebeiträge ab 2016: www.hwr-berlin.de/prof/clemens-arzt/#c5053

Tina Keller

Alles für die Kohle

Wie Grundrechte mit Lützerath abgerissen wurden

Aus Sicht sozialer Bewegungen gab es einige Orte in den letzten Jahrzehnten, an denen bedeutende Auseinandersetzungen um die Einhaltung der Grundrechte stattgefunden haben – Gorleben, der Frankfurter Flughafen, die Innenstadt Hamburgs. In diese Aufzählung reihen sich der Hambacher Forst am Tagebau Hambach ebenso ein wie die Dörfer am Tagebau Garzweiler – alle Teil des Rheinischen Braunkohlereviers.

Besonders seit 2010 wurden diese beiden Gebiete Kristallisationsorte der deutschen Klimagerechtigkeitsbewegung. Der Kampf um den Erhalt des Hambacher Forstes hatte 2018 seinen Höhepunkt, als über Wochen hinweg die Räumungsarbeiten durch Tausende Menschen immer wieder verhindert wurden und am Ende ein Gerichtsentscheid zum Rodungsstopp führte. Etwa zur selben Zeit formierte sich der Widerstand rund um die sechs von Umsiedlung bedrohten Dörfer am Tagebau Garzweiler neu. Nachdem Keyenberg, Kuckum, Berverath, Unter- und Oberwestrich durch Verlautbarung der grün-geführten Wirtschaftsministerien von Bund und Land gemeinsam mit dem Energieversorgungskonzern RWE vom 4. Oktober 2022 so gut wie gerettet wurden, stand nur noch die Auseinandersetzung um die Ortschaft Lützerath im Raum.

Lützerath ist in vielerlei Hinsicht ein besonderer Fleck Erde gewesen: Freiraum, widerständiges Dorf, Begegnungsort verschiedenster gesellschaftlicher Milieus. Seine Räumung hat die ersten Wochen 2023 vieler Menschen geprägt. Während der Räumung konnten Einschränkungen der Pressefreiheit nach Artikel 5 GG wie auch der Versammlungsfreiheit nach Artikel 8 GG in mehrfacher Hinsicht festgestellt werden.

Allgemeinverfügung und einschränkende Auflagen

Am 20. Dezember 2022 wurde durch die für Lützerath zuständige Kreisverwaltung Heinsberg eine Allgemeinverfügung erlassen, welche ein Aufenthalts- und Betretungsverbot für Lützerath und einige umliegende Flächen und Zuwege beinhaltete und damit auch ein faktisches Versammlungsverbot darstellte. Ausgehend vom Brokdorf-Beschluss des Bundesverfassungsgerichts von 1985 und der Fraport-Entscheidung von 2011, welche sich beide mit dem Recht der Versammlungsanmeldenden beschäftigen, einen für sie und ihr Anliegen geeigneten Ort des Protests zu wählen, stellte die Allgemeinverfügung eine Einschränkung der Versammlungsfreiheit dar. Dabei war das politische Interesse aufgrund der klimapolitischen Auseinandersetzungen und der Zuspitzung des Konflikts rund um die Ortschaft groß genug, so dass die Verhältnismäßigkeit es verlangt hätte, eine Möglichkeit zum Protestieren am Ort des Geschehens zu schaffen.

Zudem wurden angemeldete Versammlungen auch außerhalb der geltenden Allgemeinverfügung massiv eingeschränkt. Einzig auf einer Straße wurden Versammlungen ermöglicht; angemeldete Feldwege, welche nicht in der Verfügung und doch öffentlich zugänglich waren, wurden kategorisch als Versammlungsorte verboten. Damit wurde auch hier das Protestieren in zu gewährender »Hör- und Sichtweite« stark beschränkt.

Und auch in anderer Hinsicht hatten Versammlungsanmelder*innen mit behördlichen Schikanen zu tun: So berichteten Versammlungsanmelder*innen von spät zugestellten Auflagenbescheiden; im Fall der Großdemonstration vom 14. Januar 2023 verhinderte dies sogar effektiven Rechtsschutz bezüglich einer anfänglichen Versammlungsanmeldung, weil die Zeit zwischen möglicher Klageeinreichung und Versammlung viel zu kurz war. Außerdem erzählten Anmelder*innen davon, dass sich der Beginn der Demonstrationen immer wieder verzögerte, weil die Polizei daran festhielt, dass Teilnehmer*innen »vermummt« seien bzw. in einem Fall Klettermaterial bei sich tragen würden.

Lebensgefährdende Räumung von Lützerath

Die Räumung selbst fand teilweise unter unsäglichen Bedingungen statt. Die kollektive Versorgungsinfrastruktur (in Form des gemeinschaftlichen Lebensmitteldepots und der Küchenhallen) wurde direkt zu Beginn von der Polizei zerstört und die anwesenden Demonstrationssanitäter*innen des Ortes verwiesen. Den Aktivist*innen wurde keine Atempause gelassen. Auch in der Nacht wurden die Arbeiten von Polizei und RWE-Mitarbeitern zwar reduziert, aber stetig weitergeführt. Bei dauerhaftem Flutlicht und Lärm wurden Barrikaden beseitigt oder Menschen aus in den Boden eingelassenen Betonbefestigungen geräumt, an die sie sich angekettet hatten.

Die Räumung von Baumhäusern oder Wohngebäuden begann täglich gegen 6 Uhr morgens. Es wurde immer an mehreren Orten im Gelände gleichzeitig geräumt, und es wurden Menschen mit Hebebühnen aus Bäumen oder Hochsitzen geholt, während direkt daneben übereilt mit schwerem Gerät Häuser abgerissen oder Bäume gefällt wurden. Dies hatte zur Folge, dass kein ausreichender Sicherheitsabstand zu den Aktivist*innen eingehalten wurde und mehrfach Geäst beinahe in Seile fiel, an denen noch Menschen gesichert waren.

Polizeigewalt

Unangemeldeten Versammlungen wurde seitens der Polizei mit höchster Brutalität begegnet. Wasserwerfer, Pfefferspray, Faustschläge, Schlagstockanwendung und der Einsatz von Pferden, die teilweise in sitzende Menschengruppen geritten wurden, waren nicht nur bei der Großdemonstration am 14. Januar zu beobachten, sondern auch z.B. bei unangemeldeten Versammlungen am 12. und 17. Januar. Zahlreiche Demonstrierende erlitten Verletzungen – auffällig dabei war die Häufigkeit von Verletzungen im Kopfbereich, was auf gezielte Schläge der Polizei schließen lässt. Jede Abweichung von einer angemeldeten Route wurde mit Polizeigewalt beantwortet, Teilnehmende teilweise stundenlang in Polizeikesseln festgehalten und in einem Fall etwa 100 Personen in Verbringungsgewahrsam genommen.

Pressefreiheit

Eine wesentliche Einschränkung der Pressefreiheit ergab sich daraus, dass die einsatzleitende Polizei Aachen eine Presseakkreditierung vorsah, und das, obwohl es sich bei der Räumung Lützeraths zweifelsohne um ein Ereignis von öffentlichem Interesse handelte –, auch wenn sich diese auf einem Privatgrundstück von RWE abgespielte. Dementsprechend hätte es ausreichen müssen, der Presse nach Vorlage von Presseausweisen Zugang zu gewähren, anstatt noch eine zusätzliche Akkreditierung zu verlangen.

Neben der polizeilichen Akkreditierung wurde für den Zugang nach Lützerath teilweise darauf bestanden, einen Haftungsausschluss zugunsten von RWE zu unterzeichnen.

Aufgrund der systematischen Behinderung der Presseberichterstattung sowie punktuellen weiteren Beschränkungen entsandte ver.di am 11. Januar einen Beobachter nach Lützerath, welcher diese Einschränkungen dokumentierte und für Journalist*innen diesbezüglich auch ansprechbar war.

Am 19. Januar 2023 war der Polizeieinsatz Thema im Innenausschuss des Düsseldorfer Landtages. Innenminister Herbert Reul, welcher schon die rechtswidrige Räumung des Hambacher Forstes zu verantworten hatte, verteidigte den Einsatz und schuf eine Erzählung, die die Polizeigewalt – vor allem am 14. Januar – als Reaktion auf eine einseitig von Demonstrierenden ausgehende Gewalt darstellte. Alle Menschen jedoch, die den Januar 2023 am Tagebau Garzweiler in Lützerath für das Klima verbracht haben, wissen es besser.

Peer Stolle

Antifaschistischer Protest und die Verselbständigung polizeilicher Repression

Zum Leipziger Kessel im Juni 2023

In den Abendstunden des 3. Juni 2023 wurden im Leipziger Süden mehr als tausend Personen teilweise bis in die frühen Morgenstunden in einem von der Polizei gebildeten Kessel festgehalten, nachdem eine vorangegangene Kundgebung für aufgelöst erklärt worden war. Gegen alle Festgesetzten wurde danach ein Verfahren wegen Landfriedenbruchs in besonders schwerem Fall eingeleitet.

Hintergrund war das am 31. Mai 2023 durch das Oberlandesgericht (OLG) Dresden nach fast hundert Verhandlungstagen gefällte Urteil im sogenannten Antifa-Ost/Lina-E.-Verfahren, in dem die Angeklagten teilweise zu mehrjährigen Haftstrafen verurteilt wurden. Schon im Vorfeld wurde in der linken Szene für den Samstag nach der Urteilsverkündung für eine Demonstration zum »Tag X« in Leipzig mobilisiert. Von Medien und Polizei wurden schwerwiegende Ausschreitungen vorhergesagt und von Letzterer ein entsprechend repressives Vorgehen angekündigt.

Versammlungsfreiheit – auch in Leipzig?

Bereits am 30. Mai verbot die Stadt Leipzig mit einer Allgemeinverfügung sämtliche für den 3. und 4. Juni geplanten öffentlichen Versammlungen unter freiem Himmel, die sich auf den Antifa-Ost-Prozess bezogen. Am 31. Mai erklärte das sächsische Innenministerium einen Großteil der Stadt zum sogenannten Kontrollbereich, so dass dort verdachtsunabhängige Personenkontrollen durchgeführt werden konnten. Eine für den 3. Juni angemeldete Großdemonstration zum »Tag X« wurde verboten. Sowohl das Verwaltungsgericht Leipzig als auch das Oberverwaltungsgericht Bautzen bestätigten das

Verbot. Für das Wochenende wurden Einheiten der Bundespolizei und der Bereitschaftspolizeien anderer Bundesländer zur Unterstützung angefordert. Dennoch ließ sich eine Vielzahl von Antifaschist*innen nicht davon abhalten, ihren Protest am 3. Juni in Leipzig auf die Straße zu tragen.

Gegen die Verbote wurde für diesen Tag eine Demonstration unter dem Motto »Die Versammlungsfreiheit gilt auch für Leipzig« angemeldet. Diese Demonstration, die gegen 16.30 Uhr beginnen sollte, wurde nach langen Gesprächen zwischen Versammlungsleitung, Polizei und Versammlungsbehörde, bei denen es zu keiner Einigung über die Route kam, auf eine stationäre Kundgebung beschränkt. An der Kundgebung sollen zu diesem Zeitpunkt ca. 1500 Personen teilgenommen haben. Auch im Umfeld der Veranstaltung bzw. auf dem Weg dahin hielt sich eine Vielzahl von Personen auf.

Ein Kessel für alle

Gegen 18.00 Uhr soll es dann aus einer Gruppe von 30 bis 50 Personen, die sich von der Kundgebung entfernt habe, zu Angriffen auf Polizeibeamt*innen gekommen sein. Diese sollen mit Steinen, Flaschen und Pyrotechnik beworfen worden sein. Die Gruppe wurde von der Polizei auf den Kundgebungsplatz zurückgedrängt und die Versammlung sodann aufgelöst. Zu diesem Zeitpunkt versuchten viele Personen, die an der Kundgebung teilgenommen hatten, den Ort zu verlassen, wurden daran aber von der Polizei gehindert. Andere, die von den Auseinandersetzungen nichts mitbekommen hatten, befanden sich auf dem Weg zur Kundgebung oder hielten sich in der Nähe auf. Nach Berichten von Augenzeug*innen wurden viele Personen, die gar nicht an der Kundgebung teilgenommen hatten, von Polizeikräften auf den Kundgebungsplatz gedrängt und sodann eine Umschließung aller sich dort Aufhaltenden vorgenommen. Insgesamt waren von dieser Maßnahme nach Angaben der Polizei 1321 Personen betroffen.

Gegen sämtliche in diesem Kessel befindlichen Personen wurden Strafverfahren wegen Landfriedensbruch in besonders schwerem Fall eingeleitet. Ihnen wurde mitgeteilt, dass sie zum

Zwecke der Identitätsfeststellung an Ort und Stelle festgehalten werden. Darunter befanden sich zwei Kinder, 104 Jugendliche und 276 Heranwachsende. Die Polizei, die offensichtlich keinen fertigen Plan hatte, was mit der großen Anzahl von Personen geschehen sollte, begann spät mit den Identitätsfeststellungen. Einige Personen wurden in Polizeigewahrsam genommen; andere wurden dem Haftrichter vorgeführt. Der Großteil musste mehrere Stunden im Kessel verbleiben. Viele waren nur sommerlich gekleidet und mussten über Nacht, bei teilweise nur sieben Grad, dort ausharren. Die letzten Personen wurden am nächsten Morgen gegen 5.05 Uhr aus dem Kessel entlassen. Eine Versorgung mit Toiletten, Wasser und Wärmedecken wurde von der Polizei nur zögerlich veranlasst. Die Beamten behinderten die Versorgung der Eingekesselten durch Unterstützer*innen. Bei Minderjährigen wurde in der Mehrzahl der Fälle der Kontakt zu den Eltern und zum Jugendamt unterbunden.

Legitimation polizeilicher Verselbständigung

Das Geschehen ist Ausdruck einer Verselbständigung polizeilichen Handelns in einem repressiven Klima. Das massive Herbeireden von Ausschreitungen und die überdimensionierte Mobilisierung von Polizeikräften bedurften einer Rechtfertigung und wären ohne größere Vorkommnisse nur schwer vermittelbar gewesen. Die Angriffe boten dafür den geeigneten Anlass. Auf Videos ist eindeutig zu erkennen, dass die Würfe in Richtung der Polizei nur von einer sehr kleinen Gruppe ausgingen. Die meisten Personen hielten sich einfach auf dem Platz auf – und haben vielfach nichts davon mitbekommen. Trotzdem wurde die gesamte Menschenmenge über mehrere Stunden im Kessel festgehalten.

Die Polizei behauptete anschließend, dass sich der sogenannte Schwarze Block separiert hätte und dessen »Kern« eingekesselt werden konnte. Dabei sei man von 300 bis 400 umstellten Personen ausgegangen. Zu diesem Zeitpunkt war allerdings schon erkennbar, dass es sich mitnichten um einen Schwarzen Block handelte, der dort eingekesselt war, und dass es sich nicht nur um 300 bis 400, sondern um mehr als 1300 Personen handelte. Diese Erkenntnis will die Staatsanwaltschaft angeblich erst in der Nacht gewonnen haben. Dennoch ist klar, dass kein pauschaler Anfangsverdacht gegen alle Anwesenden bestehen konnte. Selbst wenn die Strafverfolgungsbehörden tatsächlich zunächst davon ausgegangen sein sollten, es handele sich nur um 300 bis 400 Eingekesselte und diese seien als Tatverdächtige anzusehen, hätte spätestens dann eine Korrektur erfolgen müssen, als klarwurde, dass drei- bis viermal so viele Personen festgesetzt worden waren. Denn selbst nach diesem Verständnis wäre der Großteil der Gekesselten als Unbeteiligte anzusehen gewesen. Die Ermittlungsbehörden taten genau das Gegenteil und weiteten das Verfahren stattdessen auf sämtliche Personen aus. Dabei wurde entgegen der bisherigen Rechtslage davon ausgegangen, dass allein die bloße Anwesenheit in einer Menge bereits einen Anfangsverdacht auf Teilnahme an einem Landfriedensbruch begründen könne.

Dieses Vorgehen ist nicht neu. So wurde beispielsweise bei der Blockupy-Bündnisdemonstration 2013 in Frankfurt am Main unter massivem Schlagstock- und Pfefferspray-Einsatz ein gesamter Block von Versammlungsteilnehmer*innen festgesetzt. Die Polizei behauptete, dass dies der Identitätsfeststellung diene, da gegen die rund 1000 Personen der Verdacht des Verstoßes gegen das Versammlungsgesetz bestehe. Diese Verfahren wurden im Nachgang zwar fast vollständig eingestellt, die Demonstration aber in ihrem Kern verhindert. Auch am Rondenbarg in Hamburg wurden im Rahmen der Proteste gegen den G20-Gipfel 2017 nach einem brutal durchgeführten Polizeieinsatz, in dessen Verlauf u.a. 13 Demonstrant*innen schwer verletzt wurden, gegen sämtliche Versammlungsteilnehmer*innen Verfahren wegen Landfriedensbruch im besonders schweren Fall eingeleitet. Auch dort konnte durch Videoaufnahmen belegt werden, dass nur einige wenige Personen Gegenstände in Richtung der Polizei geworfen hatten. Auch mehr als fünf Jahre nach diesem Vorfall soll den Beteiligten der Prozess gemacht werden. Polizeiliches Vorgehen schafft so eigene Fakten.

Der Leipziger Kessel von 2023 ist ein weiteres Beispiel dafür, wie sich polizeiliches Handeln im Rahmen eines repressiven gesellschaftlichen Grundklimas verselbständigt. Wenn Justiz und kritische Öffentlichkeit ihre Kontrollfunktion nicht mehr wahrnehmen und dieses polizeiliche Verhalten nicht mehr hinterfragen, wird es zu einem weiteren faktischen Abbau von Grundrechten und rechtsstaatlichen Grundsätzen kommen.

Artikel 9 (1) **Alle Deutschen haben das Recht, Vereine und Gesellschaften zu bilden.**

Paul Madro/Philipp Schönberger

Wenn aus zivilem Ungehorsam organisierte Klimakriminalität wird

Der § 129 StGB und die Letzte Generation

Selten war die Unzulänglichkeit der deutschen Klimapolitik so offensichtlich wie im Jahr 2023: Im Klimaschutzprogramm der Regierung klaffte eine riesige Lücke bis 2030, der Expertenrat für Klimafragen monierte das Fehlen eines Gesamtkonzepts, 60 Professor*innen forderten öffentlich eine verfassungs- und völkerrechtskonforme Klimaschutzpolitik, und das Oberverwaltungsgericht Berlin-Brandenburg verurteilte die Bundesregierung, weil sie ihr eigenes Klimaschutzgesetz nicht einhielt (siehe auch Jannis Krüßmann in diesem Band, S. 203–207).

Unter Druck gerieten jedoch nicht die verantwortlichen Verkehrsminister*innen oder der selbst ernannte Klimakanzler, sondern Aktivist*innen aus der Klimabewegung. Präventivgewahrsam, Versammlungsverbote und Strafverfahren führten zu einer erheblichen Beschneidung der zivilgesellschaftlichen Räume.

Strafverfahren gegen Mitglieder der Letzten Generation wegen des Vorwurfs der Bildung einer kriminellen Vereinigung nach § 129 Strafgesetzbuch (StGB) markierten eine weitere Eskalationsstufe. Im Dezember 2022 und Mai 2023 durchsuchten Ermittlungsbehörden bundesweit Wohnungen und Geschäftsräume. Im November desselben Jahres bestätigte das Landgericht (LG) München in mehreren Beschwerdeverfahren gegen die Ermittlungsmaßnahmen den Anfangsverdacht wegen dieses Straftatbestands.

Demokratie tut weh

Demokratie lebt vom Streit. Der Kampf der Meinungen ist »ihr Lebenselement«, weshalb Meinungs- und Versammlungsfreiheit vom Bundesverfassungsgericht zu den »vornehmsten Menschenrechten überhaupt« gezählt werden. Sie sind »unentbehrliches Funktionselement« einer freiheitlichen Demokratie – gerade dann, wenn sie stören. In den Worten der Bundesverfassungsrichter*innen liegt darin ein »Stück ursprünglich-ungebändigter unmittelbarer Demokratie, das geeignet ist, den politischen Betrieb vor Erstarrung in geschäftiger Routine zu bewahren« (BVerfG, Beschluss vom 14.05.1985, Az. 1 BvR 233/81, 1 BvR 341/81). Ein disruptives Moment liegt in der Natur der grundgesetzlich erwünschten Beteiligung am öffentlichen Meinungskampf.

Das bedeutet nicht, dass während oder anlässlich von Protesten begangene Straftaten nicht geahndet werden könnten. Bei Aktionen des zivilen Ungehorsams ist die staatliche Antwort auf die Rechtsverletzung bewusst einkalkuliert, und Strafverfahren sind deshalb häufig logische Konsequenz. Strafverfolgung findet im Fall der Letzten Generation auch tausendfach statt, wobei die juristische Einordnung der Straßenblockaden nicht abschließend geklärt ist (vgl. Wolf, Grundrechte-Report 2023).

Von zivilem Ungehorsam zu organisierter Klimakriminalität

Der § 129 StGB greift nicht erst bei der Verletzung von Individualrechtsgütern, sondern stellt bereits das Mitwirken in einer Vereinigung unter Strafe, deren Zweck auf die Begehung von Straftaten gerichtet ist. Damit wird die Strafbarkeit in zeitlicher, räumlicher und personeller Hinsicht weit in das Vorfeld der eigentlichen Begehung von Straftaten ausgedehnt. Dabei fungiert der Vorwurf nach § 129 StGB prozessual als »Türöffner«, der den Ermittlungsbehörden weitreichende Befugnisse z. B. zu Hausdurchsuchungen oder Überwachungsmaßnahmen verleiht, die sie im Rahmen sogenannter Strukturermittlungen nicht nur gegen die Beschuldigten, sondern auch deren gesamtes Umfeld einsetzen. Eine Anklage folgt in den wenigsten Fällen.

Mit der Anwendung dieser Norm auf Klimaproteste wird nicht mehr allein der konkrete Akt zivilen Ungehorsams (z.B. Nötigung, Sachbeschädigung usw.) als strafwürdiges Unrecht verfolgt, sondern die kollektive Entscheidung für zivilen Ungehorsam als Form der Beteiligung am öffentlichen Diskurs. Die gemeinsame Beteiligung am Meinungskampf ist aber Wesensmerkmal der Versammlungsfreiheit.

Politischer Protest, der sich eines symbolischen Regelbruchs bedient, um auf die öffentliche Meinungsbildung einzuwirken, findet naturgemäß in einem Spannungsfeld zwischen verfassungsrechtlichem Schutz der konkreten Verhaltensweise und einfachgesetzlicher Illegalität statt. Mit einer Verfolgung nach § 129 StGB, die an diese einfachgesetzliche Illegalität der Protesthandlung weitere, schwere strafrechtliche Konsequenzen knüpft und eine Vereinigung als solche kriminalisiert, tangiert neben der Meinungs-, Versammlungs- und Vereinigungsfreiheit auch das Demokratieprinzip.

Weder das LG Potsdam (Beschluss vom 19.4.2023, Az. 21 Qs 15/23), noch das LG München (Beschluss vom 16.11.2023, Az. 2 Qs 15/23) setzten sich bei der Bejahung eines Anfangsverdachts mit den verfassungsrechtlichen Rahmenbedingungen für Klimaprotest auseinander. Ebenso oberflächlich verhielten sich die Gerichte zum ungeschriebenen Tatbestandsmerkmal der erheblichen Gefährdung der öffentlichen Sicherheit, bei dessen Prüfung die verfassungsrechtlichen Wertungen berücksichtigt werden müssten. Das LG Potsdam schwieg sich dazu vollständig aus, während das LG München die besondere Gefährlichkeit der Letzten Generation nur damit begründete, dass »der gesellschaftliche Diskurs durch illegitime Mittel verletzt wird, indem eine Gruppierung versucht, sich – gegebenenfalls moralisch überhöhend – über die rechtsstaatliche Ordnung zu stellen. Straftaten sind kein Mittel der freiheitlichen, demokratischen, rechtsstaatlichen Diskussion«.

Gerade das Ziel, durch den Regelbruch auf die öffentliche Meinungsbildung einzuwirken, begründete nach Auffassung der bayrischen Richter*innen die Strafbarkeit nach § 129 StGB. Aus zivilem Klimaungehorsam wird so organisierte Klimakriminalität. Klimaaktivismus entspringt jedoch keiner moralischen Überhöhung, sondern der wissenschaftlich fundierten Erkenntnis, dass der politische Prozess um ein Vielfaches schneller vorangehen muss. Er ist nicht Selbstzweck, sondern Mittel zur Intensivierung einer gesellschaftlichen Debatte über die verfassungs- und völkerrechtswidrige Unzulänglichkeit der aktuellen Klimaschutzpolitik.

»Chilling effects« von Strafverfolgung

Der § 129 StGB trifft dabei nicht nur Aktivist*innen, sondern auch wenig bis gar nicht beteiligte Dritte. So wurden Zahlungsdienstleister und Anwaltsbüros durchsucht und Gespräche mit Journalist*innen über ein Pressetelefon abgehört. Adressen von etwa 5000 Unterstützenden von Fridays for Future wurden beschlagnahmt, da in einer Überweisung das Wort »Klimastreik« auftauchte. Die Anwendung von § 129 StGB schreckt so nicht nur Aktivist*innen von (möglicherweise) strafbaren Straßenblockaden ab, sondern auch Dritte von klimapolitischem Engagement, von der eigenen Teilnahme oder einer logistischen, finanziellen oder sonstigen Unterstützung der Proteste. Darin liegt das demokratiegefährdende Moment.

Weil Demokratie von einem möglichst freien Meinungskampf lebt, müssen »Chilling effects« von Strafverfolgung bereits Eingang in die Verhältnismäßigkeitsabwägung von Staatsanwaltschaften und Richter*innen finden, wenn sie darüber entscheiden, ob und wie sie ermitteln. Nach dieser Sorgfalt suchte man in dem Vorgehen der Münchner Polizei vergeblich, die auf der beschlagnahmten Homepage den als Vorverurteilung rechtswidrigen Hinweis platzierte: »Die Letzte Generation ist eine kriminelle Vereinigung, Spenden daher als Unterstützungshandlung strafbar!« Der Hinweis wurde zwar nach kurzer Zeit entfernt, die eigentliche Stoßrichtung der Ermittlungen wurde aber deutlich.

Klimaprotest wird so semantisch und kriminologisch in die Nähe von organisierter Kriminalität gerückt und dadurch stigmatisiert und delegitimiert. Der Anwendungsbereich des § 129 StGB ist zu weit gefasst und damit offen für eine Instrumentalisierung gegen unbequemen Protest. Er sollte dringend reformiert werden. Bis dahin versagt aber jedenfalls eine verfassungskonforme Auslegung die Anwendung auf gewaltfreien Klimaprotest. Andernfalls drohen mit dem Kampf gegen den Klimawandel auch zentrale demokratische Freiheiten verloren zu gehen.

Literatur

Green Legal Impact Germany e.V.: Green Legal Spaces Report 2023, 1. Dezember 2023.

Jahn, Matthias/Wenglarczyk, Fynn: Der blinde Fleck. Der Beitrag des Strafverfassungsrechts zum organisierten Klimaprotest, Verfassungsblog v. 19. 10. 2023.

Singelnstein, Tobias/Winkler, Dennis: Wo die kriminelle Vereinigung beginnt, in: NJW 2023, 2815.

Artikel 9 (3) **Das Recht, zur Wahrung und Förderung der Arbeits- und Wirtschaftsbedingungen Vereinigungen zu bilden, ist für jedermann und für alle Berufe gewährleistet.**

Klaus Lörcher

Gräfenhausen ein Symbol?

Lkw-Fahrer wehren sich

Lkw-Fahrer streiken – angesichts häufig in der Branche anzutreffender menschenunwürdiger Arbeitsbedingungen und miserabler Vergütung wohl eher normal? Nicht wirklich, denn Arbeitskampfmaßnahmen seitens dieser Beschäftigten sind unüblich. Vor diesem Hintergrund sticht ein Streik besonders hervor, der mit dem Namen der Autobahnraststätte Gräfenhausen an der A5 in Südhessen verbunden ist.

Im Frühjahr 2023 hatten sich ungefähr 60 Lkw-Fahrer aus verschiedenen Ländern, vor allem aus Georgien und Usbekistan, zusammengetan und ihre Arbeit niedergelegt. Grund dafür waren die seit Monaten ausstehenden Löhne. Darüber hinaus ging es auch darum, gegen die menschenunwürdigen Arbeitsbedingungen zu kämpfen und allgemein auf die Missstände in der Branche aufmerksam zu machen. Neben massiven Arbeitszeitverstößen sind Fahrer oft monatelang unterwegs und übernachten teilweise zu zweit in beengten Kabinen. Im Winter sind ihre Lebensbedingungen unterwegs besonders hart: In den Schlafkabinen ist es kalt, die Nutzung sanitärer Einrichtungen ist teilweise beschränkt.

Der mehrwöchige Streik war unter verschiedenen Gesichtspunkten besonders. Auf der Seite des Arbeitgebers, einer polnischen Großspedition, fiel vor allem die Dreistigkeit auf, mit der gegen die Streikenden vorgegangen wurde. Fast noch banal erscheinen dabei die pauschale Verneinung irgendeiner Verantwortung für die schlechten Arbeitsbedingungen und die ausgebliebenen Lohnzahlungen. Darüber hinaus behauptete der Arbeitgeber in der Folge abstruse Rechtsverletzungen seitens der Beschäftigten, beispielsweise an seinem Eigentum durch das Ausbleiben der Lieferungen. Während dies noch – leider – als übliches Arbeitgeberverhalten anzusehen ist, sprengte die weitere Eskalationsstufe diesen Rahmen vollkommen: Mit einem Roll- und Schläger-Kommando wurden die Streikenden massiv physisch und psychisch bedroht.

Auf der Seite der Streikenden waren es die Standhaftigkeit und Ausdauer, aber auch die Organisierung von Solidarität, die für den im Ergebnis positiven Ausgang entscheidend sein sollten. Insbesondere durch Gewerkschaften, aber auch durch NGOs und sogar durch politische Entscheidungsträger*innen wurden die Streikenden tatkräftig, vor allem ideell unterstützt. Und das Ergebnis dieser »ersten Runde«: ein voller Erfolg, weil letztlich alle ausstehenden Löhne bezahlt wurden.

Allerdings hatte der Arbeitgeber offensichtlich seine grundsätzliche Haltung nicht geändert. Weiterhin zahlte er vielen Fahrern keine Löhne und verbesserte auch die Arbeitsbedingungen nicht. Das führte zu einer »zweiten Runde« mit einem noch längeren Streik, an dem bis zu 200 Fahrer beteiligt waren. Dieser Arbeitskampf endete nach mehr als zwei Monaten Ende September 2023. Zuletzt flossen die Gehälter, und die vom Arbeitgeber zwischenzeitlich erstatteten Strafanzeigen gegen die Fahrer wurden zurückgenommen.

Grundrechte müssen entsprechenden Schutz gewähren

Um ihre Forderungen durchzusetzen, griffen die Lkw-Fahrer zum Mittel des Streiks. Das deutsche Streikrecht, verfassungsrechtlich geschützt nach Artikel 9 Absatz 3 GG, ist in der Praxis im Vergleich zu anderen europäischen Rechtsordnungen beschränkt. Beispielsweise wird ein Streik als rechtswidrig angesehen, der zur Durchsetzung von Rechtsansprüchen dient oder nicht von Gewerkschaften geführt oder wenigstens übernommen worden ist.

Zumindest diese beiden Einschränkungen könnten in der Bewertung der Situation in Gräfenhausen rechtliche Probleme aufwerfen. Denn vertraglich vereinbartes (Mindest-)Entgelt oder die Einhaltung von Grenzen maximaler Arbeitszeit gelten grundsätzlich als individuelle Ansprüche, die von den Fahrern einzeln vor Gericht durchzusetzen wären. Zudem haben zwar verschiedene Gewerkschaften den Streik unterstützt, aber – soweit ersichtlich – nicht förmlich »übernommen«, also als ihren eigenen gewerkschaftlichen Streik anerkannt. Das wäre jedoch die Voraussetzung dafür, dass der Streik als rechtmäßig im Sinn der Rechtsprechung anzusehen wäre.

Trotz dieser Aspekte überzeugt es im Ergebnis, den Streik als rechtmäßig anzusehen. Zum einen können sich die Betroffenen auch auf die (nicht unumstrittene) »kollektive Ausübung eines Zurückbehaltungsrechts« berufen: Wer für seine Leistung (Arbeit) keine Gegenleistung (Lohn) erhält, kann gemeinsam mit anderen Betroffenen die Arbeit »zurückhalten«, also nicht erbringen. Bei den Lkw-Fahrern lagen die Voraussetzungen des Zurückbehaltungsrechtes vor. Zum anderen sind im internationalen Streikrecht wichtige Belege dafür zu finden, dass Streiks zur Auszahlung von Lohnrückständen rechtmäßig sind (z.B. 342. Bericht des ILO-Ausschusses für Vereinigungsfreiheit, Fall Nr. 2323).

Die im Ergebnis effektive kollektive Durchsetzung von Arbeitnehmerrechten im Wege des Arbeitskampfes ist also in diesem Fall auch eine Antwort auf die mangelnde Durchsetzung und Sanktionsmöglichkeiten gegenüber Unternehmen.

Arbeitsstrafrecht gegenüber Arbeitgebern effektiver machen

Aber warum sind derartige miserable Arbeitsbedingungen einschließlich des nicht bezahlten Entgelts überhaupt noch möglich?

Da es sich um grenzüberschreitende Probleme im Güterverkehr handelt, ist zunächst einmal ein Blick auf die EU hilfreich. So garantiert die EU wichtige soziale Grundrechte; sie hat auch eine Vielzahl von rechtlichen (sozialen) Vorgaben verabschiedet, die bestimmte Aspekte des Arbeitsverhältnisses regeln. Beispielsweise gibt es klare Regelungen zur Obergrenze von Arbeitszeit; für Lkw-Fahrer ist diese sogar in einer eigenen Verordnung mit unmittelbarer rechtlicher Bindungswirkung klar limitiert, da es in der Branche massenhaft zu Arbeitszeitverstößen kommt.

Angesichts der massiven Rechtsverstöße, gegen die sich die Lkw-Fahrer zur Wehr setzten, drängt sich die Frage auf, ob nicht nationale (Straf-)Behörden eingreifen müssten, um gesetzliche Mindestbedingungen auch der EU zu garantieren? Bisher muss die Antwort leider negativ ausfallen. Zwar muss in Deutschland der Zoll die Einhaltung des Mindestlohns gewährleisten, allerdings ergibt sich dabei eine Reihe von Fragen zur Zuständigkeit.

Auch was die sonstigen Arbeitsbedingungen angeht, ist der strafrechtliche Schutz sehr gering. Das Arbeitsschutzgesetz ahndet Verstöße von Arbeitgebern nur unter eingeschränkten Voraussetzungen. Verstöße gegen die gesetzlich vorgegebenen Lenk- und Ruhezeiten werden, sofern diese überhaupt kontrolliert werden, nur mit eher bescheidenen, jedenfalls nicht wirklich abschreckenden Bußgeldern geahndet. Für alle anderen Durchsetzungsmaßnahmen sollte eigentlich die Gewerbeaufsicht als Arbeitsaufsichtsbehörde zuständig sein. Dies ist jedoch bisher aufgrund der im Wesentlichen auf den Arbeits- und Gesundheitsschutz beschränkten Zuständigkeit nicht effektiv. Eine gesetzliche Verankerung einer weitaus umfassenderen Zuständigkeit und eine damit einhergehende bessere personelle Ausstattung der Gewerbeaufsicht wird aber bereits durch die von Deutschland ratifizierten völkerrechtlichen Normen gefordert: das Übereinkommen der Internationalen Arbeitsorganisation über die Arbeitsaufsicht (Nr. 81) und die Europäische Sozialcharta (Artikel 3). Deutschland setzt beide nur unzureichend um.

Für den Erfolg der »zweiten Runde« des Streiks in Gräfenhausen war wohl entscheidend, dass ein Verstoß gegen das Lieferkettengesetz im Raum stand, was die zuständige Behörde (Bundesamt für Wirtschaft und Ausfuhrkontrolle) zur Androhung eines Einschreitens veranlasste. Vermutlich als Reaktion darauf reagierten verschiedene Unternehmen innerhalb der Lieferkette und zahlten den fehlenden Lohn.

Dennoch bleibt die bohrende Frage: Warum hat die Behörde nicht sofort und effektiv eingegriffen? Einerseits müssen die gesetzlichen Rahmenbedingungen sowie die konkrete Durchsetzung effektiv verbessert werden. Andererseits zeigt das Beispiel, dass Streiks immerhin die Möglichkeit bieten, die eigenen Interessen und gegebenenfalls auch (zumindest bestimmte) Rechte durchzusetzen. Dazu müssen Streiks aber erfolgreich sein, was von vielen Faktoren abhängt, vor allem aber von der Solidarität. Und insgesamt: Die Rahmenbedingungen für rechtlich zulässige Streiks müssen verbessert werden, auch um sie an die internationalen Vorgaben anzupassen.

Literatur

Däubler, Wolfgang (Hrsg.): Arbeitskampfrecht. Handbuch für die Rechtspraxis, 4. Aufl., Baden-Baden 2018.

Aktuelle Informationen über www.labournet.de/?s=Gr%C3%A4fenhausen

Artikel 12 (1) Alle Deutschen haben das Recht, Beruf, Arbeitsplatz und Ausbildungsstätte frei zu wählen. Die Berufsausübung kann durch Gesetz oder auf Grund eines Gesetzes geregelt werden.

Norbert Pütter

Zeugnisverweigerungsrecht und Soziale Arbeit

Anfang Oktober 2023 teilte die Staatsanwaltschaft Karlsruhe mit, dass sie keine Beugehaft gegen eine Sozialarbeiterin und zwei Sozialarbeiter beantragen werde, die im Fanprojekt des Fußball-Zweitligisten Karlsruher SC beschäftigt sind. Sie waren als Zeug_innen in einem Ermittlungsverfahren geladen, das eingeleitet worden war, nachdem bei einem Heimspiel am 12. November 2022 infolge einer Stadionchoreographie mit Pyrotechnik elf Personen verletzt worden waren. Durch eine Hausdurchsuchung bei einem der verdächtigten Ultras wurde die Polizei auf eine Aussprache aufmerksam, die das Fanprojekt zwischen den Fans und den Betroffenen des Pyroeinsatzes organisiert hatte. In der Vernehmung der Sozialarbeiter_innen wollte die Staatsanwaltschaft Informationen über »Tatvorbereitungshandlungen im Vorfeld der Fußballbegegnung« erlangen. Nach der Strafprozessordnung sind die in einem Ermittlungsverfahren geladenen Zeugen im Regelfall zur Aussage verpflichtet. Verweigern sie die Aussage, können sie durch ein Zwangsgeld oder Beugehaft zur Aussage gezwungen werden. In Karlsruhe lehnten die drei als Zeug_innen Geladenen Aussagen zur Sache ab; auch ein Zwangsgeld und die Haftandrohung änderten daran nichts. Statt eine ursprünglich im Raum stehende maximal sechsmonatige Beugehaft bei Gericht zu beantragen, kündigte die Staatsanwaltschaft nun die Prüfung an, ob gegen die drei ein Verfahren wegen des Verdachts der Strafvereitelung eröffnet werden könne.

Ihre Aussageverweigerung begründeten die Sozialarbeiter_innen mit dem Hinweis auf das Vertrauensverhältnis zwischen ihnen und den Fans, das durch ihre Aussage zerstört werden würde. Mit ihrer Weigerung folgten die drei den Standards professioneller Sozialarbeit: Nur wenn die Adressat_innen der Sozialen Arbeit sich darauf verlassen können, dass ihre »Daten« vertraulich behandelt werden, kann eine Beziehung entstehen, in der sozialarbeiterische Interventionen wirksam werden können. Wird Vertraulichkeit verletzt oder müssen die Adressat_innen der Sozialarbeit befürchten, dass sie betreffende Informationen ohne ihr Zutun an andere Einrichtungen, gar an kontrollierend-strafende Instanzen wie Polizei und Staatsanwaltschaft, weitergegeben werden, dann wird eine Sozialarbeit, die die Betroffenen als Subjekte ernst nimmt, unmöglich gemacht.

Die Fanprojekte leisten Jugendarbeit bzw. Jugendsozialarbeit nach den Bestimmungen des Kinder- und Jugendhilferechts (Sozialgesetzbuch [SGB] VIII). Grundlage ihrer Tätigkeit ist das »Nationale Konzept Sport und Sicherheit«, das die Fanprojekte als »szenenahen und sozialpädagogischen Zugang« würdigt und in ihnen einen Ansatz sieht, »jungen Menschen bei der Bewältigung ihrer Schwierigkeiten zu helfen und sie vor abweichendem Verhalten zu bewahren«. Die Karlsruher Aussprache über die Ereignisse am 12. November 2022 ist deutlich als Umsetzung dieses Auftrags erkennbar.

Entwertetes Vertrauen

Über die Bedeutung von »Vertrauen« für die Sozialarbeit besteht in Deutschland Konsens. Schon 1971 stellte das Bundesverfassungsgericht fest, dass die »Wahrung des Geheimhaltungsinteresses des Klienten [...] Vorbedingung des Vertrauens [...] und damit zugleich Grundlage für die funktionsgerechte Tätigkeit« sozial unterstützender Berufe ist. Mit den Bestimmungen über die Schweigepflicht wird dieses Interesse im Strafgesetzbuch (StGB) abgesichert. Paragraph 203 StGB stellt die unbefugte Weitergabe von Privatgeheimnissen unter Strafe, unter anderem für die Beschäftigten in öffentlichen sozialen Beratungsstellen und für staatlich anerkannte Sozialarbeiter_innen. Der Schutz personenbezogener Daten wird in den Sozialgesetzbüchern konkretisiert. Paragraph 35 SGB I bestimmt: »Jeder hat Anspruch darauf, dass die ihn betreffenden Sozialdaten [...] von den Leistungsträgern nicht unbefugt verarbeitet werden (Sozialgeheimnis).« Durch diese Bestimmung sollen die Betroffenen vor Eingriffen in ihr Grundrecht auf informationelle Selbstbestimmung geschützt werden, indem die Datenverarbeitung nur so weit erlaubt wird, wie sie zur Erreichung des gesetzlich formulierten Zwecks (»befugt«) erforderlich ist.

Die Zweckbindung der Sozialdaten, das heißt, der auf bestimmte sozialstaatlich definierte Aufgaben begrenzte Umgang mit personenbezogenen Daten gerät regelmäßig in Konflikt mit den Interessen von Polizei und Justiz an diesen Daten. In den §§ 68–73 SGB X wird dieser Konflikt dahingehend gelöst, dass der Sozialdatenschutz gegenüber Polizei und Staatsanwaltschaften außer Kraft gesetzt wird: Werden »Sozialdaten« zur Wahrnehmung ihrer Aufgaben benötigt, dann müssen sie mitgeteilt werden. Von dieser Mitteilungspflicht gibt es nur eine Ausnahme: die Gewährung eines Zeugnisverweigerungsrechts.

Das Zeugnisverweigerungsrecht ist in § 53 der Strafprozessordnung geregelt. Dort sind die Personen- bzw. Berufsgruppen aufgeführt, die berechtigt sind, in strafrechtlichen Ermittlungen die Aussage zu verweigern. Zu den gelisteten »Berufsgeheimnisträgern« gehören unter anderem Geistliche, Verteidiger_innen, Vertreter_innen einiger Rechts- und Gesundheitsberufe und Journalist_innen. Da Sozialarbeiter_innen nicht aufgeführt sind, dürfen sie das Zeugnis nicht verweigern, sind also zur Aussage verpflichtet. Im Karlsruher Fall sollte dieser Verpflichtung zunächst durch Zwangsgeld und Beugehaft Nachdruck verliehen werden.

Zweierlei Maß

Allerdings: Die Tatsache, dass Personen in Sozialberufen häufig mit sensiblen Informationen befasst sind und dass nur eine gesetzlich abgesicherte Verschwiegenheitsgarantie dazu beitragen kann, dass die Adressat_innen die unterstützenden Angebote anzunehmen bereit sind, hat den Gesetzgeber in der Vergangenheit bewogen, die Liste der »Berufsgeheimnisträger« um zwei Tätigkeiten zu erweitern: Die Mitarbeiter_innen in Schwangerschaftskonflikt- und in Drogenberatungsstellen dürfen sich in Ermittlungs-/Strafverfahren auf ihre Schweigepflicht berufen. Warum in diesen Arbeitsfeldern die Aussageverweigerung erlaubt, bei anderen sozialarbeiterischen Tätigkeiten aber mit Strafe bedroht ist, erklärt sich nicht aus der Sache. Denn im Regelfall ist Sozialarbeit auf die Kenntnis persönlicher und vertraulicher Informationen angewiesen; und in allen Fällen kann sie nur auf eine dauerhafte und erfolgversprechende Zusammenarbeit hoffen, wenn Vertraulichkeit zugesichert wird. Häufig sind diejenigen, die aus sozialarbeiterischer Sicht »Probleme haben«, diejenigen, die in der Wahrnehmung von Polizei und Staatsanwaltschaft »Probleme machen«. Auf welcher Seite der Gesetzgeber steht, ist deshalb eine Frage politischer Prioritätensetzung. Während die genannten Beratungen Vorrang vor der Strafverfolgung genießen, stehen alle anderen sozialarbeiterischen Tätigkeiten in deren Schatten.

Der Karlsruher Fall steht exemplarisch für eine gefährliche Entwicklung. In ihrem letzten Bericht verweist die »Koordinierungsstelle Fanarbeit« auf die zunehmende Zahl staatsanwaltschaftlicher und polizeilicher Zeugenvorladungen von Projektmitarbeiter_innen; »Karlsruhe« steht in dieser Tradition. Zugleich deutet sich im Vorgehen gegenüber den Fanprojekten ein Angriff auf den Sozialdatenschutz und damit auf die Sozialarbeit insgesamt an. Durch die Karlsruher Vorgänge sind aber auch die politischen Forderungen nach einem Zeugnisverweigerungsrecht für Sozialarbeiter_innen lauter geworden. Denn das Vorgehen der Staatsanwaltschaft wird zu Recht als Angriff auf die Freiheit der Berufsausübung (Artikel 12 GG) wahrgenommen. Wenn das »Modell Karlsruhe« Schule macht, warum sollten bei Ermittlungen gegen Jugendliche nicht die Sozialarbeiter_innen aus dem Jugendclub vorgeladen werden, warum sollten bei häuslicher Gewalt nicht die Familienhelfer_innen ihre Einblicke in die Familien preisgeben müssen? Dass der mit der Datenweitergabe verbundene Vertrauensverlust eine professionelle Sozialarbeit auf Dauer unmöglich macht, ist offenkundig.

Quasi reflexhaft taucht gegenwärtig der Ruf nach mehr Sozialarbeit als Antwort auf viele unterschiedliche soziale Probleme auf. Zugleich – das zeigen die Karlsruher Vorgänge – wird die Sozialarbeit in ihren Möglichkeiten durch den strafrechtlichen Zugriff beschnitten. Sollte die Politik es ernst meinen mit sozialen Antworten auf soziale Probleme, dann wäre es an der Zeit, das Zeugnisverweigerungsrecht auf alle sozialarbeiterischen Tätigkeiten auszudehnen.*

Literatur

Fischer, Markus/Sauer, Jürgen/Wabnitz, Reinhard J.: Grundkurs Berufsrecht für die Soziale Arbeit, München 2019.

Schruth, Peter/Simon, Titus: Strafprozessualer Reformbedarf des Zeugnisverweigerungsrechts in der Sozialen Arbeit. Am Beispiel der sozialpädagogischen Fanprojekte im Fußball, Frankfurt a. M. 2018.

www.zeugnis-verweigern.de

* Hinweis der Redaktion: Kurz vor Redaktionsschluss erreichte uns dazu ein klares Nein der Bundesregierung (siehe BT-Drs. 20/9918 v. 22.12.23).

Artikel 13 (1) **Die Wohnung ist unverletzlich.**
(2) **Durchsuchungen dürfen nur durch den Richter, bei Gefahr im Verzuge auch durch die in den Gesetzen vorgesehenen anderen Organe angeordnet und nur in der dort vorgeschriebenen Form durchgeführt werden.**

Karl Mauer

Die Räume der Anderen

Das behördliche Betreten von Zimmern geflüchteter Menschen

Seit Jahren werden Zimmer geflüchteter Menschen ohne richterlichen Beschluss und häufig zur Nachtzeit von Behörden aufgesucht, um Betroffene abzuschieben. Obwohl dieser Praxis das Grundrecht auf Wohnung (Artikel 13 GG) entgegensteht, wird sie von den Gerichten geduldet (hierzu bereits Lincoln, Grundrechte-Report 2020). Zuletzt segnete sie das Bundesverwaltungsgericht (BVerwG) im Juni 2023 ab und wies die Revision eines kamerunischen Schutzsuchenden zurück, dessen Zimmer im Juni 2018 zur Nachtzeit von der Polizei zum Zweck seiner Abschiebung nach Italien betreten wurde (Urteil v. 15.6.2023, Az. 1 C 10.20).

Das »letzte Refugium« Geflüchteter

Im Kern geht es in solchen Konstellationen um die Frage, unter welchen Voraussetzungen das behördliche Betreten von Zimmern Geflüchteter zulässig ist.

Nach Artikel 13 Absatz 2 GG verlangt eine Durchsuchung im Rechtssinne zwingend eine vorherige gerichtliche Anordnung (»Richtervorbehalt«). Grund hierfür ist, dass das Grundgesetz in Artikel 13 Absatz 1 GG die Wohnung als »räumlich-gegenständlichen Bereich der Privatsphäre« (BVerfGE 32, 54, 75) schützt. In der Rechtsprechung des Bundesverfassungsgerichts (BVerfG) ist dabei vom »letzten Refugium« die Rede, in dem sich jeder Mensch zur Wahrung seiner Menschenwürde frei und nach selbst definierten Vorgaben entfalten können muss. In der (Abschiebungs-)Praxis bedeutet der »Richtervorbehalt« zwar einen zusätzlichen, aber keinesfalls allzu großen Verfahrensschritt. Er dient rechtsstaatlichen Zwecken und der externen Kontrolle der behördlichen Praxis. Andere wohnungsbezogene Maßnahmen, die keine Durchsuchung darstellen, bedürfen nach Artikel 13 Absatz 7 GG keiner vorherigen Anordnung durch ein Gericht, sondern sind etwa zur »Verhütung dringender Gefahren für die öffentliche Sicherheit oder Ordnung« zulässig.

Vor der Entscheidung des BVerwG gab es in Rechtsprechung und Literatur unterschiedliche Ansätze, um den Grundrechtsschutz zu verkürzen: So wurde etwa argumentiert, dass Unterkünfte von Geflüchteten keine »Wohnungen« gemäß Artikel 13 Absatz 1 GG seien. Um diese auf dem bürgerlichen Bild der »eigenen vier Wände« beruhende faktische Privilegierung von Wohnungsinhaber:innen und eine Verballhornung des grundrechtlichen Schutzes zu vermeiden, ist es notwendig, den verfassungsrechtlichen Wohnungsbegriff nicht zu restriktiv auszulegen.

Das BVerwG hat nun klargestellt, dass Zimmer Geflüchteter als Wohnungen grundsätzlich von Artikel 13 Absatz 1 GG geschützt sind. Allerdings schränkt das BVerwG den verfassungsrechtlichen Schutz wiederum ein: Das Betreten eines Zimmers, um eine Person aufzufinden, sei nicht automatisch eine »Durchsuchung«. Dafür müsse vielmehr die Absicht hinzukommen, »etwas nicht klar zutage Liegendes, vielleicht Verborgenes aufzudecken oder ein Geheimnis zu lüften, mithin das Ausforschen eines für die freie Entfaltung der Persönlichkeit wesentlichen Lebensbereiches [...]«. Aus diesem Grund mache »die beim Betreten einer Wohnung unvermeidliche Kenntnisnahme von Personen, Sachen und Zuständen den Eingriff in die Wohnungsfreiheit noch nicht zu einer Durchsuchung«.

Positiv ist, dass das BVerwG Zimmern in Sammelunterkünften die Wohnungsqualität zuspricht. Allerdings führt die Entscheidung dazu, dass die konkrete Wohnsituation und das Wissen darüber maßgeblich für die Unterscheidung zwischen Betreten und Durchsuchen sind. Daraus resultieren dann unterschiedliche Anforderungen an den Eingriff. Wissen etwa die Beamt:innen vor dem Betreten, wo die gesuchte Person sich aufhält, ist eine weitere Ausforschung des Zimmers nicht notwendig, und eine Durchsuchung soll nicht gegeben sein. Das Gleiche soll für »auf den ersten Blick« übersichtliche Räume gelten, in denen die gesuchte Person direkt sichtbar ist.

Die Differenzierung zwischen Durchsuchung und Betreten anhand der Wohnsituation überzeugt nicht. Grundsätzlich ist eine Durchsuchung umso eher verhältnismäßig, je gesicherter das behördliche Vorwissen darüber ist, dass sich die gesuchte Person in dem Raum aufhält. Die Qualität der Maßnahme selbst – Durchsuchung: ja/nein? – ändert das nicht. Jedes Betreten der Wohnung, das mit dem Zweck erfolgt, etwas oder jemanden aufzufinden, ist entgegen der Auffassung des BVerwG als Durchsuchung im Sinne von Artikel 13 Absatz 2 GG anzusehen.

Das bedingte Wohnungsgrundrecht Geflüchteter

Nachdem das BVerwG das Betreten des Zimmers zur Ergreifung einer Person für die Abschiebung somit wenig überzeugend als sonstigen »Eingriff« in das Grundrecht auf Wohnungsfreiheit qualifiziert, hält es diesen zur Verhütung einer dringenden Gefahr für die öffentliche Sicherheit und Ordnung auch für vereinbar mit Artikel 13 Absatz 7 GG. Eine dringende Gefahr besteht nach den Richter:innen deswegen, weil ohne das behördliche Betreten des Zimmers der Kläger nicht hätte nach Italien abgeschoben werden können und die Behörde damit sowohl ihren aus dem nationalen als auch aus dem europäischen Recht resultierenden Pflichten nicht nachgekommen wäre. Dass die bloße Nichterfüllung bestehender Rechtspflichten den strengen Maßstab der dringenden Gefahr erfüllen soll, ist schwer verständlich. Unabhängig davon steht aber eine vorherige richterliche Durchsuchungsanordnung der Erfüllung dieser Pflichten schlicht nicht entgegen.

Demgegenüber, so das BVerwG, wiege das Wohnungsgrundrecht des Betroffenen geringer, stehe dieses doch »von Beginn an unter dem Vorbehalt der Beendigung des Aufenthalts des Klägers in der Aufnahmeeinrichtung und in dem Zimmer«. Zugespitzt formuliert, hält das Gericht mit Verweis auf den vorübergehenden Aufenthalt der Betroffenen einen vollwertigen Grundrechtsschutz für entbehrlich. Allerdings kennt das Wohnungsgrundrecht aus guten Gründen keine Zeitleiste: Denn der Schutz der räumlichen Privatsphäre Wohnung gilt ebenso lange, wie die betroffene Person sie subjektiv zu diesem Zweck nutzt.

Die Ampel legt nach

Die Ampelkoalition verfolgt auf Kosten des grundrechtlichen Schutzes geflüchteter Menschen ihr Ziel der »Abschiebungen im großen Stil« (Olaf Scholz) mit dem sogenannten Rückführungsverbesserungsgesetz. Mit diesem wird das Betreten zur Nachtzeit erleichtert (§ 58 Absatz 7 Satz 2 Aufenthaltsgesetz [AufenthG]), obwohl dies vielfach mit Blick auf die Gefahren einer Retraumatisierung der Betroffenen kritisiert wurde (vgl. etwa BT-Drs. 20/7660, S. 15).

Überdies soll den Behörden die Befugnis eingeräumt werden, auch Räume von Unbeteiligten zu betreten (vgl. § 58 Absatz 5 Satz 2 AufenthG), wobei auch hier die vom BVerwG genannten Kriterien zur Unterscheidung zwischen »Betreten« und »Durchsuchung« gelten sollen. Neben den genannten Argumenten der unverhältnismäßigen Grundrechtsbeschränkung setzt sich die Gesetzesverschärfung auch dem Vorwurf des reinen Aktionismus aus. Die Ampel begründet die Verschärfung mit »erhebliche[n] Schwierigkeiten« in Fällen, in denen Betroffene sich absichtlich in anderen Zimmern aufhalten, um der eigenen Abschiebung zu entgehen (BT-Drs. 20/9463, S. 42). Diese Begründung wird empirisch nicht gestützt. Zudem ist schwer vorstellbar, wie ein bloßes Betreten der Räume unbeteiligter Dritter für das Auffinden der gesuchten Person hilfreich sein soll. So kann davon ausgegangen werden, dass sich die:der Gesuchte im Zimmer einer dritten Person nicht nur aufhält, sondern versteckt. Das erfordert aber ein ziel- und zweckgerichtetes Suchen durch die Behörden, also ein Durchsuchen. Hierzu ermächtigt die Neufassung des Aufenthaltsgesetzes jedoch nicht.

Es ist erfreulich, dass das BVerwG die Zimmer Geflüchteter als grundrechtlich geschützte Wohnungen ansieht. Gleichwohl werden im Ergebnis nicht gerichtlich angeordnete Eingriffe zugelassen. Angesichts dessen und hinsichtlich der geplanten gesetzlichen Ausweitung behördlicher Betretungsrechte, ist es eine gute Nachricht, dass der Betroffene im Oktober 2023 gegen die Entscheidung eine Verfassungsbeschwerde vor dem BVerfG erhoben hat.

Literatur

Mauer, Karl/Wischmeyer, Thomas: Von der Verfassungswidrigkeit der aufenthaltsrechtlichen Durchsuchung nach § 58 V AufenthG, in: Neue Zeitschrift für Verwaltungsrecht 2022, S. 225 ff.

Devlin, Julia/Evers, Tanja/Goebel, Simon (Hrsg.): Praktiken der (Im-)Mobilisierung. Lager, Sammelunterkünfte und Ankerzentren im Kontext von Asylregimen, Bielefeld 2021.

Artikel 14 (1) **Das Eigentum und das Erbrecht werden gewährleistet. Inhalt und Schranken werden durch die Gesetze bestimmt.**
(2) **Eigentum verpflichtet. Sein Gebrauch soll zugleich dem Wohle der Allgemeinheit dienen.**

Noma Hajar/Benjamin Raabe

Die Eigenbedarfskündigung als effektives Mittel zur Verdrängung

Eine Familie mit vier Kindern bewohnt ein Einfamilienhaus zur Miete, die Frau ist mit dem fünften Kind hochschwanger. Kurz vor Entbindung kündigen die Eigentümer*innen wegen Eigenbedarfs: Das junge kinderlose Paar wolle eine Familie gründen und sich deshalb räumlich vergrößern. Die von ihnen erhobene Räumungsklage hat Erfolg. Die bisherigen Mieter*innen finden in der von dem Amtsgericht eingeräumten Frist von drei Monaten keine neue Bleibe, die Familie wird getrennt und zerbricht hieran fast: Der Vater zieht mit einem Teil der Kinder in eine kleine Wohnung, die Mutter mit dem Neugeborenen und den restlichen Kindern zu Verwandten. Dieser Fall aus der aktuellen Praxis der mietrechtlichen Beratung mag extrem sein, eine Ausnahme ist er nicht. Die Eigenbedarfskündigung hängt in angespannten Wohnungsmärkten wie ein Damoklesschwert über Mieter*innen.

Die Interessen von Eigentümer*innen gehen vor

Menschen, die eine Wohnung gemietet haben, kann nur in Ausnahmefällen gekündigt werden. Hierfür brauchen Vermietende ein »berechtigtes Interesse«. Ihr Eigenbedarf ist der Hauptfall. Voraussetzung ist nach § 573 Absatz 2 Satz 1 Nr. 2

des Bürgerlichen Gesetzbuchs (BGB), dass sie die Räume als Wohnung für sich, ihre Familienangehörigen oder Angehörige ihres Haushalts benötigen. Die Interessen der Mietenden spielen zunächst keine Rolle. Zu einer Abwägung zwischen dem Interesse von Eigentümer*innen, die Wohnung selbst zu nutzen, und dem Verbleibensinteresse der Mietenden kommt es nur dann, wenn Letztere der Kündigung widersprechen und einen Härtegrund im Sinne des § 574 BGB darlegen können. Die erheblichen Schwierigkeiten einer fünfköpfigen Familie, sich auf dem Wohnungsmarkt zu versorgen, haben dem Gericht im geschilderten Fall nicht ausgereicht. Grund dafür ist, dass Mieter*innen mit ihrem Widerspruch nur durchdringen, wenn die von ihnen geltend gemachten Härtegründe unter Berücksichtigung der Interessen der Vermietenden eine Verlängerung des Mietverhältnisses rechtfertigen. In der Regel haben deshalb nur Mieter*innen mit schweren (psychischen) Krankheiten eine Chance, ihre Wohnung zu behalten.

Die Rechtsprechung erleichtert Eigenbedarfskündigungen

Eine Eigenbedarfskündigung ist begründet, wenn Vermieter*innen die Räume als Wohnung benötigen (§ 573 Absatz 2 Nr. 2 BGB). Dafür genügt es, wenn ihr (ernsthafter) Wunsch, sie künftig selbst zu nutzen oder nahen Angehörigen oder Angehörigen ihres Haushalts zu Wohnzwecken zur Verfügung zu stellen, auf vernünftige und nachvollziehbare Gründe gestützt wird, so der Bundesgerichtshof (BGH) in ständiger Rechtsprechung (so etwa Urteil vom 22.5.2019, Az. VIII ZR 180/18). Diese höchstrichterliche Auslegung des Gesetzes drängt sich nicht auf. Der im Tatbestandsmerkmal des »Benötigens« enthaltene Wortstamm der Not beschreibt eine Lage, die Vermietenden keine andere Wahl lässt, als die Wohnung für sich oder eine der in der Vorschrift genannten Personen zu beanspruchen. Die Alternativlosigkeit der Lage ist impliziert. Verwandte Begriffe wie die der »Bedürftigkeit« im Unterhaltsrecht setzen jeweils voraus, keine Möglichkeit zu haben, sich mit einer notwendigen Sache anders zu versorgen. Im Gegensatz hierzu soll es im Mietrecht nur darauf ankommen, ob der Nutzungswunsch der Vermieter*innen plausibel dargelegt werden kann. Hingegen soll es etwa nicht genügen, dass die Bedarfsperson unzureichend oder zu teuer wohnt. Vielmehr haben die Gerichte grundsätzlich zu respektieren, welchen Wohnbedarf Vermieter*innen für sich oder ihre Angehörigen für angemessen ansehen (BGH, Urteil vom 4.3.2015, Az. VIII RZ 166/14). Aus einer Not im Sinne des Tatbestandsmerkmals »Benötigen« wird der bloße Wunsch, die Wohnung zu nutzen, den die Gerichte hinzunehmen haben.

Die seit den 1980er Jahren zu beobachtende Entwicklung, die Gründe für eine Kündigung wegen Eigenbedarfs immer mehr auszuweiten, zeigt sich auch an anderer Stelle: So wurde der Personenkreis, für den der Eigenbedarf geltend gemacht werden kann, stetig erweitert. Er ist schon lange nicht mehr auf die klassische Kernfamilie beschränkt. Gekündigt werden kann für Stiefkinder, Neffen und Nichten, Cousins und Cousinen bis hin zu Großnichten. Selbst für eine*n Au-pair kann gekündigt werden. Auch was die beabsichtigten Nutzungszwecke anbelangt, lässt der BGH immer mehr zu. Obwohl es im Gesetz heißt, dass die Räume als Wohnung benötigt werden müssen, reicht auch eine Nutzung als Zweitwohnung (Urteil vom 11.3.2009, Az. VIII 178/17), für gelegentliche Besuche in einer fremden Stadt, zum Beispiel zur Betreuung des Standes auf einer Frühjahrsmesse, oder auch nur für einen vorübergehenden Zeitraum von einem Jahr. Selbst ein nach Ablauf der Kündigungsfrist wegfallender Eigenbedarf steht der Wirksamkeit einer Kündigung nicht entgegen. Wird eine andere im Eigentum der Vermieter*innen stehende Wohnung während des Laufes der Kündigungsfrist frei, muss diese den gekündigten Mieter*innen zwar als Alternativwohnung angeboten werden. Unterbleibt dies, werden Mieter*innen aber allein auf Schadensersatzansprüche verwiesen (BGH, Urteil vom 14.12.2016, Az. VIII ZR 232/15).

Dieses Zurückdrängen des Mieter*innenschutzes erstaunt. So hat doch das Bundesverfassungsgericht im Jahre 1993 das Besitzrecht der Mieter*innen an ihrer Wohnung als Eigentum im Sinne des Artikels 14 Absatz 1 Satz 1 GG anerkannt (Beschluss vom 26.5.1993, Az. 1 BvR 208/93). Die Rechtsprechung zum Mietrecht ist dadurch allerdings nicht mieter*innenfreundlicher geworden. Denn aus der Aufwertung des Mietbesitzes folgt regelmäßig nur eine Güterabwägung mit der ebenfalls grundrechtlich geschützten Eigentumsfreiheit der Vermieter*innen. Letztere überwiegt vor Gericht regelmäßig. Dass Eigentum verpflichtet und sein Gebrauch zugleich dem Wohle der Allgemeinheit dienen soll, wie Artikel 14 Absatz 2 GG bestimmt, lässt sich aus den Entscheidungen des BGH nicht ablesen.

Der Gesetzgeber muss den Mieter*innenschutz endlich stärken

Der Spielraum für Mietende, sich gegen eine Eigenbedarfskündigung zu wehren, ist klein. Er beschränkt sich darauf, den von den Vermietenden angegebenen Nutzungswunsch in Zweifel zu ziehen und dies im Rahmen einer Beweisaufnahme klären zu lassen. Der Ausgang eines Eigenbedarfsprozesses lässt sich so kaum vorhersagen. Es müssen Bedarfszeug*innen angehört werden. Die Verfahren ähneln damit stark dem Strafprozess – ein Metier, in dem sich Zivilrechtler*innen nicht wohl fühlen. So ist es kein Wunder, dass die meisten Verfahren mit Vergleichen enden. Die Mietenden räumen etwas später ihre Wohnungen und erhalten dafür mal mehr, mal weniger Geld. Angesichts der aktuellen Wohnungsnot haben sie nicht viel davon – zumindest keine neue Wohnung. Aber in den meisten Fällen kommt es nicht einmal zu einem Prozess. Im Vorfeld reicht oft schon die Drohung mit einer Eigenbedarfskündigung aus, um Mietende davon abzuhalten, ihre Rechte geltend zu machen, sei es die Einhaltung der Mietpreisbremse, eine Mietminderung oder den Einwand gegen eine Mieterhöhung.

Steigende Zahlen legen den Schluss nahe, dass der Eigenbedarf in vielen Fällen nur vorgeschoben ist und dazu dient, Mieter*innen loszuwerden. Die Eigenbedarfskündigung entwickelt sich damit immer stärker zum Verdrängungsinstrument, leider auch Dank der Rechtsprechung des BGH. Mit Mieter*innenschutz hat dies oft nur noch wenig zu tun. Vor diesem Hintergrund ist die Gesetzgebung dringend gefordert. Der Personenkreis, für den Vermietende Wohnbedarf geltend machen können, muss massiv eingeschränkt werden. Eine Eigenbedarfskündigung darf nur dann erfolgreich sein, wenn die Interessen der Vermietenden an der Erlangung des Wohnraums gegenüber den Interessen der Mieter*innen am Verbleib überwiegen, und zwar ohne dass sich die Mietenden auf einen Härtefall berufen müssen. Schließlich darf sich die Eigenbedarfskündigung nicht lohnen: Entfallen nach Ausspruch der Kündigung die Gründe für den Eigenbedarf, sollte es den Vermietenden verboten sein, hieraus durch eine teurere Vermietung oder einen Leerverkauf finanzielle Vorteile zu ziehen.

Literatur

Hinz, Werner: Reformbedarf beim Eigenbedarf?, in: Neue Zeitschrift für Miet- und Wohnungsrecht 26 (2023), S. 185 ff.

Börstinghaus, Ulf: § 573 BGB, in: ders. (Hrsg.), Schmidt-Futterer, Mietrecht. Kommentar, 16. Aufl., München 2024.

Kappus, Andreas: Rechtsvergleichung zu Eigenbedarf und Mietereigentum: Die Verteilung von »Tropfen socialpolitischen Öls«, in: Neue Zeitschrift für Miet- und Wohnungsrecht 22 (2022), S. 433 ff.

Artikel 16a (1) **Politisch Verfolgte genießen Asylrecht.**

Wiebke Judith

Finstere Aussichten für den Flüchtlingsschutz in Europa

Wie die GEAS-Reform das Recht auf Asyl aushöhlt

»Das ist ein historischer Erfolg für die Menschenrechte« – so kommentierte die deutsche Bundesinnenministerin Nancy Faeser im Juni 2023 die Einigung der EU-Innenminister*innen im Rat der EU auf eine gemeinsame Position zur Reform des Gemeinsamen Europäischen Asylsystems (GEAS). »Historisch« – auf diese Bewertung werden sich wohl die meisten einigen können. Schließlich war spätestens seit dem Sommer der Migration 2015 (in den Medien häufig als »Flüchtlingskrise« bezeichnet) die Asylpolitik einer der größten Streitpunkte zwischen den EU-Mitgliedstaaten. Doch es ist zynisch, die getroffene Einigung als Erfolg für die Menschenrechte zu feiern. Schließlich einigten sich die Mitgliedstaaten untereinander – und im Dezember 2023 dann noch mit dem Europaparlament als Co-Gesetzgeber – auf Kosten der Menschenrechte von Personen, die in Europa Schutz suchen. Auch Deutschland befürwortete, dass eine Vielzahl von Asylsuchenden ihr Asylverfahren abgeschottet an den EU-Außengrenzen hinter Zäunen durchlaufen soll, nur um dann in vielen Fällen in außereuropäische Drittstaaten abgeschoben zu werden. Das Recht auf Asyl wird europaweit offen in Frage gestellt.

Brutales Grenzsystem wird verstetigt und gestärkt

An den europäischen Außengrenzen entscheidet sich, ob fliehende Menschen eine Chance auf Schutz haben. Schon jetzt ist die Flucht nach Europa ein lebensgefährliches Unterfangen, das durch völkerrechtswidrige und oft mit brutaler Gewalt einhergehende Zurückweisungen (sogenannte Pushbacks) durch europäische Grenzbeamt*innen noch gefährlicher wird. Diesem täglichen Menschenrechtsskandal setzt das Reformbestreben der EU aber nichts entgegen. Stattdessen wird darauf gesetzt, dass möglichst viele Asylverfahren bereits an den Außengrenzen abgelehnt werden. Nach der aktuell gültigen Asylverfahrensrichtlinie können die Mitgliedstaaten selbst entscheiden, ob sie Asylgrenzverfahren durchführen, allerdings darf das Verfahren maximal vier Wochen dauern. Mit der neuen Asylverfahrensverordnung soll es zum ersten Mal verpflichtende Grenzverfahren für bestimmte Gruppen von Asylsuchenden geben. Diese sollen im Regelfall zwölf Wochen dauern – im Fall einer »Krise« (wenn eine so große Zahl an Menschen Schutz sucht, dass das Asyl- und Aufnahmesystem nicht mehr funktioniert) oder »Instrumentalisierung« (wenn schutzsuchende Menschen von dritten Akteuren angeblich »instrumentalisiert« werden, um den Mitgliedstaat oder die EU zu destabilisieren) im Rahmen einer neuen Krisenverordnung sogar 18 Wochen –, und die Menschen gelten in dieser Zeit als nicht in die EU eingereist. Wie im Transitbereich eines Flughafens dürfen sie die Orte nicht verlassen, an denen die Asylgrenzverfahren durchgeführt werden sollen. Dies kommt einer massenhaften Haft von Schutzsuchenden gleich. Dabei widerspricht es internationalem Recht wie der Genfer Flüchtlingskonvention, Menschen nur zu inhaftieren, weil sie einen Asylantrag stellen.

Zwingend vorgesehen sind die Grenzverfahren für Asylsuchende aus Herkunftsstaaten, bei denen die europaweite Anerkennungsquote im Asylverfahren 20 Prozent nicht übersteigt. Auch Personen, denen vorgeworfen wird, Dokumente zerstört zu haben, oder die als Gefahr für die öffentliche Sicherheit eingestuft werden, sollen künftig in die Grenzverfahren einbezogen werden. Selbst Kinder und ihre Familien müssen in diesen Fällen in die Haftlager. Auch diese Regeln werden bei Anwendung der neuen Krisenverordnung verschärft, so müssen bei Annahme einer »Instrumentalisierung« tatsächlich alle Schutzsuchenden in die Grenzverfahren. Daneben dürfen die Mitgliedstaaten die Grenzverfahren auch auf weitere Gruppen ausweiten, zum Beispiel auf Schutzsuchende, die über sogenannte sichere Drittstaaten eingereist sind.

Angeblich sichere Drittstaaten bieten Flüchtlingen keinen Schutz

Um zu verstehen, was dies in der Praxis bedeutet, muss man einen Blick nach Griechenland werfen, das schon lange das Labor der europäischen Flüchtlingspolitik ist. Seit dem EU-Türkei-Deal von 2016 werden die meisten Asylverfahren in Griechenland auf den ägäischen Inseln durchgeführt (siehe Markard, Grundrechte-Report 2017). Für syrische und afghanische Flüchtlinge gilt die Türkei als sicherer Drittstaat. Konkret bedeutet das, dass ihr Asylantrag als unzulässig abgelehnt wird, wenn sie über die Türkei eingereist sind. Dies wird damit gerechtfertigt, dass sie in der Türkei hätten Schutz beantragen können –, obwohl ein solcher Schutz in der Türkei in der Praxis eine Illusion ist.

Das Konzept der sicheren Drittstaaten ermöglicht es also, eigentlich schutzberechtigten Menschen das Asyl zu verweigern – und das zukünftig in den neuen Asylgrenzverfahren, abgeschottet von der Außenwelt und ohne notwendige Unterstützung oder adäquaten Rechtsschutz. Falsche Entscheidungen im Asylverfahren sind so vorprogrammiert, denn solche Sonderverfahren sind auf Ablehnung des Asylgesuchs ausgerichtet, und ohne Rechtsberatung und Anwält*innen vor Ort können die Menschen sich kaum wehren. In Griechenland kamen auf einer Insel zum Teil auf eine Anwältin rund 1000 asylsuchende Menschen – so wird es durch Grenzverfahren bewusst unmöglich gemacht, dass Menschen sich ihr Recht auf Schutz gerichtlich erkämpfen können.

Flüchtlingsschutz könnte ausgehebelt werden

In Deutschland wurde durch den sogenannten Asylkompromiss von 1993 das Grundrecht auf Asyl im Artikel 16a GG mit einer Drittstaatenregelung ausgehebelt. Seitdem kann man in Deutschland nur dann Asyl nach dem Grundgesetz bekommen, wenn man nicht über einen sicheren Drittstaat eingereist ist –, und alle EU-Länder gelten als »sicher«. Entsprechend findet Artikel 16a GG praktisch nur noch in den wenigen Fällen Anwendung, in denen eine fliehende Person per Flugzeug einreisen konnte. Entsprechend wurde auch nur weniger als ein Prozent der Schutz suchenden Personen in Deutschland im Jahr 2023 Asyl nach Artikel 16a GG gewährt. Über das europäische Recht gewannen jedoch in den darauffolgenden Jahren die Genfer Flüchtlingskonvention sowie der europäische subsidiäre Schutz an Bedeutung. Im Jahr 2023 wurde 42 525 Personen Flüchtlingsschutz nach der Genfer Flüchtlingskonvention und 71 290 Personen der sogenannte subsidiäre Schutz (zum Beispiel aufgrund von drohender Todesstrafe oder Bürgerkrieg im Heimatland) zuerkannt.

Doch wenn sich die EU nun durch die GEAS-Reform mit angeblich sicheren Drittstaaten umgibt, dann könnte es einen ähnlichen Effekt wie in Deutschland nach 1993 geben. Dies würde einen massiven Rückzug aus dem internationalen Flüchtlingsschutz bedeuten. Dass es entsprechende Bestrebungen gibt, zeigt sich zum einen daran, dass im Rahmen der Reform die Kriterien für solche sicheren Drittstaaten stark abgesenkt werden sollen. So muss es in dem Drittland keinen Schutz nach der Genfer Flüchtlingskonvention geben, ein »wirksamer Schutz« soll genügen – damit wäre der gleiche Schutzstandard nicht gewährleistet. Als sicherer Drittstaat gilt ein Land auch dann, wenn zwar nicht seine gesamte Fläche, aber einzelne Landesteile als sicher gelten. Und wenn es ein entsprechendes Abkommen zwischen der EU und dem Drittstaat – man denke an den EU-Türkei-Deal – gibt, dann kann die »Sicherheit« einfach vermutet werden.

Zum anderen sieht man Bemühungen der EU, neue Migrationskooperationen einzugehen. Kurz nach der Einigung der

Mitgliedstaaten auf eine Verhandlungsposition zur Asylrechtsreform im Juni 2023 reiste die Kommissionspräsidentin Ursula von der Leyen mit der postfaschistischen italienischen Ministerpräsidentin Giorgia Meloni sowie dem damaligen niederländischen Ministerpräsidenten Mark Rutte zum autokratischen Machthaber Kais Saied nach Tunesien. Dass dort Migrant*innen und Flüchtlinge keineswegs sicher sind, hatten zuvor bereits rassistische Äußerungen des Präsidenten gezeigt; dazu kamen gewaltsame Übergriffe, bei denen Schwarze Menschen auf den Straßen aufgegriffen und ohne jede Versorgung in der Wüste ausgesetzt wurden.

Irrweg der Auslagerung des Flüchtlingsschutzes

Es gibt zudem immer weitergehende Vorschläge, den Flüchtlingsschutz komplett aus Europa hinauszuverlagern. Im November 2023 vereinbarten Bundeskanzler Olaf Scholz und die Ministerpräsident*innen der Bundesländer, dass die Bundesregierung nun aktiv prüft, ob Asylverfahren in außereuropäischen Drittstaaten unter Einhaltung der Standards der Genfer Flüchtlingskonvention und der Europäischen Menschenrechtskonvention durchgeführt werden können. Die CDU fordert in ihrem Grundsatzprogramm eine komplette Verlagerung des Flüchtlingsschutzes in Drittstaaten. In der Praxis gehen solche Deals regelmäßig mit gravierenden Menschenrechtsverletzungen einher – vom humanitären Desaster auf den griechischen Inseln im Zuge des EU-Türkei-Deals bis hin zu der unerträglichen Situation in den australischen Flüchtlingscamps auf Papua-Neuguinea und Nauru. Auch erweisen sich die oft autokratischen Kooperationsregierungen schnell als äußerst unkooperativ. So nimmt die Türkei seit 2020 keine Flüchtlinge aus Griechenland zurück, und Tunesien hat den Deal mit der EU nach wenigen Wochen direkt wieder in Frage gestellt.

Die Zeichen stehen schlecht für den Flüchtlingsschutz

Mit der Reform des GEAS werden der Flüchtlingsschutz in Europa massiv untergraben und die eigentlichen Grundwerte der Union – wie Menschenrechte und Rechtsstaatlichkeit – in Frage gestellt. Durch die Ausweitung des Konzepts der sicheren Drittstaaten wird zudem die Grundlage dafür geschaffen, dass sich die Mitgliedstaaten zukünftig weitgehend aus dem Flüchtlingsschutz verabschieden können. Die Krisenverordnung mit ihrem Tatbestand der »Instrumentalisierung von Migrant*innen« legitimiert massive Menschenrechtsverletzungen wie Pushbacks. Es ist ungewiss, ob in Zukunft nicht weitere Verschärfungen folgen werden. Viele Politiker*innen geben sich jetzt schon mit der neuen Reform nicht zufrieden, sie stellen das Recht auf Asyl als Ganzes in Frage. Dem müsste eine klar menschenrechtsorientierte Politik entgegengestellt werden, die schließlich das Fundament der EU ist. Doch genau eine solche lässt die Bundesregierung von SPD, Grünen und FDP spätestens seit der Zustimmung zur GEAS-Einigung deutlich vermissen.

Literatur

Bast, Jürgen/Harbou, Frederik von/Wessels, Jana: Human Rights Challenges to European Migration Policy (REMAP), Gießen 2020.

Judith, Wiebke: Der »New Pact on Migration and Asylum«. Übersicht zur geplanten Reform des Gemeinsamen Europäischen Asylsystems«, in: Asylmagazin 1–2/2021, S. 7ff.

Max Putzer

Kein Schutz bei »nicht öffentlich bemerkbar gelebter homosexueller Veranlagung«?

Zum Umgang mit queeren Geflüchteten in (gerichtlichen) Asylverfahren

Im September 2023 schreckten vom Bundestag veröffentlichte Zahlen auf: Richter am Verwaltungsgericht (VG) Gera haben danach in asylgerichtlichen Verfahren weit seltener zugunsten von aus Afrika geflohenen Schutzsuchenden entschieden als dies im Durchschnitt aller Verwaltungsgerichte der Fall war (vgl. BT-Drs. 20/8222). Nach einem Bericht des Mitteldeutschen Rundfunks *(mdr)* hatte auch die Klage eines schwulen nigerianischen Mannes keinen Erfolg, dem in seiner Heimat wegen seiner sexuellen Identität eine lange Haftstrafe droht. Hiervon zeigte sich der Einzelrichter nicht überzeugt, obwohl der Kläger von in Nigeria erlittenen Misshandlungen berichtet und Fotos vorgelegt haben soll, die ihn mit einem anderen Mann zeigen.

Für LGBTIQ*-Geflüchtete (Lesben, Schwule, Bisexuelle, Trans*, Inter* und Queers), die wegen ihrer sexuellen Orientierung oder geschlechtlichen Identität Schutz vor Verfolgung in ihren jeweiligen Herkunftsländern suchen, stellen Asyl- und asylgerichtliche Verfahren echte Herausforderungen dar. Wie die meisten Asylsuchenden sehen sie sich fremden Personen gegenüber, die in der Regel ihre Sprache nicht sprechen, einen anderen gesellschaftlichen Hintergrund und eine andere Herkunft haben. Allerdings kommt bei ihnen noch hinzu, dass diese Personen in den allermeisten Fällen ihre sexuelle Orientierung und/oder geschlechtliche Identität nicht teilen. Auch müssen sie, teils in öffentlicher Sitzung, Auskunft über Höchstpersönliches aus ihrer intimen Gefühls- und Gedankenwelt und aus ihrem Sexualleben geben. In der Praxis des Bundesamts für Migration und Flüchtlinge (BAMF) und der erstinstanzlich für asylrechtliche Klagen zuständigen Verwaltungsgerichte führen diese zusätzlichen Schwierigkeiten nicht selten zu ablehnenden Entscheidungen.

Sexuelle Orientierung und geschlechtliche Identität schwer zu beweisen

Nach § 3 Absatz 1 des Asylgesetzes ist Flüchtling im Sinne der Genfer Flüchtlingskonvention, wer sich aus begründeter Furcht vor Verfolgung unter anderem wegen der Zugehörigkeit zu einer bestimmten sozialen Gruppe – definiert durch das gemeinsame Merkmal der sexuellen Orientierung oder der geschlechtlichen Identität – außerhalb des Herkunftslandes befindet. Unabdingbare Voraussetzung für eine Schutzgewährung ist, dass Asylsuchende selbst ihre Zugehörigkeit zu dieser Gruppe und eine sich daraus ergebende Verfolgungsgefahr glaubhaft machen. Dabei genügt es nicht, dass ein Verfolgungsschicksal nach ihrem Vortrag wahrscheinlich ist. Vielmehr muss das Gericht die »volle Überzeugung« von dessen Wahrheit erlangen. Dies erweist sich schon deshalb als eine hohe Hürde, weil es sich bei sexueller Orientierung und geschlechtlicher Identität um innere Tatsachen handelt, die nur schwer zu belegen sind. Von zentraler Bedeutung ist deshalb, dass es queeren Geflüchteten gelingt, von sich aus detailreich und in sich stimmig ihre Identität bzw. Orientierung darzustellen.

Doch selbst wenn Antragstellende hinreichend glaubhaft vortragen, genügt dies nicht in jedem Fall für die Zuerkennung internationalen Schutzes. Sollten BAMF und Gerichte etwa zu dem Ergebnis kommen, wegen einer nur geringfügigen Zahl bekannter Fälle von strafrechtlicher Verfolgung drohe LGBTIQ* nicht die Gefahr einer alle Mitglieder der Gruppe betreffenden (Gruppen-)Verfolgung im Herkunftsland, kommt es maßgeblich auf die konkreten Umstände des Einzelfalls an. Schutzsuchende, die ihre Identität im Herkunftsland aus Angst vor staatlicher Repression oder Übergriffen Dritter nur versteckt oder gar nicht ausgelebt haben, fällt es dabei deutlich schwerer, eine Verfolgungsgefahr im Falle einer Rückkehr in ihr Heimatland für BAMF und Gerichte überzeugend darzulegen.

BAMF und Gerichte machen es Schutzsuchenden nicht leicht

Die besondere Situation queerer Schutzsuchender hat der Gerichtshof der Europäischen Union bereits vor Jahren anerkannt (Urteil vom 7.11.2013, Az. C-199/12 u.a.). Seitdem darf von ihnen nicht mehr verlangt werden, im Falle einer Rückkehr in ihr Heimatland ihre Identität dort geheim zu halten oder zurückhaltend auszuüben, um Verfolgung zu vermeiden. Nicht selten haben Gerichte aber auch danach noch von queeren Geflüchteten zu Unrecht erwartet, dass diese sich zu ihrer Sexualität, die »identitätsprägend« sein musste, »bekennen« (vgl. etwa Verwaltungsgerichtshof Baden-Württemberg, Urteil vom 26.10.2016, Az. A 9 S 908/13, aus dem das im Titel dieses Beitrags enthaltene Zitat stammt). Das BAMF hat seine entsprechende Dienstanweisung erst Ende 2022 geändert. Nunmehr ist der Entscheidung über die Rückkehrgefährdung zwingend die Annahme zugrunde zu legen, dass Antragstellende ihre sexuelle Orientierung bzw. geschlechtliche Identität bei Rückkehr in ihr Heimatland offen ausleben werden. Eine umfassende Prüfung bereits ergangener Entscheidungen ist damit aber nicht verbunden. Bescheide, in denen das BAMF etwa zu der Feststellung gelangte, für den sich als bisexuell bezeichnenden Kläger sei »auch eine normale heterosexuelle Beziehung zu einer Frau nicht ausgeschlossen«, weshalb eine individuelle Gefahr von Verfolgung ausscheide, haben deshalb zunächst weiter Bestand.

Oft kommt es zudem vor, dass queere Geflüchtete erst in einem weiteren (Folge-)Verfahren, also nach einer Ablehnung ihres ersten Asylantrags, dazu in der Lage sind, über ihre Identität bzw. Orientierung offen und öffentlich zu reden. In diesem Falle müssen sie darlegen, dass sie ohne grobes Verschulden außerstande waren, hierzu in dem früheren Verfahren vorzutragen, etwa wegen spät überwundener Scham, Angst vor negativen Reaktionen von Sprachmittler*innen und/oder ihrer Community oder wegen eines erst nach Ablehnung des Erstantrags abgeschlossenen Coming-outs. Dies gelingt aber höchstens dann, wenn sie ihre Gefühlswelt und Emotionen detailreich und in sich widerspruchsfrei beschreiben können. Grundsätzlich liegen die Hürden für einen glaubhaften Vortrag noch höher, wenn Schutzsuchende zunächst einen anderen Verfolgungsgrund für ihre Flucht angegeben haben.

Richter*innen müssen sich kritisch hinterfragen (lassen)

All dies berücksichtigt, gibt der Bericht des *mdr* Anlass zur Besorgnis, und zwar unabhängig davon, ob die darin dargestellte politische Nähe von Richtern des VG Gera zur Alternative für Deutschland deren Asylrechtsprechung tatsächlich beeinflusst (hat) oder nicht. Denn für die Abweisung einer Klage genügt es, deren Vortrag zu sexueller bzw. geschlechtlicher Identität als detailarm, vage oder inkonsistent zu bewerten. Eine solche Begründung fällt dort leicht, wo sich Schutzsuchende – wie so häufig – damit schwertun, sich zu für sie intimen Vorgängen und Gefühlen sprachlich auszudrücken, wegen mangelnder Bildung oder kultureller Prägung oder weil sie ihre Sexualität für sich selbst noch nicht akzeptiert, abschließend definiert oder hierfür in ihrer Sprache gar keine Worte haben. Derartige Urteile sind kaum angreifbar, weil die Gründe für eine Zulassung der Berufung im Asylrecht im Vergleich zum allgemeinen Verwaltungsprozessrecht stark beschränkt sind.

Grundsätzlich sollten sich Anhörungspersonen und Richter*innen, die mehrheitlich immer noch weiß, heterosexuell und verheiratet sind, mindestens aus der Mittelschicht stammen und keine Einwanderungsgeschichte haben, eigene Vorurteile sowie die Grenzen ihrer Erkenntnis(-möglichkeiten) bewusst machen: Die soziale und gesellschaftliche Realität queerer Geflüchteter in ihrem Herkunftsland weicht erheblich von dem ab, was der persönlichen Erfahrung von Richter*innen entspricht. Dass schwule Schutzsuchende Szenebars und -clubs meiden, anonymen Sex in Parks einer monogamen Beziehung vorziehen, Verhältnisse mit deutlich älteren Partnern haben oder wegen innerer Konflikte mit internalisierten Moralvorstellungen oder eines noch nicht abgeschlossenen Coming-Out-Prozesses ihre Identität nur zurückhaltend ausleben, mag gängigen Stereotypen widersprechen, ist aber gelebte Realität. Das (verpflichtende) Angebot an Supervisionen und Fortbildungen zu interkultureller Kompetenz und Lebensrealitäten von LGBTIQ* sollte deshalb vor allem an den Verwaltungsgerichten ausgebaut werden.

Literatur

Dörr, Patrick/Träbert, Alva: LSBTI*-Geflüchtete im Asylverfahren, in: Asylmagazin 10–11/2019, S. 352 ff.

Straub, David: Gera: AfD-nahe Verwaltungsrichter urteilen deutlich öfter gegen Asylsuchende aus Afrika, mdr, 16.11.2023, www.mdr.de/nachrichten/thueringen/ost-thueringen/gera/verwaltungsgericht-asylverfahren-afd-richter-100.html

Bundesstiftung Magnus Hirschfeld: Fluchtgrund sexuelle Orientierung und Geschlechtsidentität, Juli 2021, https://mh-stiftung.de/2021/07/14/fluchtgrund-sexuelle-orientierung-geschlechtsidentitaet/#LitVZ01

Anna Biselli/Chris Köver

Das Handy, bitte!

Wie das digitale Leben von Asylsuchenden durchleuchtet wird

Seit 2017 darf das Bundesamt für Migration und Flüchtlinge (BAMF) die Handys Geflüchteter auslesen, wenn sie keinen gültigen Pass oder Passersatz vorlegen können. Grundlage dafür ist das »Gesetz zur besseren Durchsetzung der Ausreisepflicht«, dessen Entwurf aus dem Innenministerium von Horst Seehofer stammt und das von der Großen Koalition verabschiedet wurde. Die digitale Durchsuchung ist ein tiefer Eingriff in die Privatsphäre und das Recht auf informationelle Selbstbestimmung, für den eigentlich hohe rechtliche Hürden gelten.

Bei Menschen, die Asyl beantragen, durchsuchte das BAMF

jahrelang standardmäßig deren Mobiltelefone –, noch bevor die Personen überhaupt angehört wurden und ohne einen konkreten Verdacht, dass sie bei der Angabe ihrer Herkunft lügen würden. Die Auswertungsberichte speicherte das BAMF auf Vorrat. Im Asylverfahren kann es diese Informationen dann nutzen, um nach Hinweisen auf die Identität und das Herkunftsland der Antragsteller:innen zu suchen.

Schon während des Gesetzgebungsprozesses äußerte etwa die frühere Bundesdatenschutzbeauftragte Andrea Voßhoff Zweifel an der Verfassungsmäßigkeit. Doch das Gesetz wurde verabschiedet. Und das BAMF las seither Tausende Geräte aus.

Ein Erfolg vor Gericht

Anfang 2023 sah es dann so aus, als würde das BAMF einen Dämpfer bekommen, als würde ein Gericht hier wieder etwas geraderücken, das in Schieflage geraten war. Die Gesellschaft für Freiheitsrechte hatte eine Geflüchtete aus Afghanistan bei ihrer Klage gegen die Durchsuchung unterstützt, der Fall ging bis vor das Bundesverwaltungsgericht (BVerwG).

Und die Frau bekam Recht: Das Leipziger Gericht bestätigte im Februar 2023, dass die Durchsuchung ihres Handys rechtswidrig war. Das Urteil im Fall der geflüchteten Afghanin hatte grundsätzliche Bedeutung, weil Tausende von der Praxis betroffen waren, die auch die Frau erdulden musste. Das BAMF hätte, wie auch gesetzlich vorgesehen, zuerst mildere Mittel prüfen müssen. Und solche wären in dem konkreten Fall auch verfügbar gewesen. Die Klägerin hatte etwa eine Heiratsurkunde mit ihrem Namen vorgelegt. Das BAMF hatte trotzdem ihr Mobiltelefon verlangt –, und sie hatte es herausgegeben, aus Angst, sonst abgelehnt zu werden.

Was anschließend geschah, beschreibt das BVerwG in seiner Urteilsbegründung wie folgt: »Das entsperrte Mobiltelefon wurde im Beisein der Klägerin an einen speziellen Rechner angeschlossen, der die Daten in einem Zeitraum von weniger als einer Stunde auslas, automatisiert zu einem Ergebnisreport verarbeitete und diesen in einem Datentresor speicherte.« Dieser Report enthält etwa Informationen über häufig gewählte

Ländervorwahlen, die Sprache von Textnachrichten oder die den Kontakten zugeordneten Länder.

Menschenrechtsorganisationen feierten das Urteil damals als Erfolg. Und tatsächlich musste das BAMF daraufhin seine Abläufe ändern. Das zeigte eine Anfrage der Linken-Abgeordneten Clara Bünger im September 2023. Der wichtigste Unterschied gegenüber dem bisherigen Vorgehen des BAMF geht aus der Antwort der Bundesregierung hervor: Das BAMF stellt seitdem zuerst die Frage, ob die Daten im Verfahren überhaupt gebraucht werden, und liest dann die Geräte aus. Vorher war das umgekehrt.

Auch an den Zahlen lässt sich die Änderung ablesen: In der ersten Jahreshälfte 2023 hatte das BAMF nur noch halb so viele Geräte von Menschen ohne gültigen Pass oder Passersatz durchsucht. Zumindest eine Eindämmung der Grundrechtsverletzungen schien damit erreicht.

Innenministerium will mehr durchsuchen

Doch die Freude über dieses Urteil währte nur kurz: Denn die Reaktion der aktuellen Bundesregierung war nicht etwa Rückzug, sondern Angriff.

Schon beim Flüchtlingsgipfel mit den Innenminister:innen im Mai 2023 hatte Kanzler Olaf Scholz die neue Richtung vorgegeben: mehr Abschiebungen, längere Abschiebehaft, mehr als sicher erklärte Herkunftsstaaten. Und zu diesem Zweck auch mehr Eingriffe in die Grundrechte der Asylsuchenden – deren Wohnungen und Handys nun noch leichter durchsucht werden können.

Im August 2023 veröffentlichte das von Nancy Faeser geführte Bundesinnenministerium einen ersten Entwurf für ein »Rückführungsverbesserungsgesetz«, das im Januar 2024 verabschiedet wurde. Die Handydurchsuchungen finden sich hier in einer Liste weiterer massiver Verschärfungen des Asyl- und Aufenthaltsrechts. Künftig soll es nicht etwa weniger Befugnisse geben, sondern mehr. Zum Beispiel sollen nicht mehr nur »mitgeführte« Geräte durchsucht werden können. Auch die Wohnungen der Betroffenen dürfen nun – mit richterlichem

Beschluss – nach gültigen Papieren und Datenträgern durchsucht werden (siehe dazu auch Karl Mauer in diesem Band, S. 149–153). Eine neue Stufe der Eskalation.

Außerdem darf das BAMF künftig auch in den Cloudspeichern der Schutzsuchenden nach Hinweisen suchen. Diese seien schließlich immer wichtiger im Alltag geworden. Dokumente, Fotos und Nachrichten liegen oft nicht mehr auf den Geräten selbst, sondern auf externen Servern von Apple, Google oder Meta. Für die Betroffenen bedeutet dies, dass die Behörden noch tiefere Einblicke in ihre Privatsphäre bekommen.

Das Urteil des Bundesverwaltungsgerichts vom Februar 2023 will die Bundesregierung geschickt umgehen. Das BAMF darf die Handys von Geflüchteten künftig wieder routinemäßig auf Vorrat auslesen und speichern. Die Vorgabe, dass zunächst mildere Mittel geprüft werden müssen, wurde für diesen ersten Schritt schlicht und ergreifend aus dem Gesetz gestrichen. Die Datensätze sollen dann bei Bedarf ausgewertet werden. Mit den verfassungsrechtlichen Vorgaben zum Datenschutz ist das nicht vereinbar. Bereits das Auslesen und Speichern der Handy- und Clouddaten stellt einen erheblichen Eingriff in das Recht auf informationelle Selbstbestimmung dar, denn der Datensatz ist damit für die Behörden jederzeit verfügbar. Dass ein solcher Grundrechtseingriff nur erfolgen kann, wenn es keine milderen Mittel gibt, ist zwingende verfassungsrechtliche Vorgabe.

Durchsuchungen weitgehend nutzlos

Letztlich bleiben die Maßnahmen reine Symbolpolitik unter dem Deckmantel der Anpassung an digitale Entwicklungen. Im Jahr 2023 brachten fast drei von vier Auslesungen »keine verwertbaren Erkenntnisse«, heißt es. Etwa wenn Personen das Gerät erst seit kurzem nutzen oder sich ein Handy mit anderen teilen. In lediglich 1,9 Prozent der Fälle hat das BAMF in den Daten Informationen entdeckt, die sich nicht mit den Angaben der Schutzsuchenden deckten. Der massive Eingriff in die Grundrechte der Betroffenen ist weder verhältnismäßig noch – im Regierungssinne – effektiv. Er bleibt damit eine repressive Machtdemonstration des Staates gegenüber denjenigen, die bei ihm Schutz suchen. Die Handydurchsuchungsregelungen für Asylsuchende, aber auch für geduldete Ausländer*innen ohne gültige Papiere, müssen gestrichen werden.

Literatur

Bundesverwaltungsgericht: Urteil vom 16.2.2023 – BVerwG 1 C 19.21 (Voraussetzungen der Auswertung digitaler Datenträger im Asylverfahren).

Biselli, Anna/Beckmann, Lea: Das Smartphone, bitte! Digitalisierung von Migrationskontrolle in Deutschland und Europa, Gesellschaft für Freiheitsrechte, 2019.

Artikel 19 (4) **Wird jemand durch die öffentliche Gewalt in seinen Rechten verletzt, so steht ihm der Rechtsweg offen.**

Anne Pertsch/Robert Nestler

Grenzenloses Europa?

Kontrollen und Zurückweisungen an den Binnengrenzen zur »Migrationssteuerung«

Ein wichtiger Schritt bei der Schaffung eines europäischen Binnenmarkts mit freiem Personenverkehr bestand im Abschluss der Schengener Übereinkommen und deren Einbeziehung in die Europäische Union 1999. Festgelegt ist dort vor allem die Abschaffung aller Personenkontrollen an den Binnengrenzen der EU und der assoziierten Länder. Diese »Bewegungsfreiheit« im Schengenraum wurde nach dem Anstieg der Zahl ankommender Schutzsuchender 2015 durch die Einführung von Grenzkontrollen an der deutsch-österreichischen Grenze eingeschränkt.

Indes wird seit einigen Jahren der freie Binnenmarkt offen in Frage gestellt: Die Themen »Transitlager« und »Zurückweisungen« an der Binnengrenze haben Talkshows gefüllt. 2023 hat die Diskussion wieder an Fahrt aufgenommen: »Um die Schleusungskriminalität noch stärker zu bekämpfen und die irreguläre Migration zu begrenzen«, hat Bundesinnenministerin Nancy Faeser im Oktober 2023 zusätzlich zu den Kontrollen an der Grenze zu Österreich vorübergehende Grenzkontrollen zu Polen, Tschechien und der Schweiz eingeführt. Die Bundespolizei gibt an, 2022 allein an der Grenze zu Österreich mehr als 14000 Menschen »zurückgewiesen« zu haben.

Deutschland ist dabei nicht das einzige Land im Schengenraum, das solche Binnengrenzkontrollen wieder einführt. Doch sind solche Kontrollen, die massenhafte »Zurückweisungen« von (Schutz suchenden) Personen zur Folge haben, überhaupt rechtmäßig?

Grenzkontrollen an der Binnengrenze

Artikel 25 des Schengener Grenzkodexes (SGK) erlaubt die Wiedereinführung von Grenzkontrollen für eine begrenzte Zeit bei einer ernsthaften Bedrohung der öffentlichen Ordnung und Sicherheit und beim Vorliegen außergewöhnlicher Umstände. Bezüglich der Kontrollen an der deutsch-österreichischen Grenze, die seit 2015 durchgehend bestehen, hat der Europäische Gerichtshof (EuGH) bereits entschieden, dass sie rechtswidrig sind (Urteil vom 26.4.2022, Az. C-368/20; C 369/20), da länger als sechs Monate währende Grenzkontrollen grundsätzlich nicht zulässig sind. Nur im Fall einer gänzlich neuen Bedrohungslage, die sich von der ursprünglichen unterscheidet, können neue Kontrollen eingeführt werden. Die Bundesregierung hat bewusst das deutliche Urteil missachtet und die Kontrollen zu Österreich verlängert. Auch die offiziell neu eingeführten Kontrollen zu Polen, Tschechien und der Schweiz werden mit einer Gefahr durch den »Migrationsdruck« begründet –, obwohl der SGK deutlich macht, dass Migration grundsätzlich nicht als Bedrohung verstanden werden darf (Erwägungsgrund 26).

Selbst wenn man annehmen will, dass »irreguläre Migration und Schleusungskriminalität« eine Gefahr für die öffentliche Ordnung und Sicherheit sind, ist es nur eine Frage der Zeit, bis auch die Grenzkontrollen zu Polen, Tschechien und der Schweiz rechtswidrig werden, weil sie länger als sechs Monate andauern.

Zurückweisung von Asylsuchenden

Die »Zurückweisung« von Asylsuchenden ohne Verfahren an der Grenze ist schon deshalb rechtswidrig, weil sie an der grundlegendsten flüchtlingsrechtlichen Garantie, dem Gebot der Nicht-Zurückweisung (non-refoulement), rührt. Dieses ergibt sich nicht »nur« aus der Genfer Flüchtlingskonvention, sondern auch aus der Grundrechtecharta der Europäischen Union (vgl. Artikel 4, 19 GRCh). Letztere legt das Bundesverfassungsgericht bei der Anwendung von EU-Recht direkt als Maßstab an.

Dem trägt sekundäres EU-Recht, also etwa die Dublin-III-Verordnung, Rechnung und legt fest, dass immer ein sogenanntes Dublin-Verfahren zur Bestimmung des zuständigen Mitgliedstaats durchgeführt werden muss. Dieses kann auch nicht durch vorgeschobene Schnellverfahren umgangen werden (zuletzt festgestellt vom Verwaltungsgericht München, Beschluss vom 9. 8. 2019, Az. M18 E 19.32238).

Zurückweisungen von Personen ohne Asylantrag

Auch die Bundesregierung differenziert mittlerweile zwischen Asylsuchenden und anderen. Letztere sollen direkt »zurückgewiesen« werden. Laut Bundesregierung (Antwort auf Fragen 4 ff. Bundestagsdrucksache 20/5674) stellt nicht einmal die Hälfte der aufgegriffenen Personen an der Grenze einen Asylantrag. Da die große Mehrheit der Personen aus Syrien und Afghanistan kommt, ist dies nicht nachvollziehbar. Dabei ist es nicht erforderlich, dass explizit Asyl beantragt wird, vielmehr gibt die Bundesregierung an (Antwort auf Fragen 10, 11, 14), dass bei einer unerlaubten Einreise aufgegriffene Personen »jederzeit« die Möglichkeit hätten, »ein Asylgesuch zu äußern«, etwa auch »durch Gesten [...]«. Bestehen Zweifel, ist von einem Asylgesuch auszugehen – dies ergibt sich auch klar aus europarechtlichen Vorgaben. Die Bundespolizei scheint dabei einen anderen Maßstab anzulegen, die Sprache nicht verstehen zu wollen oder etwaige Hilflosigkeit auszunutzen.

Die »Zurückweisung« ist jedoch auch dann rechtswidrig, wenn kein Asylantrag gestellt wird. Dies hat der EuGH jüngst erneut klargestellt (Urteil vom 21. 9. 2023, Az. C-143/22).

Bei »unrechtmäßigem Aufenthalt« von Personen ist die Rückführungsrichtlinie anwendbar. Nach dieser muss die Rückkehr angeordnet (»Rückkehrentscheidung«, Artikel 6), eine Frist zur freiwilligen Ausreise gesetzt und Rechtsschutz ermöglicht werden.

Diese Vorgaben können nicht durch die Ausnahmeklausel der Rückführungsrichtlinie umgangen werden, nach der Mitgliedstaaten keine Rückkehrentscheidung erlassen müssen, wenn die Nachbarländer die betroffenen Personen aufgrund bilateraler Abkommen zurücknehmen (Artikel 6 Absatz 3 der Rückführungsrichtlinie). Deutschland hat solche Abkommen u.a. mit Polen, Tschechien und Österreich geschlossen. Jedoch legen alle Rückübernahmeabkommen ihrerseits fest, dass Personen nur auf Antrag zurückgenommen werden, so dass selbst diese keine Direktzurückweisungen zulassen. Zudem betraf das jüngste EuGH-Urteil Italien und Frankreich, die ebenfalls ein Rückübernahmeabkommen haben, worauf der EuGH nicht eingeht.

Darüber hinaus hat der EuGH die Frage nicht beantwortet, ob Zurückweisungen an Binnengrenzen *jemals* rechtmäßig sein können. Diese dürften vom Zweck, eine Gefahr für die öffentliche Sicherheit und Ordnung innerhalb der EU zu verhindern, nicht gedeckt sein. Aus einer europäischen Perspektive beseitigen »Zurückweisungen« an Binnengrenzen die Gefahr nicht, sondern verlagern diese nur auf andere Mitgliedstaaten.

Schließlich dürfte eine Zurückweisung nach Polen, wohin Verwaltungsgerichte Rückführungen nicht selten wegen der Menschenrechtslage stoppen, selbst ohne Asylantrag rechtswidrig sein und das Gebot der Nicht-Zurückweisung verletzen. Der Grundsatz ist auch direkt in der Rückführungsrichtlinie (Artikel 5) normiert – und gilt selbst dann, wenn keine Rückkehrentscheidung getroffen werden *müsste*.

Symbolpolitik ohne rechtliche Grenzen

Dass die Bundesregierung sehenden Auges rechtswidrige Vorhaben zur Leitschnur ihres Handelns macht, ist nichts Neues. Aufgabe der Gerichtsbarkeit wäre dabei, politischem Irrlichtern Einhalt zu gebieten. Da Zurückgewiesene aber nicht in das Bundesgebiet gelangen, bestehen faktisch hohe Hürden zur Erlangung von Rechtsschutz. Dass das Handeln so gerichtlich kaum überprüfbar ist, dürfte zum Kalkül der Bundesregierung gehören. Und wer so handelt, der hat ein Rechtsstaatsproblem.

Literatur

Hruschka, Constantin: Keine Migrationssteuerung durch Binnengrenzkontrollen. Anmerkungen zur »Arib«-Entscheidung des EuGH vom 19. März 2019, in: Asylmagazin 5/2019, S. 147 ff.

Vogt, Vinzent / Nestler, Robert: § 18 AsylG, in: Huber, Bertold / Mantel, Johanna: Kommentar zum Aufenthaltsgesetz / Asylgesetz, München 2021.

> Artikel 20 (1) **Die Bundesrepublik Deutschland ist ein demokratischer und sozialer Bundesstaat.**

Friedrich Zillessen

Was wäre, wenn?

Der erste AfD-Landrat und die Landtagswahlen 2024

Zehn Jahre nach ihrer Gründung besetzt die Alternative für Deutschland (AfD) zum ersten Mal kommunale Leitungspositionen. Am 25. Juni 2023 machte eine Mehrheit des südthüringischen Kreises Sonneberg den Juristen Robert Sesselmann zum Landrat. Wenig später folgten die ersten AfD-Bürgermeister in Raguhn-Jeßnitz (Sachsen-Anhalt) und Pirna (Sachsen). Nach der Wahl bestand Sesselmann, immerhin im Vorstand des gesichert rechtsextremistischen Landesverbandes, eine sogenannte Verfassungstreueprüfung des Thüringer Landesverwaltungsamts. Die Causa Sesselmann offenbart eine grundlegende Problematik im Umgang mit dem autoritären Populismus, die uns auch 2024 beschäftigen wird.

Wahlbeamte und die freiheitlich demokratische Grundordnung

In Thüringen müssen Landrät:innen und Bürgermeister:innen beamtenrechtlich die Gewähr dafür bieten, jederzeit für die freiheitlich demokratische Grundordnung im Sinne des Grundgesetzes und der Landesverfassung einzutreten (§ 24 Absatz 3 Satz 1 und 2 sowie § 28 Absatz 2 Satz 1 Thüringer Kommunalwahlgesetz [ThürKWG]). Damit ist zusammengefasst ein aktives, über ein verbales Bejahen hinausgehendes und äußerlich erkennbares Verhalten für die Menschenwürde, das Demokratieprinzip und den Grundsatz der Rechtsstaatlichkeit gemeint.

Die Mitgliedschaft in einer verfassungswidrigen Partei dürfte einen Verfassungstreuepflichtverstoß begründen. Dagegen soll nach vorherrschender Auffassung die Mitgliedschaft in einer Partei, die lediglich der (Landes-)Verfassungsschutz als rechtsextremistisch einstuft, einen solchen Verstoß höchstens nahelegen. Zusätzlich müsse eine umfassende Einzelfallbetrachtung erfolgen.

Nach der Wahl kann das Landesverwaltungsamt als Rechtsaufsichtsbehörde von Amts wegen ein Wahlprüfungsverfahren einleiten und die Wählbarkeit der gewählten Person prüfen (§ 32 ThürKWG). Das Landesverwaltungsamt Thüringen gab bereits am 10. Juli 2023 bekannt, es bestünden keine Anhaltspunkte dafür, dass Sesselmann nicht jederzeit für die freiheitlich demokratische Grundordnung eintreten würde. Die Entscheidung hätte mit guten Gründen auch anders ausfallen können. Aber schon die Ankündigung der Überprüfung wurde mit viel Kritik bedacht. Medial setzte sich die fragwürdige Formel »Demokratie-Check« durch, die aber immerhin auf die Problematik hinweist, dass eine Behörde eine Wahlentscheidung nachträglich hinterfragt und möglicherweise korrigiert.

Wäre es nicht demokratiefreundlicher, wenn die Verfassungstreueprüfung vor der Wahl stattfände? Tatsächlich sieht das Thüringer Kommunalwahlgesetz in § 17 Absatz 2 und 4 ThürKWG vor, dass die Wahlleitung die Wahlvorschläge sichtet und auf Mängel prüft; dazu gehört prinzipiell auch die Wählbarkeitsanforderung der Verfassungstreue. Sie hat dazu allerdings nur bis zu zehn Tage Zeit. De facto kann der Wahlausschuss eine umfassende Einzelfallprüfung zeitlich, personell und sachlich nicht leisten. Hinzu kommen zwei weitere Probleme: Erstens ist nicht klar ausgestaltet, welche Anforderungen an die Mitglieder des Wahlausschusses, bestehend aus der Wahlleiterin und den Beisitzenden, zu stellen sind. Und zweitens gibt es gegen eine Nichtzulassung keinen unmittelbaren (Eil-)Rechtsschutz. Die betroffene Person kann lediglich im Nachhinein die Wahl anfechten (§ 17 Absatz 5 ThürKWG).

Das Beispiel zeigt im Kleinen, wie schlecht das politische System auf den autoritären Populismus vorbereitet ist. Ungeachtet der Frage, ob das tendenziell demokratieverkürzende Konzept der »wehrhaften Demokratie« oder der konkrete Tatbestand geeignet ist, Demokratiefeinde von öffentlichen Ämtern fernzuhalten, und unabhängig davon, ob das Landesverwaltungsamt ihn korrekt angewendet hat: Der Praxistest zeigt, dass das kommunale Wahlprüfungsverfahren dysfunktional sein kann. Die Nachprüfung greift in die vollzogene Wahlentscheidung ein, die demokratiefreundlichere Vorprüfung ist nicht hinreichend ausgerüstet. Solche Fälle lassen sich vermeiden, wenn man sie im Vorhinein in Szenarien testet und gegebenenfalls Gegenmaßnahmen ergreift.

Wehrhafte Schwachstellensuche

Im Juni 2024 stehen in acht Bundesländern Kommunalwahlen an. Der Fall Sesselmann wird sich nicht nur in Thüringen wiederholen. Im September folgen Landtagswahlen in Thüringen, Sachsen und Brandenburg. Umfragen zufolge ist davon auszugehen, dass die AfD 2024 nicht nur Bürgermeister:innen und Landrät:innen stellen und kommunale Parlamente beherrschen wird, sondern auch in drei Landtagen stärkste Fraktion werden könnte.

Was passiert, wenn eine Partei, die autoritär-populistische Praktiken kennzeichnen, in einem Bundesland staatliche Machtmittel in die Hand bekommt? Welche legalen Spielräume hätte sie? In einem der möglichen Szenarien zieht die AfD als stärkste Kraft mit über einem Drittel der Sitze in den Thüringer Landtag ein. Schon das könnte zu weitreichenden Komplikationen führen. Bei einer Regierungskrise kann sich der Landtag nicht ohne Zustimmung der AfD auflösen, die von jedem »Elitenversagen« nur profitiert. Mit ihrer Sperrminorität könnte sie die Wahl von Verfassungsrichter:innen blockieren. Gemäß Geschäftsordnung und einer anerkannten parlamentarischen Tradition stellt die stärkste Fraktion die Landtagspräsidentin, zumindest hat sie das Vorschlagsrecht. Gut vorstellbar, dass die AfD – auf Grundlage einer mehrdeutigen Verfahrensregelung – einen Wahlgang nach dem anderen scheitern lässt. Angenommen, nach einer Weile kommt für die AfD-Kandidatin eine Mehrheit zustande: Was wäre dann? Die Landtagspräsidentin könnte die Spitze der Landtagsverwaltung austauschen und weitere Personalentscheidungen beeinflussen, etwa in der IT oder im Wissenschaftlichen Dienst. Bei der Ministerpräsident:innenwahl stellt die Landtagspräsidentin, sofern es zu einem dritten Wahlgang kommt, fest, ob der Kandidat mehr Ja-Stimmen als Nein-Stimmen braucht oder ob das Meiststimmenprinzip keine relative Mehrheit erfordert. Außerdem kann die Landtagspräsidentin nicht gegen eine Sperrminorität abberufen werden.

Besetzt die AfD institutionelle Machtpositionen, ist davon auszugehen, dass Grundrechtsverletzungen zunehmen. Eine Bildungsministerin könnte Sonderklassen für Kinder mit Behinderung einrichten oder Arabisch auf Schulhöfen verbieten. Ein Landrat könnte beliebigen Personen Hausverbote erteilen. Gegen viele Eingriffe wäre vor den Gerichten zwar weiterhin Rechtsschutz möglich, wenn auch bloß nachträglich. In einigen sensiblen Bereichen sind sie aber schwer justiziabel, etwa auf der Polizeiwache oder in geschlossenen Einrichtungen und Unterkünften. Entzieht der Landtag sogenannten »Ideologieprojekten« die finanzielle Förderung, fehlen zugleich die Ressourcen für Unterstützung und Aufklärung.

Es gibt keine wasserdichte Verfassung

Das Problem mit der Landtagspräsidentin lässt sich nur lösen, wenn die demokratischen Fraktionen des Thüringer Landtags sich frühzeitig abstimmen, wie sie bei der Wahl vorgehen. Genauer: Sie müssen vor der ersten Sitzung wissen, wen sie gemeinsam wählen und wen sie nicht wählen.

Unvorbereitet zu sein, ist in Thüringen nicht unbekannt. Im Februar 2020 nutzte die AfD eine Schwachstelle in der Verfassung zu einem Manöver: Im dritten Wahlgang verzichtete sie auf die Wahl des eigenen Kandidaten und unterstützte gemeinsam mit CDU und FDP Thomas Kemmerich, der überraschend Ministerpräsident wurde. Die Angelegenheit führte direkt in eine Regierungskrise, Kemmerich trat zurück, ohne vorher ein Kabinett aufgestellt zu haben. Thüringen war im Bundesrat nicht mehr vertreten.

Solche Momente kann sich eine liberale Demokratie nicht unbegrenzt leisten. Eine wasserdichte Verfassung gibt es nicht: Eine tatsächlich »wehrhafte« Demokratie ist vor allem eine vorbereitete Demokratie mit einer informierten Zivilgesellschaft und demokratischen Parteien, die einen autoritär-populistischen Zug erkennen, wenn er gemacht wird.

Literatur

Achenbach, Jelena von/Steinbeis, Maximilian: Warum die Machtübernahme durch die AfD schon früher beginnen könnte, als viele glauben, Verfassungsblog v. 1.12.2023.

Kutting, Isabelle M.: Kommunale Wahlprüfung als Trumpf der Demokratie? Zur Frage des richtigen Zeitpunkts der Überprüfung der Verfassungstreue kommunaler Wahlbeamter, Verfassungsblog v. 12.7.2023.

Nitschke, Andreas: Zweifel an der Verfassungstreue. Die Wahl des ersten AfD-Landrats im Lichte der freiheitlichen demokratischen Grundordnung, Verfassungsblog v. 30.6.2023.

Rainer Land

Ökologischer Umbau und Schuldenbremse

»Mit dem Verzicht auf erhöhte Steuereinnahmen und die Aufnahme neuer Schulden für öffentliche Investitionen hat sich die Ampelkoalition der wichtigsten finanzpolitischen Steuerungselemente für die Bewältigung der Klimakrise selbst beraubt. Bei Fortbestehen der Schuldenbremse im Grundgesetz können die für Deutschland verpflichtenden Klimaziele nur durch ihre Umgehung finanziert werden.« (Siehe Land, Grundrechte-Report 2022)

Das Bundesverfassungsgericht (BVerfG) hat mit Urteil vom 15. November 2023 den zweiten Nachtragshaushalt 2021 als eine solche Umgehung angesehen und ihn für verfassungswidrig und rückwirkend für nichtig erklärt (Az. 2 BvF 1/22). Mit diesem Nachtragshaushalt hatte der Klima- und Transformationsfonds der Bundesregierung 60 Milliarden Euro zusätzliche Kreditermächtigungen erhalten, die zur Bewältigung der Coronapandemie beschlossen worden waren und nicht mehr benötigt wurden. Für die Ampelkoalition war diese Umwidmung die Geschäftsgrundlage dafür, den ökologischen Umbau bei Einhaltung der Schuldenbremse und ohne Steuererhöhungen zu bewältigen; sie ist mit dem Urteil entfallen. Auch für weitere Sondervermögen von Bund und Ländern folgt aus dem Urteil ihre Verfassungswidrigkeit wegen der Umgehung der Schuldenbremse. Ausgenommen bleibt das Sondervermögen Bundeswehr, weil es mit verfassungsändernder Mehrheit in Artikel 87a GG geregelt wurde.

Das Urteil des BVerfG vom 15. November 2023 zur Schuldenbremse

Die Schuldenbremse in Artikel 109 Absatz 3 GG begrenzt die jährliche Kreditaufnahme auf 0,35 Prozent des Bruttoinlandsprodukts. Für 2023 waren das nur 13,5 Milliarden Euro. Angesichts drohender Kipppunkt-Prozesse im Klimasystem, Hilfeleistungen in Milliardenhöhe zur Verteidigung der Ukraine und für die mehr als eine Million Geflüchteten sowie der Bedarfe für die Infrastruktur nach jahrzehntelangem Sanierungsstau reicht dies nicht aus. Ausnahmen von den Kreditobergrenzen lässt Artikel 109 Absatz 3 Satz 2 i.V.m. Artikel 115 Absatz 2 Satz 6 GG aber nur im Falle von Naturkatastrophen oder außergewöhnlichen Notsituationen zu.

Eine langfristige ökologische Transformationsstrategie, die seit 30 Jahren verzögert wurde, weil sie den Interessen der fossilen Großindustrie und der Finanzmarktanleger widersprach, braucht eine langfristige Finanzstrategie für öffentliche Investitionen und die Förderung privater Investitionen. Die marktliberale Ausschreibung von Wind- und Solarparks, die Phrase von der Technologieoffenheit und die Fokussierung auf die CO_2-Bepreisung ohne wirksame Investitionslenkung haben dazu geführt, dass der Ausbau der erneuerbaren Energien viel zu langsam erfolgt. Es gibt einen Rückstau beim Ausbau von

Netzen und Speichern, im Bereich der Wärmeversorgung, bei der Gebäudesanierung sowie im Verkehr und in der Rohstoff- und Fertigungsindustrie.

In dieser Situation hat der 2. Senat des BVerfG den faulen Kompromiss der Ampelregierung durch seine Auslegung und Anwendung der Schuldenbremse gekippt. Im demokratischen Gewaltenteilungssystem des Grundgesetzes ist es Aufgabe des Verfassungsgerichtes, Verfassungsnormen wie die Schuldenbremse auszulegen und anzuwenden, wenn es dazu angerufen wird. Seine Entscheidungen binden den Gesetzgeber, nur der Verfassungsgeber kann dies korrigieren.

Das Urteil zur Schuldenbremse bindet den parlamentarischen Haushaltsgesetzgeber künftig zweifach. Zum einen durch die Auslegung dessen, was eine außergewöhnliche Notsituation ist. Zum anderen durch eine Kopplung der notlagenbedingten Kreditermächtigung mit den Prinzipien der Jährlichkeit und Jährigkeit.

Eine außergewöhnliche Notsituation ist danach nicht nur ein besonders schwerer Unglücksfall, sondern auch eine außergewöhnliche Störung der Wirtschafts- und Finanzlage. Sie liegt bei einer plötzlichen Beeinträchtigung der Wirtschaftsabläufe in einem extremen Ausmaß aufgrund eines »exogenen Schocks« vor. Diese Ausnahme vom Verbot der strukturellen Neuverschuldung muss sich der Kontrolle des Staates entziehen (Rn. 108). Maßgeblich soll ein Moment der Unbeherrschbarkeit des Ereignisses sein (Rn. 109). Die staatlichen Versäumnisse beim ökologischen Umbau können danach keine außergewöhnliche Notlage begründen. Er kann deshalb nicht mit jährlich wiederkehrenden Beschlüssen des Haushaltsgesetzgebers, in denen dieser mit einfacher Mehrheit eine außergewöhnliche Notlage feststellt, realisiert werden.

Hinzu kommt, dass das Urteil auf einen jährlichen Bezugsrahmen abstellt. Aus den Regeln über die Begrenzung der Neuverschuldung des Bundes in Artikel 109 Absatz 3 i. V. m. Artikel 115 GG ergebe sich, dass die Grundsätze der Jährlichkeit, Jährigkeit und Fälligkeit im Staatsschuldenrecht Geltung beanspruchen (Rn. 166). Jährlichkeit bedeute, dass die zulässige Höhe der Kreditaufnahme nach Jahren getrennt zu ermitteln sei. Nach Ablauf eines Jahres sei die zulässige Nettokreditaufnahme für das Folgejahr neu zu ermitteln (Rn. 167). Jährigkeit erfordere, dass Kreditermächtigungen, die in den Rahmen der zulässigen Nettokreditaufnahme für ein bestimmtes Jahr fallen, auf die zulässige Kreditaufnahme in diesem Jahr angerechnet werden und grundsätzlich in eben diesem Jahr tatsächlich genutzt werden müssen. Damit kann m. E. ein langfristiger ökologischer Umbau, der Investitionssicherheit garantiert und im Interesse der Mehrheit der Bevölkerung, insbesondere auch der einkommensschwachen Schichten, gestaltet wird, nicht gelingen.

Übrig bleibt nach dieser Interpretation der Schuldenbremse durch das BVerfG nur, mit verfassungsändernder Mehrheit Sondervermögen nach dem Beispiel des Sondervermögens für die Bundeswehr auch für den ökologischen Umbau zu errichten. Darüber hinaus legt die Interpretation der Schuldenbremse durch das BVerfG nach Meinung maßgeblicher Ökonomen ihre verfassungsrechtliche Reform bzw. Abschaffung nahe.

Wie kann man die Zukunft langfristig finanzieren?

Neben Sondervermögen, die mit verfassungsändernder Mehrheit eingerichtet werden, um längerfristige Aufgaben des ökologischen Umbaus zu finanzieren, können die Steuern erhöht werden, und man kann die Schuldenbremse selbst reformieren. Das setzt einen Grundkonsens über die Transformation der modernen Industriegesellschaft voraus, der nicht gegen Mehrheiten der Bevölkerung erzwungen werden kann, damit er über Jahrzehnte und mehrere Legislaturperioden trägt.

Mit höheren Steuereinnahmen wären höhere Ausgaben finanzierbar. Vor allem steigende Ausgaben im Bildungssystem, in den Sozialsystemen und für den Erhalt der Infrastruktur könnten so über den laufenden Haushalt ohne Kredite finanziert werden. Höhere Steuern sollten durch eine stärkere Progression bei der Einkommensteuer, eine Vermögensteuer für besonders hohe Vermögen, vor allem aber für hohe spekulative Finanz- und Immobilienvermögen, und eine höhere Erbschaftsteuer erreicht werden. Die Einkommen der oberen

Einkommensschichten müssen stärker belastet, die unteren Einkommen sollten entlastet werden. Bei den Unternehmensteuern ist es nicht akzeptabel, dass Unternehmen zu Nettosparern geworden sind und Überschüsse zunehmend spekulativ in Finanzanlagen transferieren. Gewinne aus Immobilien und Finanzanlagen sollten deshalb stärker besteuert, hingegen Investitionen in den nachhaltigen Umbau der Wirtschaft geschont und gestützt werden.

Eine weitere Möglichkeit wäre eine Änderung der Schuldenbremse selbst, wozu es auch einer verfassungsändernden Mehrheit bedarf. Mit einer Investitionsklausel in der Schuldenbremse könnte die Finanzierung von Investitionen von der Schuldenbegrenzung ausgenommen werden. Dazu sind materielle Kriterien für Investitionen zu definieren bzw. Verfahren zu ihrer Bestimmung zu installieren, damit die Unterscheidung von Investitionen und laufenden Ausgaben gelingt und z.B. Ausgaben für eine Personalaufstockung und höhere Löhne in Pflege-, Bildungs- oder Betreuungsberufen nicht zu Investitionen deklariert werden.

Soll der ökologische Umbau gelingen, führt an gerechten Steuererhöhungen, verfassungsgemäßen Sondervermögen und der Reform der Schuldenbremse selbst dauerhaft kein Weg vorbei.

Literatur

Hüther, Michael: »Die Schuldenbremse ist aus der Zeit gefallen«, NTV-Interview, 21.11.2023, https://www.n-tv.de/politik/Michael-Huether-zur-Schuldenbremse-Wenn-Politik-so-statt findet-dann-ist-sie-am-Ende-article24545591.html

Das Progressive Zentrum: Schuldenbremse = Klimaschutzbremse? Zum Für und Wider rechtlicher Selbstbindung in der Demokratie, Youtube 17.11.2023, www.youtube.com/watch?v=jeEiDN0alwI

Priewe, Jan: Wie kann die deutsche Haushaltspolitik erdbebensicher werden?, in: Makronom v. 28.11.2023, https://makronom.de/wie-kann-die-deutsche-haushaltspolitik-erdbebensicher-werden-45443

Andreas Aust

Eine Kampfansage gegen Kinderarmut?

Die Kindergrundsicherung ist gut gemeint, aber unzureichend

Die Bundesregierung hat sich in ihrem Koalitionsvertrag von 2021 vorgenommen, durch eine Reform der familien- und kinderbezogenen Leistungen Kinderarmut zu reduzieren. Die Einführung einer Kindergrundsicherung ist hierfür das Mittel der Wahl. Im Koalitionsvertrag finden sich vage gehaltene Ankündigungen: Mehr Kinder sollen aus der Armut geholt werden. Bisher als Einzelleistungen gezahlte Hilfen sollen in einer Summe ausgezahlt werden und ohne bürokratische Hürden bei den Eltern ankommen. Das Existenzminimum von Kindern soll neu definiert werden.

Der Gesetzentwurf vom November 2023 sieht nun vor allem vor, verschiedene bereits bestehende Leistungen zu bündeln. Allerdings bleibt die Höhe der finanziellen Unterstützung einkommensschwacher Familien weitgehend unverändert. Es ändert sich lediglich das Prozedere. Damit kann Kinderarmut letztlich nicht bekämpft werden, denn gegen Armut braucht es vor allem mehr Geld in den Familien.

Kinderarmut als soziales Problem

Die Ankündigung einer Kindergrundsicherung hatte Hoffnungen geweckt. Es schien, als würden soziale Probleme endlich von der Regierung wahrgenommen und Gegenmaßnahmen ergriffen werden. Nach dem jüngsten Paritätischen Armutsbericht für 2021 sind 14,1 Millionen Menschen von Armut betroffen. Armut bedeutet, dass sich Menschen den als normal angesehenen Lebensstandard nicht leisten können. Jedes fünfte Kind und jede*r fünfte Jugendliche in Deutschland sind betroffen. Sie können ihre akuten Bedarfe nicht decken, sind von einer gleichwertigen sozialen Teilhabe ausgeschlossen und haben schlechtere biographische Entwicklungschancen. Ein zentrales Anliegen der Befürworter*innen einer Kindergrundsicherung ist es, mit diesem Instrument effektiv soziale Ungleichheit zu reduzieren und Armut zu bekämpfen.

Aktuell leidet das System der familien- und kinderbezogenen Leistungen unter erheblichen Defiziten. Zuallererst sind die Grundbedarfe von Kindern und Jugendlichen durch die Grundsicherung nicht ausreichend gedeckt. Eine Reihe von Gutachten belegt, dass mit den Mitteln der Grundsicherung nicht einmal eine gesunde Ernährung von Kindern finanziert werden kann. Das Grundrecht auf die Gewährleistung eines menschenwürdigen Existenzminimums verpflichtet den Staat jedoch, allen Hilfebedürftigen die materiellen Voraussetzungen für die physische Existenzsicherung und ein Mindestmaß an gesellschaftlicher, kultureller und politischer Teilhabe zur Verfügung zu stellen. Dies hat das Bundesverfassungsgericht 2010 aus den grundlegenden Verfassungsnormen der Achtung der Menschenwürde (Artikel 1 GG) und des Sozialstaatsprinzips (Artikel 20 GG) überzeugend abgeleitet. Zahlreiche Sozialverbände sehen dieses Recht bis heute als nicht hinreichend erfüllt an und begrüßten die Ankündigung einer Neudefinition des Existenzminimums bei Kindern. Diese Neudefinition ist aber im Gesetzesentwurf nicht erfolgt.

Das aktuelle System leidet zudem darunter, dass die bestehenden Leistungen – Steuerfreibetrag für Kinder, Kindergeld, Kinderzuschlag, Grundsicherung sowie Leistungen des Bildungs- und Teilhabepakets – unzureichend aufeinander abgestimmt sind. So entsteht unnötiger bürokratischer Aufwand, und Leistungen kommen vielfach nicht bei den Eltern der Berechtigten an. Zum Teil wird durch das System der familien- und kindbezogenen Leistungen die soziale Ungleichheit sogar noch verstärkt, weil das Steuerrecht reiche Familien am stärksten unterstützt. Die maximale steuerliche Entlastung durch den Steuerfreibetrag für Kinder liegt 2023 bei etwa 354 Euro im Monat, während das Kindergeld trotz Erhöhung auf 250 Euro im Monat deutlich niedriger ausfällt.

Der Gesetzentwurf der Bundesregierung

Der Gesetzentwurf, den die Bundesregierung nach monatelangem Streit im Herbst 2023 vorgelegt hat, ist ebenso aufschlussreich wie ernüchternd, wenn es um die Frage geht, welche Priorität der Bekämpfung von Kinderarmut zukommt. Angesichts des Problemdrucks ist der Entwurf eine Enttäuschung.

Bereits bestehende Leistungen sollen nun in der Kindergrundsicherung gebündelt werden. Die Leistungen selbst bleiben aber in ihrer Höhe weitgehend unverändert. Der *Kindergarantiebetrag* ist im Kern das alte Kindergeld mit einem neuen Namen. Der *Kinderzusatzbetrag* als einkommensbezogene Zusatzleistung ist die eigentliche Innovation. Er modifiziert den bestehenden Kinderzuschlag. Durch die Abschaffung der bisherigen Mindesteinkommensgrenze der Eltern wird die bisherige Grundsicherung für Kinder und Jugendliche (»Bürgergeld«) abgeschafft und in den Zusatzbetrag integriert. Der monatliche Höchstbetrag ergibt sich in Zukunft aus der Summe der altersgestaffelten Regelbedarfe des Bürgergelds plus einer Wohnkostenpauschale auf der Grundlage des alle zwei Jahre vom Bundesfinanzministerium vorgelegten Existenzminimumberichts. Zudem werden die bisherigen Leistungen des Bildungs- und Teilhabepakets zu einem Bestandteil der Kindergrundsicherung erklärt und neu organisiert. Bemerkenswert ist, dass der Steuerfreibetrag für Kinder nicht in die Kindergrundsicherung integriert werden soll. Die finanzielle Besserstellung reicher Familien wird also nicht korrigiert. Auch Kinder und Jugendliche aus Familien, die aktuell Leistungen nach dem Asylbewerberleistungsgesetz beziehen, werden nicht in die Kindergrundsicherung einbezogen, sondern weiter aus dem regulären Sicherungssystem ausgegrenzt. Ihnen droht durch das Gesetz sogar eine finanzielle Verschlechterung.

Das Kindergrundsicherungsgesetz ist im Wesentlichen eine Verwaltungsreform. Ein »Familienservice« bei der Bundesagentur für Arbeit soll zukünftig die Leistungen der Kindergrundsicherung organisieren. Er übernimmt von der bisherigen »Familienkasse« die Verwaltung des Kindergelds und des Kinderzuschlags. Zukünftig soll er auch alle Leistungen des

Bürgergelds für Kinder organisieren, die bislang von den Jobcentern verwaltet werden: Für alle Kinder und Jugendlichen soll dieselbe Behörde zuständig sein, also auch für die Kinder, deren Eltern Bürgergeld über die Jobcenter erhalten. Insbesondere dieser Teil der Reform stößt auf großen Widerstand. Kinder würden verwaltungstechnisch von ihren Eltern getrennt, und die Jobcenter machten ihre Arbeit doch gut, heißt es. In der Tat droht für Familien mit bürgergeldberechtigten Eltern ein erhöhter bürokratischer Aufwand. Zukünftig müssten Anträge nicht nur bei den Jobcentern (für die Eltern), sondern auch noch beim »Familienservice« (für Kinder und Jugendliche) gestellt werden. Eine Vereinfachung sieht anders aus.

Wenig Aussicht auf Reduktion der Kinderarmut

Die Einführung der Kindergrundsicherung ist eine komplexe Reform. Der Gesetzentwurf organisiert die bestehenden Leistungen neu, erhöht sie aber nicht und verändert administrative Zuständigkeiten. Das ist zum Teil sinnvoll. Entscheidend für das grundlegende Ziel der Bekämpfung der Kinderarmut ist aber: Durch die Reform werden die Leistungen für die einkommensschwächsten Familien nicht verbessert. Ohne eine Erhöhung der Leistungen kann Armut aber nicht bekämpft werden. Dafür hätte es zuallererst der – im Koalitionsvertrag auch angekündigten – Neubestimmung des soziokulturellen Existenzminimums von Kindern bedurft. Diese ist aber nicht erfolgt.

Gegen Armut hilft Geld. Mehr Geld für die finanzielle Absicherung von Kindern ist im Gesetzentwurf aber nicht vorgesehen. Die federführende Familienministerin Lisa Paus hat sich mit ihren Finanzforderungen nicht durchsetzen können. Von den ursprünglich geforderten 12 Mrd. Euro für das Projekt ist nur ein Bruchteil geblieben. Für den Großteil der Kinder und Jugendlichen in einkommensarmen Familien bleiben die Leistungen in ihrer Höhe unverändert. Ihre materielle Lage verbessert sich nicht. Damit wird aber das eigentliche Ziel der Reform – die Bekämpfung der Kinderarmut – verfehlt.

Literatur

Bündnis Kindergrundsicherung: Kinder brauchen mehr! Unser Vorschlag für eine Kindergrundsicherung, 2023, www.kinderarmut-hat-folgen.de

Arbeitskreis Armutsforschung: Kinderarmut in Deutschland – Möglichkeiten der Gegensteuerung mit der Kindergrundsicherung, in: Soziale Sicherheit 10 (2023), S. 369 ff.

Paritätischer Wohlfahrtsverband: Stellungnahme zum Gesetzentwurf Kindergrundsicherungsgesetz, 2023, Bundestagsausschuss-Drucksache 20(13)80 f.

Artikel 20 (2) **Alle Staatsgewalt geht vom Volke aus. Sie wird vom Volke in Wahlen und Abstimmungen und durch besondere Organe der Gesetzgebung, der vollziehenden Gewalt und der Rechtsprechung ausgeübt.**

Malte Engeler

Wie viel kostet eine Wahl?

Wie die Europäische Verordnung über Targeting bei politischer Werbung am Spagat zwischen Markt und Demokratie scheitert

In periodischen Wahlen artikuliert eine Gesellschaft ihren politischen Willen. Sie sind das Fundament einer jeden parlamentarischen Demokratie und Recht aller, die in ihr leben. Dieses Recht auf gleiche Teilhabe an der politischen Willensbildung äußert sich in einer lebendigen Demokratie indes nicht nur in der Stimmabgabe bei den Wahlen, sondern – so das Bundesverfassungsgericht im Parteispendenurteil von 1986 – auch in der Einflussnahme auf den Prozess der politischen Meinungsbildung. Egal ob armutsbetroffen oder vermögend: An der Urne sind wir theoretisch alle gleich viel wert. In der Praxis hat dieser Grundsatz Risse. Ein bekannter Streitfall sind Steuervergünstigungen für Parteispenden. Ein anderer ist das sogenannte Microtargeting.

Mit »Microtargeting« wird die Verwendung von Technologien bezeichnet, mit denen politische Werbung an Individuen oder Gruppen zielgerichtet ausgespielt oder deren Sichtbarkeit sowie Reichweite verstärkt werden. Kernbestandteil dieser Technologien ist das Erstellen und Ausnutzen von Persönlichkeitsprofilen. Wer auf kommerziellen Plattformen wie Facebook, X (Twitter) oder Youtube die politische Meinungsbildung der digitalen Öffentlichkeit beeinflussen will, kann Geld in die Hand nehmen und maßgeschneiderte Werbekampagnen kaufen: Den einen werden so mehr Radwege, den anderen mehr Abschiebungen versprochen, je nachdem welches Profil der Algorithmus aufgrund des Onlineverhaltens zuweist. Im Rahmen der Europawahl 2019 oder der Bundestagswahl 2021 haben praktisch alle politischen Lager für unterschiedliche Summen personalisierte Werbekampagnen bei Facebook & Co. eingekauft. Mehr finanzielle Mittel verschaffen dabei eine bessere personalisierte Ansprache von Wählerinnen. Das bedroht die Chancengleichheit der politischen Kräfte und beeinflusst die politische Meinungsbildung.

Die neue Europäische Verordnung

Als Reaktion darauf legte die Europäische Kommission Anfang 2021 den Entwurf einer Verordnung über Transparenz und Targeting politischer Werbung (COM[2021] 731 final) vor. Darin schlug sie umfangreiche Transparenz- und Informationspflichten für Sponsorinnen und Anbieterinnen von Werbedienstleistungen im Rahmen der Beauftragung, Finanzierung und Verbreitung politischer Werbeinhalte vor. Wesentliches Element des Verordnungsentwurfs und gleichzeitig zentraler Streitpunkt waren allerdings die Vorgaben für politisches Microtargeting.

Im Dezember 2023 einigten sich die Ko-Gesetzgeber auf eine finale Kompromissfassung. Darin wird Microtargeting auf Basis besonders geschützter Kategorien von personenbezogenen Daten bei personalisierter Wahlwerbung kategorisch untersagt. Diese Kategorien von Daten umfassen z. B. Gesundheitsdaten, Daten über politische Meinungen oder auch Daten über ethnische Herkunft. Ihre Verarbeitung unterliegt nach Artikel 9 der Datenschutz-Grundverordnung strengen Vorgaben, ist auf Basis einer Einwilligung aber erlaubt. Die Verordnung über Transparenz und Targeting politischer Werbung ist hier strenger. Microtargeting auf Basis besonders geschützter Kategorien von personenbezogenen Daten wird selbst mit Einwilligung ausgeschlossen.

Politische Interessen

Allerdings: Microtargeting auf Basis aller anderen Kategorien personenbezogener Daten bleibt grundsätzlich möglich. Menschen, die sich für Fahrräder interessieren, oder Menschen, die SUV fahren, dürfen weiter individuell adressiert werden. Gegenteilige Forderungen nach einem kategorischen Verbot jeder Art von politischem Microtargeting konnten sich nicht durchsetzen.

Die Motive hinter der Verordnung bleiben damit widersprüchlich. Einerseits wurde im Rahmen der Debatten um die Verordnung immer wieder mahnend auf Unternehmen wie Cambridge Analytica und deren gekaufte Beeinflussung des Brexit-Referendums oder der Wahl von Donald Trump zum US-Präsidenten verwiesen. Andererseits hält die Verordnung Microtargeting ausdrücklich für ein legitimes Geschäftsmodell. Dies räumt die Kommission in der Begründung ihres Entwurfs offen ein. Demnach sei die Verordnung in erster Linie ein Beitrag zum reibungslosen Funktionieren des Marktes für politische Werbung.

Diese Ambivalenz lässt sich nicht allein mit dem Einfluss wirtschaftlicher Akteurinnen erklären. Unbeabsichtigte Unterstützung erhielt die Datenwirtschaft von der digitalen Zivilgesellschaft. In offenen Briefen auf europäischer und nationaler Ebene äußerten diverse NGOs ihre Befürchtungen, dass zu weitgehende Einschränkungen beim Microtargeting negative Auswirkungen auf die Durchführung politischer Kampagnen oder auf die Unterstützung und Akquisition von Spenden haben könne. Auch könne eine zu weite Definition des Begriffs der »politischen Werbung« private Meinungsäußerungen auf sozialen Medien erfassen und die Verordnung so hemmende Wirkung auf die Meinungsäußerungsfreiheit haben.

Plattformen wie Youtube stimmten mit der Kritik der Zivilgesellschaft in Teilen überein. Sie würden durch die Verordnung darin behindert, politische Inhalte im Rahmen der kuratierten und personalisierten Startseite oder Timeline zu empfehlen. Einige Youtuber, die mit Hilfe von Onlineplattformen (auch) politische Inhalte veröffentlichen, sahen darin eine Gefährdung ihrer Meinungsfreiheit.

Widersprüchliche Interessen lagen nicht zuletzt auch bei den Gesetzgebern selbst vor, denn politisches Microtargeting wird auch von Ministerien und Regierungsinstitutionen genutzt. Sie werden im Kompromisstext insoweit privilegiert, als Öffentlichkeitsarbeit staatlicher Stellen nicht als »politische Werbung« definiert wird.

Wie viel Markt verträgt eine Demokratie?

Die Verordnung über Transparenz und Targeting politischer Werbung manifestiert einen zentralen Konflikt aller demokratisch verfassten kapitalistischen Gesellschaften: den Konflikt zwischen Markt und demokratischer Mitbestimmung. Eine marktwirtschaftlich organisierte Wirtschaftsordnung führt notwendigerweise zu ökonomischer Ungleichheit zwischen denen, die mittels Lohnarbeit ihre materiellen Bedürfnisse befriedigen müssen, und jenen, die sich an der Lohnarbeit anderer bereichern. Der französische Ökonom Thomas Piketty beschreibt in *Eine kurze Geschichte der Gleichheit* eindrücklich, wie die Profiteurinnen dieser ökonomischen Ungleichheit nach wie vor Einfluss auf Wahldemokratien nehmen können. Diese plutokratischen Elemente seien lediglich »etwas unsichtbarer geworden«. Die Verordnung über Transparenz und Targeting politischer Werbung legitimiert nun einen Teil dieser unsichtbaren Einflussnahme, indem sie Microtargeting als Geschäftsmodell zwar reguliert, nicht aber verhindert. So wird es letztlich normalisiert. Jene mit ökonomischer Macht können also weiterhin differenzierte Kampagnen beauftragen, die zu einem gewissen Grad personalisiert sind, und so Einfluss auf politische Vorgänge nehmen.

Dieses Fazit ist angesichts des prognostizierten Erstarkens rechter bis faschistischer Kräfte bei der Wahl zum Europäischen Parlament sowie in diversen Landtagswahlen in Deutschland nicht ermutigend. Zwar enthält die Verordnung ohne Zweifel Fortschritte: So sieht die Verordnung neue Transparenzpflichten vor, die dabei helfen werden, die bisher nur schwer rekonstruierbaren Werbekampagnen politischer Akteurinnen auf Onlineplattformen aufzudecken. Auch wird das

Verbot von Microtargeting auf Basis besonderer Kategorien personenbezogener Daten den Grad der Individualisierbarkeit von Kampagnen verändern. Beide Errungenschaften der Verordnung werden zu den wichtigen Wahlen im Jahr 2024 allerdings noch nicht zur Anwendung kommen. Die Verordnung wird zwar zwischen Frühjahr und Sommer 2024 in Kraft treten. Anwendbar wird sie aber erst 18 Monate später und damit nicht vor Mitte 2025.

Literatur

Jaursch, Julian: Politische Werbung. Die Zukunft des Microtargeting in der EU, 17. 8. 2022, https://netzpolitik.org/2022/politische-werbung-die-zukunft-des-microtargeting-in-der-eu

Dachwitz, Ingo: Neue Regeln für politische Werbung. Wenn Google und NGOs für das Gleiche streiten, 21. 1. 2023, https://netzpolitik.org/2023/microtargeting-neue-regeln-fuer-politische-werbung-wenn-google-und-ngos-fuer-das-gleiche-streiten

Piketty, Thomas: Eine kurze Geschichte der Gleichheit, München 2023.

Artikel 20 (3) **Die Gesetzgebung ist an die verfassungsmäßige Ordnung, die vollziehende Gewalt und die Rechtsprechung sind an Gesetz und Recht gebunden.**

Rolf Gössner

Verfassungsschutz: Stigmatisieren per Datenübermittlung?

Verfassungsgerichtlich erzwungene Gesetzesreform birgt neue Grundrechtsprobleme

Es scheint immer wieder paradox, wenn ausgerechnet der Inlandsgeheimdienst »Verfassungsschutz«, der doch die Verfassung schützen soll, seinerseits verfassungswidrig arbeitet, und wenn bereits zuvor Regierungen und Parlamente für verfassungswidrige Normen gesorgt haben. Streng genommen: lauter Fälle für den Verfassungsschutz – wegen fortgesetzter Verletzung der Verfassung und Schädigung der »freiheitlichen demokratischen Grundordnung«. Dabei handelt es sich keineswegs nur um Einzelfälle, wie im Grundrechte-Report seit Jahrzehnten immer wieder nachzulesen ist, sondern zumeist um strukturelle Probleme.

Zuletzt hatte das Bundesverfassungsgericht (BVerfG) mit zwei Entscheidungen von 2022 gesetzliche Befugnisse der Verfassungsschutzbehörden u.a. zur Übermittlung personenbezogener Daten und Informationen an andere Behörden und Stellen für verfassungswidrig erklärt (Urteil vom 26.4.2022, Az. 1 BvR 1619/17; Beschluss vom 28.9.2022, Az. 1 BvR 2354/13). Sie verstoßen in weiten Teilen gegen das Grundrecht auf informationelle Selbstbestimmung (Artikel 2 Absatz 1, Artikel 1 Absatz 1 GG), gegen das »informationelle Trennungsprinzip« im Verhältnis der Geheimdienste zur Polizei sowie gegen den Verfassungsgrundsatz der Verhältnismäßigkeit, weshalb sie 2023 novelliert werden mussten.

Auf solch verfassungswidriger Rechtsgrundlage haben die Verfassungsschutzbehörden in Bund und Ländern über viele Jahre gearbeitet und so unzählige Male personenbezogene Daten grundrechtswidrig an andere staatliche und nicht öffentliche Stellen übermittelt. Es geht dabei um nichts Geringeres als um die heikle Weitergabe hochsensibler Daten, die auch mit geheimdienstlichen Mitteln und Methoden – wie etwa durch verdeckte Mitarbeiter:innen, V-Leute, durch Lausch- oder Späheingriffe – erhoben worden sind. Empfängerinnen solcher Daten sind Polizei- und Strafverfolgungsbehörden, andere inländische oder ausländische staatliche Stellen, aber auch nicht öffentliche Einrichtungen.

Pflicht zu verfassungsgemäßer Neuregelung: Erster Versuch

Da das BVerfG dem Bundesgesetzgeber eine Frist bis Ende 2023 gesetzt hatte, die beanstandeten Übermittlungsregelungen im Bundesverfassungsschutzgesetz (BVerfSchG) zu novellieren, legte das Bundesinnenministerium Anfang Oktober 2023 einen Entwurf vor, den das Bundeskabinett im Eiltempo absegnete (BT-Drs. 20/8626).

Im Innenausschuss des Bundestags jedoch geriet der Gesetzentwurf ins Stocken, denn er stieß auf scharfe Kritik von Verbänden und Sachverständigen und sogar von Grünen und der FDP. Zahlreiche Regelungen seien, so etwa der Deutsche Anwaltverein, »nicht durchdacht und verfassungsrechtlich bedenklich bis hin zu klar verfassungswidrig«. Prof. Dr. Mark Zöller von der Universität München kritisierte etliche Befugnisausweitungen und normative Unklarheiten, die einer weiten Auslegung und Anwendung Tür und Tor öffneten – statt, wie vom BVerfG gefordert, die Befugnisse zu präzisieren, mit höheren Eingriffshürden zu versehen und so verfassungskonform einzuschränken.

Im Zentrum der Kritik standen die Befugniserweiterungen zur Übermittlung personenbezogener Daten an »inländische

Stellen«, wobei im Entwurf öffentliche und nicht öffentliche Stellen undifferenziert gleichgesetzt wurden (§§ 20, 22). Empfänger:innen solcher nachrichtendienstlichen Erkenntnisse können somit unzählige Stellen sein: etwa auch Arbeitgeber:innen und Vermieter:innen, Vereine oder Sporttrainer:innen, Universitäten, Schulen oder Kitas, um diese etwa vor angeblichen oder vermuteten »Verfassungsfeinden« warnen zu können. So vor Beschäftigten, Vereinsmitgliedern, Schüler:innen oder Vereinigungen, die der Geheimdienst für islamismus- oder anderweitig extremismusverdächtig hält, auch wenn von diesen keinerlei konkrete oder konkretisierte Gefahr ausgeht. Solche Datenübermittlungen zur Eindämmung bloß abstrakter (drohender) Gefahren sollen u. a. der »Deradikalisierung« oder »Resilienz-Stärkung« dienen. Die *Süddeutsche Zeitung* (26. 10. 2023) warnte daraufhin vor einer »Lizenz zum Anschwärzen«. Tatsächlich wären solche freizügigen Einmischungen des Verfassungsschutzes in die Gesellschaft missbrauchsanfällig – mit potenziell gravierenden Folgen: Stigmatisierung und Ausgrenzung, Nichteinstellung, Entlassung, Wohnungsverweigerung etc. Dabei könnten die vom Geheimdienst übermittelten Verdächtigungen auch auf bloßen politischen Meinungsäußerungen oder Kontakten gründen, die keine Gesetze verletzen.

Zweiter Anlauf nach heftiger Kritik: neuer Fall fürs Bundesverfassungsgericht?

Nach der heftigen Kritik ist dem Bundestag eine modifizierte Fassung des Gesetzentwurfs zur Abstimmung vorgelegt worden (BT-Drs. 20/9345 – 15. 11. 2023), mit der die meisten Übermittlungsvorschriften abgeändert wurden. Jetzt gibt es auch eine spezielle Regelung für die »Übermittlung an inländische nichtöffentliche Stellen« (§ 22a). Darin heißt es gleich zu Beginn klar und deutlich, dass eine Übermittlung personenbezogener Daten durch den Verfassungsschutz an diese Stellen »unzulässig« sei. Doch gleich danach werden mit einem Numerus clausus Ausnahmen von diesem Grundsatz geregelt, die ihrerseits heikle Folgen auslösen können.

So ist es dem Bundesamt für Verfassungsschutz (BfV) nun gestattet, personenbezogene Daten etwa zum »Schutz des Kindeswohls« an private Einrichtungen der Kinder- und Jugendhilfe zu übermitteln, an private Träger von Schulen und Kitas zum »Schutz der gesetzlichen Erziehungs- und Bildungsziele« sowie an Präventions-, Ausstiegs- oder Deradikalisierungsprojekte zu deren Schutz. Auch darf das BfV personenbezogene Daten an private Universitäten, Institute, Forschungseinrichtungen etc. übermitteln – zum Zweck »wissenschaftlicher Erforschung und Bewertung« verfassungsfeindlicher Bestrebungen und Tätigkeiten.

Dies und noch viel mehr ist gesetzlich möglich, wenn »im Einzelfall tatsächliche Anhaltspunkte« bestehen, »dass dies zum Schutz der Rechtsgüter nach § 19 Absatz 3 erforderlich ist«, wozu etwa die »freiheitliche demokratische Grundordnung, einschließlich des Gedankens der Völkerverständigung und des friedlichen Zusammenlebens der Völker« gehört. Weil Datenübermittlungen damit bereits im Vorfeld einer konkretisierten Gefahr erfolgen können, genügen gegebenenfalls auch verfassungs-, staats- oder gesellschaftskritische Überzeugungen und Meinungsäußerungen – zumal, seit die »verfassungsschutzrelevante Delegitimierung des Staates« als neuer Anhaltspunkt für beobachtungswürdige »verfassungsfeindliche Bestrebungen« gilt. Auch rein persönliche oder berufliche Kontakte können Anlässe für Datenübermittlungen sein: etwa Kontakte zu vermeintlich »extremistisch beeinflussten« Organisationen, wie einst zur »Vereinigung der Verfolgten des Naziregimes« (VVN-BdA), zu dem vom Verfassungsschutz als »linksextremistisch« eingestuften Rechtshilfeverein »Rote Hilfe«, zu kurdischen Vereinen, die ihm als PKK-nah gelten, zu muslimischen Verbänden, die des Islamismus, oder zu palästinensischen Gruppen, die des Antisemitismus verdächtigt werden.

Zwar dürfen nach dem modifizierten Gesetzentwurf personenbezogene Daten nicht übermittelt werden, wenn etwa schutzwürdige Interessen betroffener Personen das Allgemeininteresse an der Übermittlung überwiegen (§ 23). Außerdem darf eine nicht öffentliche Stelle gemäß § 22a die ihr übermittelten personenbezogenen Daten nicht für »Handlungen« nutzen, »die für die betroffene Person eine nachteilige rechtliche Wirkung entfalten oder diese Person in anderer Weise erheblich beeinträchtigen« können –, also Leistungskürzungen, Vertragskündigungen oder Maßnahmen mit stigmatisierender Wirkung etc. (nur möglich im Fall einer zumindest konkretisierten Gefahr und mit Zustimmung des BfV). Doch das BfV wird nach Datenübermittlung kaum noch wirksam überprüfen (können), was mit den Geheimdienstinformationen tatsächlich geschieht und mit welchen (subtilen) Folgen – zumal die Datenübermittlungen auch im Eigen- und Schutzinteresse der Empfänger:innen erfolgen. Die Gefahr geheimdienstlicher Einflussnahme auf gesellschaftliche Bereiche ist also keinesfalls gebannt.

Der Bundestag hat am 16. November 2023 den so »modifizierten« Entwurf mehrheitlich verabschiedet (BGBl. 2023 I Nr. 413). Es scheint, als sei mal wieder das BVerfG gefordert, Verfassung und Bürger:innen vor dem Verfassungsschutz zu schützen.

Artikel 20a **Der Staat schützt auch in Verantwortung für die künftigen Generationen die natürlichen Lebensgrundlagen und die Tiere im Rahmen der verfassungsmäßigen Ordnung durch die Gesetzgebung und nach Maßgabe von Gesetz und Recht durch die vollziehende Gewalt und die Rechtsprechung.**

Jannis Krüßmann

Klimagesetzesbrecherin vor Gericht

Das Klimaschutzsofortprogramm der Bundesregierung vor dem OVG Berlin-Brandenburg

Die Bundesregierung als Brecherin des Klimaschutzgesetzes (KSG) vor Gericht: Mit seinem Urteil vom 30. November 2023 hat das Oberverwaltungsgericht (OVG) Berlin-Brandenburg (Az. OVG 11 A 11/22 u.a.) die Bundesregierung verpflichtet, ein Klimaschutzsofortprogramm für die Sektoren Verkehr und Gebäude vorzulegen, um ihren Verpflichtungen aus dem KSG nachzukommen. Vorausgegangen waren mehrere Klagen der Deutschen Umwelthilfe und des Bundes für Umwelt und Naturschutz Deutschland.

Im Klimabeschluss (Az. 1 BvR 2656/18 u.a.) hatte das Bundesverfassungsgericht (BVerfG) das damalige KSG im Frühjahr 2021 für in Teilen verfassungswidrig erklärt und zugleich ein Grundrecht auf Klimaschutz geschaffen (dazu Will, Grundrechte-Report 2022). Außerdem hatte es festgestellt, dass der Gesetzgeber Emissionsreduktionen sowie die damit verbundenen Freiheitsbeschränkungen gleichmäßig über die Zeit verteilen muss und nicht zu Lasten künftiger Generationen aufschieben darf. Zuletzt hatte das BVerfG in seinem Beschluss hervorgehoben, dass der Gesetzgeber einen weiten Einschätzungsspielraum genießt, wie er seinen verfassungsrechtlichen

Verpflichtungen zum Klimaschutz nachkommen möchte, jedoch mit seinen Maßgaben Entwicklungsdruck und Planungssicherheit vermitteln muss. Nach dem Willen des Gesetzgebers ist das KSG das maßgebliche Instrument, um der Entscheidung des BVerfG gerecht zu werden und den Grundrechtsschutz zu gewährleisten.

Sofortprogramm bei Verfehlung der Sektorenziele

Bereits bei Verabschiedung des KSG im Dezember 2019 hatte der Bundesgesetzgeber den Mechanismus des Klimaschutzsofortprogramms bei Überschreiten der vorgeschriebenen Jahresemissionsmengen in § 8 KSG festgeschrieben. Der unabhängige Expertenrat für Klimafragen (ERK) überwacht gemäß den §§ 11, 12 KSG die Einhaltung der Klimaziele. Erreicht ein Sektor in einem Jahr sein Emissionsreduktionsziel nicht, muss der/die zuständige Bundesminister:in der Regierung ein Sofortprogramm vorlegen, das die Einhaltung der Ziele für die nächsten Jahre sicherstellt. Auch dieses Sofortprogramm wird vom ERK bewertet (§ 12 Absatz 2 KSG) und muss sodann von der Bundesregierung beschlossen werden.

Sofortprogramm Verkehr schon im Ansatz ohne hinreichenden Anspruch

Die Sektoren Verkehr und Gebäude verfehlten für das Jahr 2021 die vorgeschriebenen Emissionsreduktionsziele. Laut ERK müssten die Anstrengungen zur Emissionsreduktion im Verkehrssektor um den Faktor 14, im Gebäudesektor um den Faktor 10 verstärkt werden. Für das daraufhin im Juli 2022 vorgelegte, gerade einmal dreiseitige Papier des Bundesverkehrsministers mit dem Titel »Sofortprogramm« befand der ERK, es sei »schon im Ansatz ohne hinreichenden Anspruch«, die Einhaltung der Klimaziele sicherzustellen. Auch das Sofortprogramm für den Gebäudesektor wurde als ungenügend bewertet. Nach der Rechtsprechung des BVerfG steht damit eine Verletzung von Grundrechten zu befürchten, weil die Emissionsreduktionen in die Zukunft verschoben werden.

Dennoch wurden nicht einmal diese unzureichenden Sofortprogramme von der Bundesregierung gemäß § 8 Absatz 2 KSG beschlossen. Konsequenterweise verzichteten Verkehrs- und Gebäudesektor nach Feststellung einer abermaligen Zielverfehlung im Jahr 2023 gänzlich auf die Vorlage eines Sofortprogramms an die Bundesregierung. Stattdessen verwies die Bundesregierung auf eine geplante Novelle des KSG aus dem Sommer 2023, welche durch eine sektorübergreifende und zukunftsgerichtete Prognose den öffentlichen und juristischen Druck von den säumigen Sektoren nehmen sollte.

Wohl wissend um die Aussichtslosigkeit dieses Arguments im Angesicht des geltenden Rechts, bemühten die Vertreter:innen der Bundesregierung in der mündlichen Verhandlung vor dem OVG diesen Ausweg erst gar nicht. Stattdessen verwiesen sie darauf, dass das im Oktober 2023 vorgelegte Klimaschutzprogramm im Sinne des § 9 KSG auch gleichzeitig das notwendige Sofortprogramm im Sinne des § 8 KSG sei. Das jedoch überzeugte den 11. Senat des OVG zu Recht nicht. Nur wenn Sofortprogramm draufsteht und Sofortmaßnahmen drin sind, ist es auch ein Sofortprogramm.

Den Hauptteil der mündlichen Verhandlung nahm daher auch der Versuch der Bundesregierung ein, die Klagebefugnis der beiden Umweltverbände zu bestreiten, weil das Umwelt-Rechtsbehelfsgesetz (UmwRG) eine Klagemöglichkeit gegen ein solches Klimaschutzprogramm eigentlich nicht vorsieht (hierzu Pauleweit/Hantsche, Grundrechte-Report 2022). Dem Ansinnen der Bundesregierung steht die internationale Aarhus-Konvention von 1998 entgegen, die u. a. weite Klagemöglichkeiten für Umweltverbände in Umweltangelegenheiten vorsieht. Unter Berücksichtigung des die Aarhus-Konvention umsetzenden EU-Rechts gelangte das OVG zu dem Ergebnis, dass § 1 Absatz 1 Nr. 4 UmwRG entweder über seinen Wortlaut hinaus teleologisch erweitert werden müsse, um eine Klagebefugnis für die Umweltverbände zu schaffen, oder wegen Unvereinbarkeit mit EU-Recht unangewendet bleiben müsse. Hierüber werden die bei Redaktionsschluss noch nicht veröffentlichten Entscheidungsgründe Klarheit bringen.

In der Zange zwischen KSG und GG

Die Bundesregierung plant jedoch, die jährlichen Sektorenziele gänzlich abzuschaffen, was zumindest von Teilen der Koalition auch weiterhin befürwortet wird. Die Abschaffung begegnet allerdings verfassungsrechtlichen Bedenken:

So hat das BVerfG in seinem Beschluss über zahlreiche Landes-Klimaschutzgesetze (Az. 1 BvR 1565/21 u.a.) im Januar 2022 die Sektorenziele als einen »naheliegenden« Ansatz bezeichnet. Die Sektorenziele sind auch in der Lage, den erwähnten Entwicklungsdruck und die Planungssicherheit zu vermitteln, die das BVerfG schon 2021 für notwendig erachtete. Die geplante Novelle des KSG würde diesen Maßstäben wohl nicht gerecht. Auch der ERK hielt die Sektorenziele in einem Prüfbericht von 2021 für sinnvoll.

Der Gesetzgeber befindet sich dadurch in der Zange: Einerseits könnte eine Aufweichung des KSG und der Sektorenziele einen Verfassungsverstoß bedeuten und würde in jedem Fall einen fruchtbaren Nährboden für neue, erfolgversprechende Verfassungsbeschwerden bereiten. Während das BVerfG bislang den gesetzgeberischen Einschätzungsspielraum im Klimaschutz hochgehalten hat, könnte sich dies mit einem Voranschreiten der Klimakrise bei gleichzeitiger Aufweichung der Klimaziele aus politischer Opportunität ändern. Andererseits wird ein andauerndes Verfehlen der Klimaziele bei den Gerichten richtigerweise auf wenig Verständnis hoffen können, wie das klare Urteil des OVG zeigt.

Maßnahmen im Verkehrs- und Gebäudesektor, die schnell wirken und notfalls von Gerichten angeordnet werden könnten, stehen derweil schon bereit: Tempolimits, die Abschaffung klimaschädlicher Subventionen und staatliche Unterstützung für Sanierungen und den Einbau klimaschonender Heizungen.

Klimaziele einhalten, nicht abschaffen

Dass die Umweltverbände in der Lage und willens sind, die Mechanismen des KSG zu nutzen, haben sie bereits vielfach gezeigt und werden sie auch in weiteren, bereits anhängigen

Klagen auf ein ausreichendes Klimaschutzprogramm gegen die Bundesregierung 2024 unter Beweis stellen.

Zugleich wird auch das EU-Klimaschutzrecht Deutschland mehr abverlangen, und der Aufruf »Für eine völker- und verfassungsrechtskonforme Klimaschutzpolitik« aus dem Sommer 2023 von zahlreichen Verfassungs- und Völkerrechtler:innen auf dem Verfassungsblog zeugt von einer wachsenden Unterstützung für eine ambitionierte und grundrechtsschützende Klimaschutzpolitik.

Die Einlegung der zugelassenen Revision gegen das Urteil des OVG wird der Bundesregierung zwar ein wenig Zeit verschaffen, sie kann aber der Zange, in der sie sich befindet, nicht entkommen. Für einen effektiven Grundrechtsschutz ist die gleichmäßige Reduktion der Treibhausgasemissionen nach der Rechtsprechung des BVerfG alternativlos. Und auch die stellvertretende Vorsitzende des ERK, Brigitte Knopf, hat 2022 festgestellt, dass man Klimaziele nicht dadurch erfüllt, dass man sie abschafft.

Literatur

Welker, Konstantin: Rechtsbruch im Klimaschutz: Zur Verurteilung der Bundesregierung, ein Klimaschutz-Sofortprogramm vorzulegen, Verfassungsblog v. 30. 11. 2023.

Ciré, Paula / Schönberger, Philipp: Schiff mit Schlagseite: Warum die Änderung des Klimaschutzgesetzes die Klimaziele gefährdet, Verfassungsblog v. 31. 7. 2023.

Schönberger, Philipp: Die Klimaziele werden nicht dadurch erreicht, dass man sie abschafft, Verfassungsblog v. 16. 11. 2022.

Katrin Brockmann

Ruganer:innen gegen die AfD und für Heringslaichgebiete

Flüssiggasgesetz ignoriert den Schutz der natürlichen Lebensgrundlagen

Bundeskanzler Olaf Scholz fuhr am 14. Januar 2023 nach Lubmin östlich von Greifswald und weihte das zweite deutsche schwimmende Terminal für LNG (Liquefied Natural Gas: Flüssigerdgas) ein, das in Rekordzeit errichtet worden war. Doch nach der Inbetriebnahme wurde klar, dass die für die Belieferung des Terminals mit Flüssiggas notwendigen Shuttleboote, die zwischen den anliefernden Tankern und dem Terminal im flachen Greifswalder Bodden verkehren, zu einer Klage vor dem Europäischen Gerichtshof (EuGH) führen könnten. Die Störung der Heringslaichgebiete durch diese Shuttleboote verstößt gegen europäisches Recht zur Erhaltung gefährdeter Lebensräume.

Sieben Monate zuvor, kurz nach dem russischen Überfall auf die Ukraine, war das Gesetz zur Beschleunigung des Einsatzes verflüssigten Erdgases (LNG-Beschleunigungsgesetz – LNGG) – auch in Rekordzeit – verabschiedet worden. Es galt, eine Gasmangellage in Deutschland abzuwenden. Jetzt, in Zeiten des Krieges, rächte sich der einseitige Import von über 50 Prozent des Erdgases aus Russland. Das LNGG beschleunigte Genehmigungen für Industrieanlagen in einem Maße, wie es die Bundesrepublik vorher noch nie gekannt hatte. Einwendungsfristen in Genehmigungsverfahren wurden abgekürzt auf wenige Tage. Erstinstanzliches Gericht für die Kontrolle der Genehmigungen ist das Bundesverwaltungsgericht, damit ist der Rechtsweg verkürzt. Umweltverträglichkeitsprüfungen sollen im Genehmigungsverfahren regelmäßig entfallen.

Auch deshalb spielten die Störung der Laichgebiete durch die Shuttleboote und die Lärmbelästigungen der Bürger:innen in der Umgebung des LNG-Terminals in den Antragsunterlagen und der Genehmigung für Lubmin keine wesentliche Rolle.

In die Röhre geschaut

Mit der ersten Änderung des LNGG im Dezember 2022 wurden die Prüfungsmöglichkeit und Beteiligungsrechte noch einmal reduziert, ein vorzeitiger Baubeginn – auch bei unvollständigen Planungsunterlagen – wurde so ermöglicht. Außerdem wurde ein weiteres Terminal für den Standort Lubmin in das Gesetz aufgenommen.

Nachdem der Winter 2022/2023 mit Sparmaßnahmen durch Unternehmen und Bürger:innen sowie mit der ergänzenden Gasversorgung über nun drei schwimmende LNG-Terminals gut überstanden wurde, traten die Probleme des LNGG und der erteilten Genehmigungen wieder in den Vordergrund, insbesondere in Bezug auf die vor der Küste Rügens verkehrenden Shuttleboote.

Doch es fand sich schnell eine vermeintliche Lösung: In Mukran, einem kleinen Fährhafen zwischen Saßnitz und Binz auf Rügen, lagerten noch viele Röhren eines Projektes, das Bundeskanzlerin Angela Merkel, ihr Vorgänger Gerhard Schröder und, mit viel Chuzpe, die SPD-Regierung in Mecklenburg-Vorpommern vorangetrieben hatten: Nord Stream 2. Diese Röhren sollten als Pipelineanbindung an die Gasleitungen in Lubmin genutzt werden.

Mit der zweiten Änderung des LNG-Gesetzes im Juli 2023 wurden zwei weitere LNG-Anlagen in Mukran und die Verbindungsleitungen nach Lubmin geplant. In der Anhörung im Bundestagsausschuss für »Klimaschutz und Energie« wurde für Mukran wegen der bereits vorhandenen Röhren argumentiert, die der Bund von der Nord-Stream-2-AG für 70 Millionen Euro erworben hatte, und mit einem möglichen alternativen Offshore-Standort vor Rügen. Die Regelungen zum Umbau der LNG-Terminals für spätere Wasserstoffnutzung wurden in Bezug auf die tatsächliche Machbarkeit sehr kritisch diskutiert. Auch die Verfehlung der Klimaschutzziele war ein Thema.

Der Schutz der Laichgebiete im Greifswalder Bodden bei

Lubmin fehlte erneut in der gesetzlichen Begründung für den neuen Standort Mukran. Wichtig war allein die Energiesicherheit. Dabei fehlte es auch nach über einem Jahr diverser Gesetzesänderungen an einer konkreten Bedarfsanalyse. Stattdessen argumentierte die Gesetzgebung mit spekulativen Prämissen: Für 2024 sei selbst bei im Sommer 2023 vollständig gefüllten Gasspeichern mit Blick auf mögliche Extremwetterlagen die Einspeisung von LNG erforderlich.

Überdimensionierte Pläne für deutsche Flüssiggasterminals

Im Gesetzgebungsprozess wurden etwa folgende Fragen nicht beantwortet: Wie soll einer Extremwetterlage und einer möglicherweise daraus folgenden angespannten Gasversorgungslage im Winter 2023/24 durch ein bislang weder genehmigtes noch errichtetes Terminal in Mukran begegnet werden können? Wieso rechtfertigt eine mögliche Extremwetterlage im Winter 2023/24 eine gesetzlich gesicherte Laufzeit des LNG-Terminals bis 2043? Über die Hälfte aller Bundestagsabgeordneten und die Mehrheit des Bundesrats stimmten dennoch im Juli 2023 der zweiten Änderung des LNG-Beschleunigungsgesetzes mit nunmehr bis zu 11 LNG-Terminals zu.

Das wichtigste Problem beim LNGG bleibt die Festschreibung von CO_2-Emissionen weit über die Menge hinaus, die Deutschland nach 2030 noch emittieren darf. Das verletzt Artikel 20a GG und die völkerrechtlichen Verbindlichkeiten, die Deutschland durch die Ratifizierung des Pariser Klimaabkommens 2016 eingegangen ist. Dies obwohl das Bundesverfassungsgericht in seiner Entscheidung zum Klimaschutzgesetz vom 24. März 2021 (Az. 1 BvR 2656/18 u.a.) deutlich machte, dass die Grundrechte in der Dimension der »intertemporalen Freiheitssicherung« auch vor einer »umfassenden Freiheitsgefährdung durch einseitige Verlagerung der durch Art. 20a GG aufgegebenen Treibhausgasminderungslast in die Zukunft« schützen.

Das zweitwichtigste Problem des Gesetzes ist der Abbau der Gewaltenteilung als wichtiges Garantieprinzip der Demokratie. Im September 2023 billigte das Bundesverwaltungsgericht (BVerwG) im Eilverfahren die Errichtung des dann zweiten Planungsabschnitts der Leitungen von Lubmin nach Mukran (Beschluss vom 12. September 2023, Az. 7 VR 4/23). Die Antragsteller hatten u. a. geltend gemacht, dass hier eine Umweltverträglichkeitsprüfung (UVP) durchgeführt werden müsse und das LNGG dies nicht ausschließen dürfe wegen einer vermeintlichen besonderen Energierelevanz des Vorhabens.

Das BVerwG legte den Ausschluss der europarechtlich gebotenen UVP nach § 4 Absatz 1 LNGG jedoch so aus, dass es dafür nicht auf den tatsächlichen Beitrag der Anlage in Lubmin zur Abwendung einer Krise der Gasversorgung ankommen soll, sondern nur auf die potenzielle Möglichkeit des Projekts zur Abwendung einer solchen Krise. Das Gericht bediente sich bei der Auslegung allein der nationalen gesetzlichen Begründung und seiner eigenen Rechtsprechung. Der EuGH wurde nicht berücksichtigt. Der EuGH hat jedoch Maßstäbe für Einzelfälle als Ausnahmen von der UVP-Pflichtigkeit entwickelt. Gesetzlich geregelte Regelfälle fallen nicht darunter. Mit § 4 Absatz 1 LNGG kann daher keine Ausnahme von der UVP-Pflicht konstruiert werden.

Wenn das Bundesverwaltungsgericht die potenzielle Mindesteinspeisungsmenge von fünf Milliarden Kubikmeter Gas als Maßstab nimmt, dann entfällt für sämtliche Anlagen die UVP-Pflicht. Denn nach den bisherigen Planungen von bis zu 11 LNG-Anlagen wird diese Menge bei dem vorausgesetzten Bedarf zwischen 56 und 96 Milliarden Kubikmeter Gas von jeder Anlage potenziell erreicht. Das BVerwG entschärfte dieses unionsrechtswidrige Kriterium des Gesetzes mit seiner Auslegung einer potenziellen Möglichkeit also nochmals.

Wunder an der Küste?

In der Zwischenzeit verfügte das BVerwG jedoch einen sofortigen Baustopp für die Leitungen aus Gründen des Vogelschutzes und der Laichgebiete bis Mai 2024. Das LNG-Projekt Mukran liegt damit weit hinter dem ursprünglichen Zeitplan. Die Bauarbeiten für die Errichtung der Offshore-Anbindungspipeline von Lubmin nach Mukran sind noch nicht abgeschlossen, ebenso wenig die Baggerarbeiten zur Vertiefung des Lubminer Hafens und der äußeren Hafeneinfahrt.

Es ist sehr zu hoffen, dass diese Monate eine Zeit des Überdenkens des LNGG, der politischen und der Verwaltungsentscheidungen werden. Denn seit Herbst 2021 schafft es vor allem die Bürgerinitiative »Lebenswertes Rügen«, das Thema LNG-Terminals auf Rügen nicht von der AfD dominieren zu lassen. Das scheint wie ein demokratisches Wunder. Wenn jedoch vor der geschützten Küste Rügens eine Industrieanlage wie die geplanten LNG-Terminals »baden geht«, wird es keine Wunder geben.

Literatur

New Climate Institute: Deutsche LNG-Ausbaupläne führen zu Überkapazität und gefährden Klimaschutzziele. Review und klimapolitische Einordnung der aktuellen Studienlage, März 2023.

Verheyen, Roda/Bohlmann, Marie: LNG-Beschleunigungsgesetz als Blaupause? Warum das LNGG kein Vorbild sein sollte, in: Zeitschrift für Europäisches Umwelt- und Planungsrecht, 2023 (Heft 2), S. 117–129.

Artikel 34 Verletzt jemand in Ausübung eines ihm anvertrauten öffentlichen Amtes die ihm einem Dritten gegenüber obliegende Amtspflicht, so trifft die Verantwortlichkeit grundsätzlich den Staat oder die Körperschaft, in deren Dienst er steht.

Jochen Goerdeler

Nach rechtswidriger Nacktdurchsuchung

Bundesverfassungsgericht weitet Ausgleichsansprüche aus

Bei erheblichen Verletzungen von Grund- und Menschenrechten durch die öffentliche Gewalt muss dem Geschädigten eine Geldentschädigung zustehen, unabhängig vom Verschulden der handelnden Staatsdiener; allein die gerichtliche Feststellung der Rechtswidrigkeit reicht als Genugtuung in der Regel nicht aus. Dies ist eine für das deutsche Staatshaftungsrecht erfreuliche neue Linie, die das Bundesverfassungsgericht (BVerfG) in einem Beschluss vom 19. Mai 2023 (Az.: 2 BvR 78/22) postuliert hat. Dieses Ergebnis ist insofern bemerkenswert, als das deutsche Staatshaftungsrecht gemäß Artikel 34 GG i. V. m. § 839 des Bürgerlichen Gesetzbuchs (BGB) Schadensersatz explizit vom Verschulden abhängig macht.

Das Staatshaftungsrecht regelt die Voraussetzungen und den Umfang von Ausgleichsleistungen, zu denen der Staat verpflichtet ist, wenn jemand durch hoheitliches Handeln einen materiellen oder immateriellen Schaden erleidet. Hintergrund für die Entscheidung des BVerfG war die Rechtsprechung des Europäischen Gerichtshofs für Menschenrechte (EGMR) über Entschädigungsansprüche bei gravierenden Verletzungen der Europäischen Menschenrechtskonvention (EMRK).

Rechtswidrige Entkleidungsdurchsuchung im Justizvollzug

Der Ausgangspunkt der Entscheidung: Im März 2019 wurde ein Gefangener im Justizvollzug nach einem Familienbesuch nackt durchsucht. Der Betroffene erreichte gerichtlich, dass das Landgericht Regensburg die Rechtswidrigkeit dieser Durchsuchung feststellte (Beschluss vom 25.11.2020).

Daraufhin verklagte er den Freistaat Bayern auf eine Entschädigung in Höhe von 500 Euro. Mit Urteil vom 14. Dezember 2021 wies die zuständige Zivilkammer des Landgerichts Regensburg diese Klage jedoch ab: Die Durchsuchung sei zwar objektiv rechtswidrig gewesen, der Kläger habe aber kein Verschulden der Amtsträger nachweisen können. Nicht jede Verletzung der Amtspflicht erfolge schuldhaft. Hier hätten die handelnden Beamten nicht erkennen können, dass ihr Vorgehen rechtswidrig war.

Ein Entschädigungsanspruch verlange nach deutschem Recht gemäß Artikel 34 GG in Verbindung mit § 839 BGB ein Verschulden. Zudem habe der Betroffene durch die gerichtliche Feststellung der Rechtswidrigkeit bereits ausreichende Genugtuung erfahren. Auch nach der Rechtsprechung des EGMR hänge es von den Umständen des Einzelfalles ab, ob bei einer Verletzung der EMRK mit Geld zu entschädigen sei. Bei weniger gravierenden Verstößen oder bloß missachteten Verfahrensregelungen könne ausnahmsweise die Feststellung der Rechtswidrigkeit genügen. Ein solcher Ausnahmefall sei hier gegeben.

Entschädigung nach Beschluss des Bundesverfassungsgerichts

Das sah nun das BVerfG anders. Es stellt zunächst fest, dass eine mit einer Entkleidung verbundene Durchsuchung einen schwerwiegenden Eingriff in das allgemeine Persönlichkeitsrecht (Artikel 2 Absatz 1 i.V.m. Artikel 1 Absatz 1 GG) darstelle, insbesondere wenn diese mit einer Inspektion des Intimbereichs und üblicherweise bedeckter Körperöffnungen verbunden sei (Randnummer [Rn.] 25). Eine Entschädigung für die rechtswidrige Durchsuchung zu versagen berühre ebenfalls den Schutzbereich des Persönlichkeitsrechts (Rn. 26). Bei der Interpretation dieses Grundrechts seien die EMRK und die Rechtsprechung des EGMR als Auslegungshilfen heranzuziehen, um Inhalt und Reichweite der Grundrechte sowie der rechtsstaatlichen Grundsätze zu bestimmen. Auch die Fachgerichte hätten die Gewährleistungen der EMRK in das innerstaatliche Recht »einzupassen« (Rn. 28 und 33).

Der EGMR habe bereits mehrfach über Entschädigungsansprüche von Gefangenen nach rechtswidrigen Durchsuchungen entschieden (etwa Roth gegen Deutschland vom 22. Oktober 2022, Az. 6780/18 und 30776/18). In diesen Durchsuchungen habe es einen Verstoß gegen das Verbot erniedrigender Behandlungen gemäß Artikel 3 EMRK gesehen, eines der Kernrechte der Konvention. In der Regel müsse der damit einhergehende immaterielle Schaden durch eine angemessene Entschädigung ausgeglichen werden. Nur in Ausnahmefällen sei die gerichtliche Feststellung der Rechtswidrigkeit eine ausreichende Genugtuung, etwa wenn die Verletzung als weniger gravierend zu bewerten sei oder es sich nur um Verfahrensfehler handele. Um eine Entschädigung zu erreichen, müsse den Betroffenen auch ein realisierbarer Mechanismus im innerstaatlichen Recht zur Verfügung stehen. Dies sah der EGMR im Verfahren Roth gegen Deutschland nicht als gegeben an und stellte daher eine Verletzung des Rechts auf eine wirksame Beschwerde (Artikel 13 EMRK) in Verbindung mit dem Verbot erniedrigender Behandlungen (Artikel 3 EMRK) fest (Rn. 30 und 34).

Diese Rechtsprechung habe das Landgericht nicht ausreichend berücksichtigt. Es habe insbesondere nicht geprüft, ob auch jenseits des Schadensersatzanspruchs nach § 839 BGB i. V. m. Artikel 34 GG andere staatshaftungsrechtliche Rechtsgrundlagen greifen können. Ohne weitere konkrete rechtsdogmatische Vorgaben zu machen, hat das BVerfG das Urteil des Landgerichts aufgehoben und den Fall zur erneuten Entscheidung an das Gericht zurückverwiesen.

Neue Wege im Staatshaftungsrecht

Zwar hat das BVerfG den Weg offengelassen, jedoch das Ergebnis klar benannt: Entsprechend der Rechtsprechung des EGMR ist bei Amtspflichtverletzungen, die schwerwiegende Eingriffe in das allgemeine Persönlichkeitsrecht darstellen, den Betroffenen in der Regel eine Entschädigung zu zahlen, und zwar unabhängig von einem Verschulden der handelnden Amtsträger. Die gerichtliche Feststellung der Rechtswidrigkeit der Maßnahme reiche als Genugtuung nicht aus.

Die Bedeutung der Entscheidung geht über den konkreten Ausgangsfall einer körperlichen Durchsuchung mit vollständiger Entkleidung im Justizvollzug hinaus: Auch bei anderen Grundrechtsverletzungen im Justizvollzug sowie in anderen Kontexten dürfte der Anwendungsbereich des verschuldensunabhängigen Ausgleichsanspruchs greifen (denkbar wäre dies beispielsweise bei einer rechtswidrigen Fixierung im Justizvollzug oder in der Psychiatrie, bei einer rechtswidrigen Trennung der Mutter von ihrem Neugeborenen im Strafvollzug, der Verweigerung notwendiger medizinischer Versorgung im staatlichen Gewahrsam oder der rechtswidrigen Anwendung von unmittelbarem Zwang, wenn damit erhebliche Folgen verbunden sind). Das deutsche Staatshaftungsrecht dürfte damit vor durchaus umfassenden Änderungen stehen.

Artikel 103 (2) Eine Tat kann nur bestraft werden, wenn die Strafbarkeit gesetzlich bestimmt war, bevor die Tat begangen wurde.

Simon Pschorr

Alkohol legal, Cannabis illegal: eine Entscheidung allein des Gesetzgebers

Große Hoffnungen auf Straffreiheit hatten Cannabiskonsument:innen in das Bundesverfassungsgericht (BVerfG) gesetzt. Der sogenannte #Weedmob wurde schwer enttäuscht: Mit Beschluss vom 14. Juni 2023 (Az. 2 BvL 3/20 u. a.) wies die dritte Kammer des zweiten Senats drei Richtervorlagen nach Artikel 100 GG – die Gerichte hatten dem BVerfG Normen des Betäubungsmittelrechts zur verfassungsrechtlichen Prüfung vorgelegt – als unzulässig zurück. Die vorlegenden Amtsgerichte hätten sich nicht (hinreichend) mit der verfassungsgerichtlichen Rechtsprechung zur Strafbarkeit des Umgangs mit Cannabis auseinandergesetzt.

Damit verwies das Gericht auf seine Cannabisentscheidung von 1994 (Beschluss vom 9. 3. 1994, Az. 2 BvL 43/92 u. a.). Damals hatte es entschieden, die Kriminalisierung von Cannabis verfolge ein legitimes Ziel, obwohl Cannabis keine körperliche, sondern lediglich eine psychische Abhängigkeit hervorrufe. Auch wenn ein mäßiger Genuss kaum unmittelbare gesundheitliche Folgen verursache und nicht nachzuweisen sei, dass Cannabis als »Einstiegsdroge« zum Konsum harter Betäubungsmittel verleite, habe (allein) der Gesetzgeber über die Strafbarkeit des Besitzes zu entscheiden.

Dabei hatte das BVerfG bereits 1994 festgestellt, der Gesetzgeber habe bei der Einführung des Betäubungsmittelgesetzes die Gefahren des Cannabiskonsums überschätzt. Seit dieser

Entscheidung kristallisiert sich in der Forschung immer klarer heraus: Die Gefahren für Erwachsene entsprechen dem Risiko von Alkohol- und Tabakkonsum.

Tradition vor Eignung

Die vorlegenden Gerichte gingen deshalb davon aus, ein legitimes Ziel für die Strafbarkeit des Umgangs mit Cannabis fehle. Doch das BVerfG sah keinen Unterschied zu 1994: Dass Cannabis völlig ungefährlich sei, wäre noch immer nicht erwiesen. Solange eine »Restgefahr« bestehe, stünde dem Gesetzgeber ein Einschätzungsspielraum zu, ob und wie er darauf reagiere.

Dass Alkohol erlaubt sei, obwohl tatsächlich drei Millionen deutsche Erwachsene alkoholbezogene Störungen aufwiesen, während Cannabis verboten bleibe, verstoße auch nicht gegen den Gleichheitssatz. Denn die Trunksucht könne angesichts der Verankerung von Alkohol in Kultur und Geschichte des Landes nicht effektiv unterbunden werden. Damit gestattete die Kammer dem Gesetzgeber, sich der normativen Kraft des Faktischen zu unterwerfen und eine Ungleichbehandlung mit »Tradition« zu legitimieren.

Hingegen könne die Strafbarkeit des Umgangs mit Betäubungsmitteln nach Meinung der Kammer Suchtverhalten bekämpfen. Eine Überprüfung dieser Behauptung lässt die Entscheidung vermissen. Der Vergleich mit Ländern, die Cannabis im letzten Jahrzehnt legalisiert haben, legt keinen signifikanten Effekt der Strafbarkeit auf die Konsumrate nahe: Wo Cannabis straffrei wurde, stieg der Konsum nur geringfügig an. Berücksichtigt man die Dunkelziffer bei illegalem Konsum, scheint die Kriminalisierung nicht vom Konsum abzuhalten.

Praktische Umsetzung vor gesetzlicher Kontrolle

Die Kammer hielt die Kriminalisierung des Umgangs mit Cannabis auch für erforderlich. Die Vorlageentscheidungen hätten keine neuen kriminologischen Erkenntnisse präsentiert, die mildere Mittel zum Schutz der Konsument:innen vor Abhängigkeit aufzeigten. Damit verkürzte die Kammer die Wertungen der Entscheidung von 1994. Damals hatte die Senatsmehrheit kritisiert, dass der Besitz von kleinen Mengen zum gelegentlichen Eigenverbrauch kriminalisiert wurde. Sie hatte das Betäubungsmittelgesetz nur deshalb für verfassungskonform erachtet, weil der »Gesetzgeber den Strafverfolgungsorganen ermöglicht hatte, im Einzelfall durch das Absehen von Strafe oder Strafverfolgung einem geringen individuellen Unrechts- und Schuldgehalt der Tat Rechnung zu tragen«. Diese Möglichkeit zur Opportunitätseinstellung von Strafverfahren hatte Fragen der Gleichbehandlung aufgeworfen: »Die Länder trifft hier die Pflicht, für eine im wesentlichen einheitliche Einstellungspraxis der Staatsanwaltschaften zu sorgen.« Eine solche gibt es bis Ende 2023 nicht.

Die Kammer erklärte nun die Rechtszersplitterung kurzerhand zu einem Problem der Anwendung und entließ den (untätigen) Gesetzgeber aus seiner Verantwortung. Das ist besonders insofern defizitär, als Richter Bertold Sommer in seinem Sondervotum 1994 bereits auf die Divergenz der Verfolgungspraxis aufmerksam gemacht und eine Steuerung der Rechtspraxis durch den Gesetzgeber angemahnt hatte (BVerfGE 90, 145, Rn. 255).

Auch die Angemessenheit der Cannabiskriminalisierung hatte das Sondervotum abweichend beurteilt. Richter Sommer hatte die Bestrafung unter Berücksichtigung empirischer Erkenntnisse zur Gefährlichkeit von Cannabis allein für ein »Mittel zum Zweck« erachtet. Es wäre Sache des Gesetzgebers gewesen, seine Gefährlichkeitsbewertung zu korrigieren und das Gesetz zu ändern. Die Kammer ließ dem Gesetzgeber jedoch auch 2023 Zeit, sich für eine neue Rechtslage zu entscheiden. Während die Unionsfraktionen die Kriminalisierung weiter unterstützen, erarbeitete die Ampelkoalition einen unstimmigen, unvollständigen und zugleich überaus kleinteiligen Entwurf eines Konsumcannabisgesetzes (KCanG).

Richterliche Rechtschöpfung vor legislativer Entscheidung

Ein schwerwiegendes Defizit übernahm der Gesetzesentwurf direkt aus dem Betäubungsmittelrecht: So soll sich eines Verbrechens (Mindestfreiheitsstrafe ein Jahr) schuldig machen, wer eine »nicht geringe Menge« Cannabis besitzt, anbaut, herstellt, damit Handel treibt oder abgibt. Eine Definition des Grenzwerts blieb der Entwurf weiterhin schuldig: »Der konkrete Wert einer nicht geringen Menge wird abhängig vom jeweiligen THC-Gehalt des Cannabis von der Rechtsprechung aufgrund der geänderten Risikobewertung zu entwickeln sein. Im Lichte der legalisierten Mengen wird man an der bisherigen Definition der nicht geringen Menge nicht mehr festhalten können und wird der Grenzwert deutlich höher liegen müssen als in der Vergangenheit«, heißt es in der Entwurfsbegründung. Über die Grenzen der Strafbarkeit eines Verhaltens, zumal als Verbrechen, muss nach Artikel 103 Absatz 2 GG allerdings der Gesetzgeber – und nicht die Gerichtsbarkeit – entscheiden.

Die faktische Übertragung dieser Aufgabe auf die Gerichte hält das BVerfG aber schon im Betäubungsmittelrecht für verfassungsgemäß. Hier liegt die größte Schwäche des aktuellen Beschlusses: Darin bestätigt das Gericht die Spruchpraxis des Bundesgerichtshofs (BGH), ohne inhaltlich zu analysieren, warum genau 7,5 Gramm Tetrahydrocannabinol-Gehalt (THC-Gehalt) eine »nicht geringe Menge« darstellen sollten. Der BGH hatte diesen Wert nicht etwa aus der Gefährlichkeit dieser Betäubungsmittelmenge abgeleitet, wird doch Cannabiskonsum erst ab 750 kg lebensgefährlich. Ohne jeden Anhaltspunkt im Gesetz, seiner Geschichte oder seinem Zweck hatte er die Grenze eigenmächtig bei 500 Konsumeinheiten gezogen und war damit – nunmehr mit dem Segen des BVerfG – an die Stelle des Gesetzgebers getreten.

Am Beispiel Cannabis zeigen sich deshalb die Folgen einer allzu restriktiven Spruchpraxis des Verfassungsgerichts im Strafrecht: Je mehr Freiheiten es dem Gesetzgeber einräumt, desto mehr politisch kritische Entscheidungen schiebt dieser auf die Gerichte ab. Es wird Zeit, den Bundestag an seine Verantwortung für das Strafrecht zu erinnern.

Literatur

Oğlakcıoğlu, Temmuz/Sobota, Sebastian: Cannabisgesetz – Fortschritt im Rückwärtsgang, in: Zeitschrift für Rechtspolitik 2023, S. 194 ff.

Pöplau, Elian: Das Ende der Cannabisprohibition?, Baden-Baden 2023.

Pschorr, Simon: Der Schutz demokratischer Entscheidungsfindung durch den strafrechtlichen Bestimmtheitsgrundsatz (Art. 103 Abs. 2 GG), in: Staffler, Lukas u. a. (Hrsg.): Strafrecht und Demokratie, Baden-Baden 2023, S. 131 ff.

Dewitz, Clivia von/Pschorr, Simon: Das rechtliche und tatsächliche Scheitern der Cannabisprohibition, in: Schleswig-Holsteinische Anzeigen 11/2023, S. 401 ff.

Artikel 103 (3) **Niemand darf wegen derselben Tat auf Grund der allgemeinen Strafgesetze mehrmals bestraft werden.**

Marie Volkmann

Nicht zweimal in derselben Sache

Zur Notwendigkeit staatlicher Selbstbeschränkung bei der Wiederaufnahme von Strafverfahren

Am 31. Oktober 2023 hat der Zweite Senat des Bundesverfassungsgerichts den § 362 Nr. 5 der Strafprozessordnung (StPO) für verfassungswidrig und damit nichtig erklärt (BVerfG, Urteil v. 31.10.2023 – 2 BvR 900/22). Verfassungsbeschwerde erhoben hatte ein vom Vorwurf der Vergewaltigung und des Mordes im Jahr 1983 Freigesprochener, in dessen Fall Jahrzehnte später DNA-Spuren zu seinen Lasten ausgewertet wurden. Aufgrund der Änderung des § 362 Nr. 5 StPO Ende 2021 durch das »Gesetz zur Herstellung materieller Gerechtigkeit« war gegen ihn 2022 erneut Haftbefehl erlassen worden. Eine bereits Jahre andauernde politische und rechtswissenschaftliche Debatte wird dadurch von neuem angeheizt.

Ausgangspunkt ist das im Artikel 103 Absatz 3 GG statuierte Mehrfachbestrafungsverbot (»Ne bis in idem«-Grundsatz). Es verbietet dem Staat, Bürger*innen aufgrund derselben Tat mehrfach zu verurteilen. Das Mehrfachbestrafungsverbot ist in der verfassungsgerichtlichen Rechtspraxis zu einem Verbot der Mehrfachverfolgung ausgeweitet worden, da die Strafverfolgung überhaupt erst mit dem Ziel einer (möglichen) Verurteilung ihren Sinn erhält. Dies gilt gerade auch bei einem rechtskräftig mit einem Freispruch abgeschlossenen Verfahren. Artikel 103 Absatz 3 GG stellt somit auch ein subjektives Abwehrrecht der Bürger*innen gegen eine solche wiederholte

Verfolgung aufgrund derselben Tat dar, die für Betroffene als »Freispruch unter Vorbehalt« eine massive, unter Umständen zeitlich unbegrenzte psychische Belastung bedeutet.

Dabei muss sich die Anwendung des Artikels 103 Absatz 3 GG nicht nur am grundrechtlichen Maßstab messen lassen. Hinzu kommt als Zweck des Mehrfachverfolgungsverbots auch die Erhaltung der Rechtskraft gerichtlicher Urteile, also die Erzielung endgültiger Entscheidungen. Eine Durchbrechung dieser Rechtskraft zieht immer eine Minderung der Rechtssicherheit für alle Bürger*innen nach sich. Insofern ist der Erhalt der Rechtssicherheit – als Kerngehalt des Rechtsstaatsprinzips – sowohl als Individual- als auch als Kollektivinteresse von großer Bedeutung. Aus diesen Gründen ist die Wiederaufnahme eines mit einem rechtskräftigen Urteil abgeschlossenen Strafverfahrens nur in den absoluten Ausnahmefällen der gefälschten Beweismittel oder eines nachträglichen Geständnisses möglich.

Wiederaufnahme zuungunsten Freigesprochener

Ebendiese Ausnahmefälle regelt § 362 Strafprozessordnung. Sie waren 2021 um den Fall der »neu beigebrachten Tatsachen oder Beweismittel« erweitert worden. Dabei befand sich die Debatte um den Gesetzgebungsprozess in einem bewusst emotionalisierten und polarisierenden Rahmen. In der Folge wurden von vielen Seiten verfassungsrechtliche Bedenken geäußert. Begründet mit der »Unerträglichkeit« mancher Urteile war durch die Erweiterung das Mehrfachverfolgungsverbot »erheblich aufgeweicht« worden (dazu Derin, Grundrechte-Report 2022).

Nun hat das Bundesverfassungsgericht gesprochen: Die Erweiterung des § 362 StPO verstößt gegen das »Ne bis in idem«-Prinzip des Artikels 103 Absatz 3 GG sowie aufgrund seiner Anwendung auf bereits abgeschlossene Tatbestände gegen das Rückwirkungsverbot aus Artikel 103 Absatz 2 GG, das eine Ausprägung des Rechtsstaatsprinzips aus Artikel 20 Absatz 1 und 3 GG darstellt.

In seinem Urteil schildert der Zweite Senat, wie sich die aufgeworfene Frage im Spannungsfeld von Rechtssicherheit und materieller Gerechtigkeit bewege. An dieser Stelle träfen die Grundsätze des demokratischen Rechtsstaats auf die Moralvorstellungen der Bürger*innen hinsichtlich dessen, was Gerechtigkeit im realen Leben bedeutet, also z. B. dass ein Mörder »seiner gerechten Strafe« zuzuführen sei. Jedoch erläutert der Senat, dass die Verfassung hinsichtlich des Mehrfachverfolgungsverbots eine eindeutige »Vorrangentscheidung zugunsten der Rechtssicherheit gegenüber der materialen Gerechtigkeit« treffe (Fn. 76 f.). Das Mehrfachverfolgungsverbot sei dabei »abwägungsfest« (Fn. 79 ff.). Das heißt, es steht grundsätzlich nicht zur Abwägung mit anderen Verfassungsgütern bereit, da es dadurch zu einer verfassungswidrigen »Relativierung des Verbots« käme. Allenfalls könnten vom Gesetzgeber »Grenzkorrekturen« vorgenommen werden (vgl. BVerfGE 56, 22 [34]). Die Erweiterung der Wiederaufnahme gehe jedoch über eine solche hinaus und sei somit nicht zulässig.

In diesem Zusammenhang sollte das Sondervotum der Richter*innen Christine Langenfeld und Peter Müller nicht unerwähnt bleiben. Zwar gelangen sie im Ergebnis wie die Senatsmehrheit zu der Einschätzung, dass die Neuerung des § 362 Nr. 5 StPO gegen das Rückwirkungsverbot verstößt. Auch äußern sie Bedenken hinsichtlich der Bestimmtheit der Norm, also ihrer inhaltlichen Eindeutigkeit, sowie ihrer Verhältnismäßigkeit. Jedoch halten sie das in Artikel 103 Absatz 3 GG statuierte Mehrfachverfolgungsverbot für nicht abwägungsfest: Der Gesetzgeber sei also frei darin, beim Erlass eines solchen Gesetzes das Mehrfachverfolgungsverbot zugunsten eines anderen Schutzguts von Verfassungsrang einzuschränken. Dabei müsse nur das »strenge Regel-Ausnahme-Verhältnis« des Mehrfachverfolgungsverbotes erhalten werden (Rn. 33).

Notwendigkeit staatlicher Selbstbeschränkung

Erfreulicherweise weist der Senat auf die »Selbstbeschränkung des Staates« hin (Rn. 88), die in diesem Fall besondere Bedeutung erlangt, ist doch das Mehrfachverfolgungsverbot aufgrund seiner unbeschränkten Geltung eines der effektivsten

Abwehrrechte des*r Bürger*in gegen staatliche Übermacht. Der Senat artikuliert damit ein klares Bekenntnis zu den in der Verfassung niedergelegten Justizgrundrechten als Sicherungsmittel der Rechtsstaatlichkeit.

Das Sondervotum der Richter*innen Langenfeld und Müller vertritt hingegen die Ansicht, dass von einer Gefahr für die Rechtsstaatlichkeit durch Erweiterung der Wiederaufnahmegründe zuungunsten Freigesprochener nicht ausgegangen werden könne. Denn im Gegensatz zur Erweiterung der Wiederaufnahmegründe im Nationalsozialismus befinde sich die Norm heute in einem »rechtsstaatlich abgesicherten Rahmen« (Rn. 17).

So spricht aus den Worten der Richter*innen Langenfeld und Müller wenig Sorge um die Beständigkeit der Rechtsstaatlichkeit, jedenfalls in Bezug auf eine Erweiterung der Wiederaufnahmegründe und zumindest nicht so weit, wie sie es auf historische Vergleiche ankommen lassen.

Nicht überall stößt das Urteil des Zweiten Senats auf Verständnis. So wird es von manchen als »unnötig kleinkariert« empfunden (Christian Rath, *taz online*, 31.10.2023). Das Wiederaufnahmeverbot bewegt sich jedoch tatsächlich in einem Rahmen, der auf den zweiten Blick nicht so »rechtsstaatlich abgesichert« erscheint. Während eine gesellschaftliche Strömung, die sich gerne als Bewegung versteht, die Aushöhlung und schließlich die Abschaffung des Rechtsstaats offen anstrebt, ist das Urteil des Zweiten Senats also durchaus ein ermutigendes Zeichen, dass das Bundesverfassungsgericht dem Antasten der Rechtsstaatlichkeit Einhalt zu gebieten weiß.

Literatur

Eichhorn, Laurenz: »›Ne bis in idem‹ – auch für Mörder?«, Verfassungsblog v. 18.6.2021.

Frister, Helmut/Müller, Tobias: Reform der Wiederaufnahme in Strafsachen, in: Zeitschrift für Rechtspolitik 2019, S. 101 ff.

Anhang

Kurzporträts der herausgebenden Organisationen

Humanistische Union

Die Humanistische Union (HU) wurde 1961 als kultur- und rechtspolitische Vereinigung gegründet, die sich gegen konservative und klerikale Einflüsse in Kultur und Medien wehrte. Heute ist die HU eine bundesweit tätige Bürgerrechts- und Lobbyorganisation für den Schutz und den Ausbau der Menschen- und Bürgerrechte. Der Protest gegen Einschränkungen der Meinungsfreiheit sowie die Forderung nach einer Trennung von Staat und Kirchen gehören nach wie vor zu ihren Anliegen. Darüber hinaus setzt sie sich ein für die Begrenzung der Macht staatlicher Institutionen, das Recht auf Meinungsfreiheit, die Abschaffung des Verfassungsschutzes, für Datenschutz und Akteneinsichtsrecht, für die Entkriminalisierung von Drogen, die Gleichstellung von Frauen, ein selbstbestimmtes Sterben und den Schutz von Minderheiten. Die HU steht für eine umfassende Transparenz und Kontrolle staatlichen Handelns sowie für mehr politische Partizipationsmöglichkeiten. Die HU vertritt den Anspruch einer freien Entfaltung und Selbstbestimmung der Menschen in sozialer Verantwortung. Mitglieder der Humanistischen Union engagieren sich in Projektgruppen, Orts- und Landesverbänden. Viermal jährlich erscheinen die von der HU herausgegebenen *vorgänge. Zeitschrift für Bürgerrechte und Gesellschaftspolitik* sowie die Vereinszeitschrift HU-Mitteilungen. Alle zwei Jahre verleiht die HU im Gedenken an ihren Mitbegründer den Fritz-Bauer-Preis für Verdienste um Recht und Gerechtigkeit. 2009 fusionierte die Gustav Heinemann-Initiative (GHI) mit der HU.

Humanistische Union
Bundesgeschäftsstelle
Haus der Demokratie und Menschenrechte
Greifswalder Str. 4, 10405 Berlin
Tel: 030/204 502 56, Fax: 030/204 502 57
E-Mail: info@humanistische-union.de
Internet: www.humanistische-union.de

Spendenkonto: IBAN: DE53 1002 0500 0003 0742 00,
BIC: BFSWDE33BER

Komitee für Grundrechte und Demokratie

Das Komitee für Grundrechte und Demokratie konzentriert seine Arbeit auf die Situation der Grund- und Menschenrechte in der Bundesrepublik Deutschland. Schwerpunkte der Arbeit sind: Versammlungsrecht; Strafrecht, Haftbedingungen und Gefangenenhilfe; Friedenspolitik; Flucht, Migration und Asyl; Soziale Bürger- und Menschenrechte; Verletzungen von Grundrechten im Namen der »Inneren Sicherheit« sowie Demonstrationsbeobachtungen und Prozessbeobachtungen in den genannten Arbeitsfeldern. Zudem betreibt das Grundrechtekomitee seit 1994 das Projekt »Ferien vom Krieg«, das Dialoge zwischen jungen Menschen aus Kriegs- und Krisengebieten ermöglicht und damit eine exemplarische Friedenspraxis etablieren will, und seit 2021 das Projekt »Abschiebungsreporting NRW«.

An den Demonstrationsbeobachtungen beteiligen sich viele Interessierte. Arbeitsgruppen planen und bereiten Aktionen vor, zu aktuellen Fragen werden Stellungnahmen oder Pressemitteilungen herausgegeben. Auf Tagungen und in Publikationen werden Hintergründe und Zusammenhänge analysiert. Dort, wo möglich, nötig und sinnvoll, tritt das Grundrechtekomitee direkt für bedrohte Menschenrechte und gegen undemokratische Maßnahmen in Form gewaltfreien symbolischen Handelns ein. Das Grundrechtekomitee wurde 1980 als eingetragener, gemeinnütziger Verein gegründet. Die damals formulierten Ziele sind nach wie vor seine Leitlinie: Aktives, couragiertes und – wenn menschenrechtlich erforderlich – zivil ungehorsames Engagement für unteilbare Menschenrechte.

Interessierten senden wir gerne nähere Informationen zu.

Komitee für Grundrechte und Demokratie e. V.
Aquinostr. 7–11, 50670 Köln
Tel: +49 221 97269 30, Fax +49 221 97269 31
E-Mail: info@grundrechtekomitee.de, X: @grundrechte1
Internet: www.grundrechtekomitee.de
Spendenkonto: IBAN: DE76 5086 3513 0008 0246 18
BIC: GENODE51MIC

BAKJ – Bundesarbeitskreis Kritischer Juragruppen

Der BAKJ ist die bundesweite Vernetzung der linken kritischen Initiativen im juristischen Ausbildungsbereich. Der BAKJ bildet dabei eine Plattform für studentische Gruppen an juristischen Fachbereichen sowie für RechtsreferendarInnen und interessierte Einzelpersonen, um sich gemeinsam zu vernetzen, zu koordinieren und bei verschiedensten regionalen und überregionalen Projekten zu unterstützen. Hochschulpolitisch setzt sich der BAKJ für eine Ausbildung ein, die Theorie und Praxis verknüpft und so die sozialen Bezüge des Rechts reflektiert und den kritischen Umgang mit Recht fördert. Viele Gruppen des BAKJ verfolgen diese Ziele auch im Rahmen der universitären »Selbstverwaltung«. Der BAKJ tritt für eine antifaschistische, basisdemokratische und emanzipatorische Gesellschaft ein und wendet sich gegen jede Form von Diskriminierung, insbesondere Antisemitismus, Rassismus und Sexismus. Rechtspolitisch beschäftigt sich der BAKJ deshalb mit folgenden Themen: BürgerInnenrechte, Migrations- und Asylpolitik, Kapitalismuskritik, Feministische Rechtspolitik, Globalisierungskritik, Umweltpolitik und Antimilitarismus. Seit der Gründung des BAKJ 1989 veranstaltet der BAKJ regelmäßig rechtspolitische Kongresse zu den oben genannten Themen. Daneben ist der BAKJ Mitherausgeber der Zeitschrift *Forum Recht* und gibt seit 1997 jährlich mit verschiedenen BürgerInnenrechtsorganisationen den Grundrechte-Report heraus.
E-Mail: bakj@bakj.de
Internet: www.bakj.de

PRO ASYL – Bundesweite Arbeitsgemeinschaft für Flüchtlinge

PRO ASYL ist eine unabhängige Menschenrechtsorganisation, die sich seit mehr als 30 Jahren für die Rechte verfolgter Menschen in Deutschland und Europa einsetzt. In einem bundesweiten Zusammenschluss von Mitarbeiter*innen landesweiter Flüchtlingsinitiativen, Kirchen, Gewerkschaften, Wohlfahrts- und Menschenrechtsorganisationen kämpft PRO ASYL in Deutschland und auf europäischer Ebene dafür, dass Flüchtlinge den benötigten Schutz bekommen, und engagiert sich dabei gegen Versuche, die völkerrechtlichen Grundlagen der Asylgewährung auszuhöhlen.
PRO ASYL macht sich für eine demokratische und offene Gesellschaft stark, in der Flüchtlinge die Chance auf ein menschenwürdiges Leben haben. Neben Öffentlichkeitsarbeit, Recherchen, Rechts-

gutachten und Analysen begleitet PRO ASYL Flüchtlinge in ihren Asylverfahren und steht ihnen mit konkreter Einzelfallhilfe zur Seite. Gemeinsam mit internationalen Partnern dokumentiert PRO ASYL die Menschenrechtsverletzungen gegen Flüchtlinge an Europas Außengrenzen und setzt sich für eine menschliche europäische Flüchtlingspolitik ein.

PRO ASYL
Postfach 160624, 60069 Frankfurt/Main
Tel: 069/242 314 10, Fax: 069/242 314 72
E-Mail: proasyl@proasyl.de
Internet: www.proasyl.de
Spendenkonto: IBAN: DE70 3702 0500 5050 5050 50
BIC: BFSWDE33XXX

Republikanischer Anwältinnen- und Anwälteverein (RAV)

Der RAV gründete sich 1979 als politische Anwält*innenorganisation neben den Strafverteidigervereinigungen. In einer Zeit von öffentlichen Angriffen sowie Straf- und Ehrengerichtsverfahren vor allem gegen Anwält*innen, die in politischen Strafverfahren verteidigten, sollte eine schlagkräftige Interessensvertretung aufgebaut werden. Republikanisch, das waren und sind radikale Demokrat*innen, die auf dem Vorrang der Menschen- und Bürgerrechte gegenüber den Interessen staatlicher und wirtschaftlicher Institutionen bestehen und stets mehr Demokratie wollen, als gerade erreicht ist. Für den Anwält*innenberuf heißt das, Recht als Waffe zu verstehen, es für Schwächere gegen Herrschaft einzusetzen. Gegenüber 1979 hat sich die Rechtswirklichkeit stark verändert. Engagierte Anwält*innen sind in der Öffentlichkeit weitgehend akzeptiert. Die Probleme der Mandant*innen sind jedoch ähnliche wie zu Gründungszeiten. Gerade deswegen ist die Satzung des RAV von ungebrochener Aktualität, wenn es dort heißt: »Der Rechtsanwalt ist ein einseitig gebundener Interessenvertreter seines Mandanten und ausschließlich diesem und sich selbst verantwortlich.«
Der RAV streitet insbesondere

- gegen die ständige Verschärfung des Straf- und des Strafprozessrechts,
- gegen Polizeigewalt und die ständige Ausweitung polizeilicher Befugnisse,
- gegen ein rassistisches Asyl- und Ausländerrecht.

Er vertritt eine konsequent antimilitaristische Position in internationalen Konflikten, er unterstützt verfolgte ausländische Kolleginnen und Kollegen und betreibt anwaltliche Fortbildung.

Republikanischer Anwältinnen- und Anwälteverein e. V.
Haus der Demokratie und Menschenrechte
Greifswalder Str. 4, 10405 Berlin
Tel: 030/417 235 55, Fax: 030/417 235 57
E-Mail: kontakt@rav.de
Internet: www.rav.de

Vereinigung Demokratischer Juristinnen und Juristen e. V.
Die Vereinigung Demokratischer Juristinnen und Juristen e. V. (VDJ) wurde am 25. März 1972 gegründet. Sie ist die einzige parteipolitisch unabhängige und berufsübergreifende Jurist*innenorganisation, der neben Praktiker*innen aus allen Berufssparten und Hochschullehrer*innen ebenso Studierende und Referendar*innen angehören.
Die VDJ bietet kritischen Jurist*innen ein interdisziplinäres Aktions- und Diskussionsforum für Menschen- und Freiheitsrechte, die Geschlechtergleichstellung, zur Verteidigung und zum Ausbau des demokratischen und sozialen Rechtsstaats, für Frieden, gegen Rassismus und Diskriminierung.

- Sie tritt gegen Überwachung ein, insbesondere gegen staatliche und private Vorratsdatenspeicherung.
- Sie wendet sich gegen die Menschenrechts- und Völkerrechtsverletzungen gegenüber Flüchtlingen durch die EU und FRONTEX im Mittelmeer und die weitere Aushöhlung des Asylrechts durch Abschottung der Außengrenzen (»Festung Europa«) sowie gegen Waffenexporte und Militärinterventionen zum Menschenrechtsschutz. Hierfür arbeitet sie mit anderen internationalen Organisationen – u. a. EJDM, IALANA und attac –, in denen sie auch Mitglied ist, zusammen.
- Sie setzt sich ein für den Erhalt arbeits- und sozialrechtlicher Normen und gegen neo-liberale Flexibilisierung und Deregulierung des Arbeitsrechts. Hierfür organisiert sie rechtspolitischen Erfahrungsaustausch und arbeitnehmerorientierte Fortbildung, u. a. im Arbeitskreis Arbeitsrecht.
- Für außerordentliches rechtspolitisches Engagement zur Vertei-

digung von Demokratie und Menschenrechten verleiht sie den Hans-Litten-Preis.

- Die Arbeit der VDJ findet regional (Regionalgruppen) und auf Bundesebene im Bundesvorstand sowie in den Arbeitskreisen Arbeitsrecht und Familienrecht/Sozialpolitik statt.

Vereinigung Demokratischer Juristinnen und Juristen e. V.
Bundessekretariat der VDJ
Saalgasse 10, 60311 Frankfurt am Main
Tel: 069/711 634 38, Fax: 069/711 639 66
E-Mail: bundessekretaer@vdj.de
Internet: www.vdj.de, X: @VDJinfo
Spendenkonto: IBAN: DE22 8509 5004 7485 7310 02
BIC: GENODEF1MEI

Neue Richter*innenvereinigung
Die Neue Richter*innenvereinigung (NRV) wurde am 7. März 1987 in Frankfurt am Main gegründet. Sie ist ein Zusammenschluss von Richterinnen und Richtern, Staatsanwältinnen und Staatsanwälten, der auf Bundesebene als eingetragener Verein organisiert ist. In den meisten Bundesländern ist die NRV durch Landesverbände vertreten, die durch Landessprecher*innengremien repräsentiert werden. Die NRV tritt ein für

- die innere Demokratisierung von Gesellschaft und Justiz,
- die Freiheitsrechte und soziale Gerechtigkeit,
- die Gleichheit aller, die Gleichberechtigung der Geschlechter und den Schutz von Minderheiten,
- die Solidarität der Menschen gegen ihre Vernichtung durch Krieg,
- die Bewahrung der Lebensgrundlagen.

Die NRV setzt sich ein für sozial ausgewogene Lösungen im materiellen und Verfahrensrecht im Interesse der Rechtssuchenden und für die Unabhängigkeit der Justiz von Einflüssen, die die Justizgewährung für die Bürger*innen beeinträchtigen könnten. Darauf bauen auf

- die grundlegenden Entwürfe der NRV für eine möglichst hierarchiefreie Justizstruktur als eigenständige dritte Staatsgewalt,
- die Forderung nach hinreichenden Arbeitsbedingungen,

- die Konzepte zum Richterinnen- und Richterbild mit Konsequenzen für Ausbildung und Einstellungsverfahren.

Zahlreiche Mitglieder der NRV wirken daher aktiv in justizinternen Gremien (Richterräte, Präsidialräte), politischen Parteien oder anderen gesellschaftlich engagierten Organisationen mit.

Neue Richter*innenvereinigung e. V.
Haus der Demokratie und Menschenrechte
Greifswalder Str. 4, 10405 Berlin
Tel: 030/420 223 49, Fax: 030/420 223 50
E-Mail: bb@neuerichter.de
Internet: www.neuerichter.de

Internationale Liga für Menschenrechte
Im Geiste von Carl von Ossietzky

Die Internationale Liga für Menschenrechte ist eine unabhängige Nichtregierungsorganisation und ein gemeinnütziger Verein mit Sitz im Haus der Demokratie und Menschenrechte in Berlin. Sie setzt sich für die Verwirklichung und Erweiterung der Menschenrechte ein. Sie arbeitet auf der Basis der Allgemeinen Erklärung der Menschenrechte von 1948, der Europäischen Menschenrechtskonvention von 1950 sowie des UN-Zivil- und Sozialpaktes von 1966.
Die Liga kooperiert mit 178 Schwester-Ligen aus über 100 Nationen in der weltweiten Dachorganisation – der Internationalen Föderation der Ligen für Menschenrechte, FIDH (Paris), und hat Beratungsstatus bei den Vereinten Nationen. Was wir tun:

- Wir setzen uns für die Einhaltung und Weiterentwicklung der Bürger- und Menschenrechte ein: in der Bundesrepublik Deutschland, in Europa und weltweit.
- Wir widersetzen uns jeder Einschränkung oder Rücknahme rechtsstaatlicher Prinzipien und bürgerrechtlicher Errungenschaften.
- Wir fordern die Wiederherstellung des uneingeschränkten Grundrechts auf Asyl in der Bundesrepublik Deutschland.
- Wir protestieren gegen die Militarisierung der »Inneren Sicherheit« und lehnen die Bundeswehrbeteiligung an militärischen Interventionen sowie Kriegshandlungen in anderen Ländern ab.

- Wir kämpfen aktiv gegen jede Form der Ausgrenzungsdiskriminierung in Staat und Gesellschaft.
- Wir setzen uns politisch und kritisch mit Strukturen, Vorgängen und Praktiken von Justiz, Polizei, Geheimdiensten und Militär auseinander.
- Eine vorrangige Aufgabe sehen wir in der demokratischen Kontrolle der Exekutive und ihrer Institutionen. Dabei sind wir bemüht, über problematische legislative Entscheidungen und exekutive Maßnahmen und ihre Auswirkungen aufzuklären, eine kritische Öffentlichkeit herzustellen und nötigenfalls demokratischen Widerstand zu organisieren.
- Die Liga kooperiert mit anderen Bürger- und Menschenrechtsorganisationen in Berlin und bundesweit.

Seit 1962 verleiht die Liga die Carl-von-Ossietzky-Medaille für Zivilcourage bei der Verwirklichung, Verteidigung und Fortentwicklung der Menschenrechte und des Friedens. Die Liga finanziert sich ausschließlich über Mitgliedsbeiträge und Spenden. Neue Mitglieder und Aktivist_innen sind herzlich willkommen.

Internationale Liga für Menschenrechte e. V.
Haus der Demokratie und Menschenrechte
Greifswalder Str. 4, 10405 Berlin
Tel: 030/3962122, Fax: 030/3962147
E-Mail: vorstand@ilmr.de
Internet: www.ilmr.de
Spendenkonto: IBAN: DE20 1002 0500 0003 3171 00
BIC: BFSWDE33BER
Beiträge/Spenden sind steuerlich absetzbar.

FIfF – Forum InformatikerInnen für Frieden und gesellschaftliche Verantwortung

Das FIfF ist ein Zusammenschluss von Menschen, die sich kritisch mit Auswirkungen der Digitalisierung und des Einsatzes der Informatik und Informationstechnik in der Gesellschaft auseinandersetzen. Wir denken bei unserer Arbeit auch über deren Konsequenzen nach und wissen, dass nicht alle Probleme technisch lösbar sind.
Das FIfF will, dass Informationstechnik und Digitalisierung im Dienst einer lebenswerten Welt stehen. Deshalb

- setzen wir uns für die Grund- und Menschenrechte ein und engagieren uns besonders für den Datenschutz als Grundlage der persönlichen Entfaltung,
- kämpfen wir gegen den Einsatz der Informationstechnik zur Kontrolle und Überwachung,
- engagieren wir uns für Frieden und Abrüstung und gegen die Anwendung der Informatik im Militär,
- fördern wir die Entwicklung von ökologisch verträglichen Wirtschaftskreisläufen und unterstützen die menschengerechte Gestaltung von Arbeitsprozessen,
- setzen wir uns für Diversität und die Gleichberechtigung aller Menschen ein, wir wehren uns gegen Rassismus und Sexismus oder jede andere diskriminierende Nutzung der Informationstechnik.

Das FIfF wirkt durch die vierteljährliche Herausgabe der Zeitschrift FIfF-Kommunikation, durch die jährliche **FIfF**-Konferenz und die Mitorganisation weiterer Fachtagungen, durch die Verleihung der Weizenbaum-Medaille und des Weizenbaum-Studienpreises, durch Stellungnahmen, Vorträge, Publikationen und Kampagnen.
Das FIfF heißt alle willkommen, die Informationstechnik gestalten, fördern oder verwenden und dabei ihre gesellschaftliche Rolle reflektieren und daraus Konsequenzen ziehen wollen.

Forum InformatikerInnen für Frieden und gesellschaftliche Verantwortung (FIfF) e. V.
Villa Ichon, Goetheplatz 4, 28203 Bremen
Tel: 0421/336 592 55, Fax: 0421/336 592 56
E-Mail: fiff@fiff.de
Internet: www.fiff.de, X: @FIfF_de
Spendenkonto: IBAN: DE79 3702 0500 0001 3828 03
BIC: BFSWDE33XXX

GFF – Gesellschaft für Freiheitsrechte

Die Gesellschaft für Freiheitsrechte e. V. (GFF) ist eine spendenfinanzierte Organisation, die Grund- und Menschenrechte mit juristischen Mitteln verteidigt. Der Verein fördert Demokratie und Zivilgesellschaft, schützt vor unverhältnismäßiger Überwachung sowie digitaler Durchleuchtung und setzt sich für gleiche Rechte und die soziale Teilhabe aller Menschen ein. Dazu führt die GFF

strategische Gerichtsverfahren, geht mit Verfassungsbeschwerden gegen grundrechtswidrige Gesetze vor und bringt sich mit ihrer juristischen Expertise in gesellschaftliche Debatten ein.
Der gemeinnützige Verein mit Sitz in Berlin wurde 2015 gegründet und finanziert sich vor allem durch Einzelspenden und die Beiträge seiner Fördermitglieder.

Gesellschaft für Freiheitsrechte e. V.
Boyenstr. 41, 10115 Berlin
Tel: +49 30 549 081 00, Fax: +49 30 549 081 099
E-Mail: info@freiheitsrechte.org, X: @freiheitsrechte
Spendenkonto: IBAN: DE 88 4306 0967 1182 9121 00
BIC: GENODEM1GLS

Autor*innen, Herausgeber*innen und Redaktionsmitglieder

Aden, Hartmut, geb. 1964, Prof. Dr., Jurist und Politikwissenschaftler. Professor für Öffentliches Recht, Europarecht, Politik- und Verwaltungswissenschaft an der Hochschule für Wirtschaft und Recht Berlin (HWR), zugleich Vizepräsident für Forschung (seit 2020) und Mitglied des Forschungsinstituts für öffentliche und private Sicherheit (FÖPS Berlin). Zudem Mitglied der Redaktion der *vorgänge. Zeitschrift für Bürgerrechte und Gesellschaftspolitik*.

Arzt, Clemens, geb. 1958, Dr. jur., bis März 2023 Professor für Staats- und Verwaltungsrecht mit dem Schwerpunkt deutsches und ausländisches Polizei- und Versammlungsrecht am Fachbereich Polizei und Sicherheitsmanagement der HWR Berlin. Gründungsdirektor des Forschungsinstituts für öffentliche und private Sicherheit (FÖPS Berlin). Zahlreiche Veröffentlichungen, Vorträge und Forschungsaufenthalte im Ausland.

Auer, Peter von, geb. 1971, rechtspolitischer Referent bei PRO ASYL, Veröffentlichungen zum Asyl- und Aufenthaltsrecht.

Aust, Andreas, Dr., geb. 1966, in Marburg an der Lahn ausgebildeter Politikwissenschaftler, seit mehreren Jahren Referent für Sozialpolitik in der Paritätischen Forschungsstelle beim Paritätischen Wohlfahrtsverband.

Biselli, Anna, geb. 1989, Co-Chefredakteurin bei netzpolitik.org. Interessiert sich vor allem für staatliche Überwachung und Dinge rund um die digitalisierte Migrationskontrolle.

Bock, Kirsten, Juristin, Referentin bei der Stiftung Datenschutz. Arbeitete viele Jahre bei einer Datenschutzaufsichtsbehörde. Mitglied im Wissenschafts- und Innovationsbeirat Registermodernisierung des Bundes.

Bögelein, Nicole, Dr. phil. Dipl.-Soz., wissenschaftliche Mitarbeiterin am Institut für Kriminologie der Universität zu Köln, Mitherausgeberin von *Kriminologie – Das Online-Journal | Criminology – The Online Journal*; Forschung zu Ersatzfreiheitsstrafen, Institutionellem Rassismus vor Gericht, Gefängnisklima.

Boll, Friederike, geb. 1985, Fachanwältin für Arbeitsrecht in der Kanzlei geRechtsanwältinnen, Verfahren im Arbeitsrecht und im Antidiskriminierungsrecht, aktiv insbesondere für die Rechte queerer Menschen, Mitglied der Vereinigung demokratischer Juristinnen und Juristen (VDJ).

Brockmann, Katrin, geb. 1963, Rechtsanwältin in Berlin, arbeitet zu Umweltrecht und Gentechnikrecht. Transparenzhinweis: Die Autorin hat ein auch persönliches Interesse an der Nichterrichtung des LNG-Terminals in Mukran, da sie Miteigentümerin eines Grundstücks auf Rügen ist.

Derin, Benjamin, geb. 1988, Rechtsanwalt in Berlin mit den Schwerpunkten Strafverteidigung und Verfassungsrecht, wissenschaftlicher Mitarbeiter an der Professur für Kriminologie und Strafrecht der Goethe-Universität Frankfurt, Mitglied im Republikanischen Anwältinnen-und Anwälteverein e. V. (RAV) und Redakteur der Zeitschrift *Bürgerrechte & Polizei/CILIP*.

Djamshidian, Neda, studentische Hilfskraft am Institut für Kriminologie der Universität zu Köln; Mitarbeit im Projekt »Justiz und Institutioneller Rassismus«.

Drenkhahn, Kirstin, geb. 1975, Dr. iur., Universitätsprofessorin für Strafrecht und Kriminologie an der Freien Universität Berlin, Präsidentin des DBH-Fachverbandes für Soziale Arbeit, Strafrecht und Kriminalpolitik e. V., Forschungsschwerpunkte: Sanktionenrecht, Jugendstrafrecht, Strafvollzugsforschung, Punishment & Society, Rural Criminology.

Ellinghaus, Charlotte, geb. 1999, studiert Rechtswissenschaft in Hamburg, Mitherausgeberin des Sammelbandes »Was kostet eine Frau?« (Alibri-Verlag 2020).

Engeler, Malte, Rechtswissenschaftler, Richter, Mitglied der Neuen Richter*innenvereinigung e. V., netzpolitischer Autor, forscht und veröffentlicht zu postkapitalistischer Digitalisierung und digitaler politischer Ökonomie.

Engelmann, Andreas, geb. 1985, Dr. jur., Professor für Arbeits- und Sozialrecht an der University of Labour, Frankfurt am Main, und Bundessekretär der Vereinigung Demokratischer Juristinnen und Juristen (VDJ). Mitglied der Redaktion des Grundrechte-Reports.

Espín Grau, Hannah, Juristin und Politikwissenschaftlerin. Seit 2018 wissenschaftliche Mitarbeiterin im Forschungsprojekt »KviAPol«. Sie ist Promotionsstipendiatin der Rosa-Luxemburg-Stiftung und beschäftigt sich im Schwerpunkt mit der Aufarbeitung polizeilicher Gewalt. Mitautorin des Buchs »Gewalt im Amt. Übermäßige polizeiliche Gewaltanwendung und ihre Aufarbeitung« (gemeinsam mit Laila Abdul-Rahman, Luise Klaus und Tobias Singelnstein).

Feest, Johannes, geb. 1939, Dr. Soz.-Wiss., Professor (i. R.) für Strafverfolgung, Strafvollzug, Strafrecht an der Universität Bremen, Mitglied im Bundesvorstand der Humanistischen Union.

Förster, Claus, geb. 1968, Rechtsanwalt und Fachanwalt für Strafrecht; Mitarbeiter des Projekts »Menschenrechte in Aktion«; Mitglied des Vorstands der Internationalen Liga für Menschenrechte.

Goerdeler, Jochen, geb. 1969, Jurist, Ministerialrat, Veröffentlichungen zum Strafrecht, Jugendstraf- und -hilferecht, Strafvollzugsrecht und Datenschutzrecht.

Gössner, Rolf, geb. 1948, Dr. jur., Jurist und Publizist, 40 Jahre als Rechtsanwalt tätig, war stellv. Richter am Staatsgerichtshof der Freien Hansestadt Bremen. Er ist Kuratoriumsmitglied der Internationalen Liga für Menschenrechte (Berlin), wurde mehrfach ausgezeichnet, zuletzt mit dem Hans-Litten-Preis der Vereinigung Demokratischer Juristinnen und Juristen (VDJ). Autor und Herausgeber zahlreicher Bücher zum Themenbereich Demokratie, Innere Sicherheit und Menschenrechte. Vier Jahrzehnte unter Beobachtung des Bundesverfassungsschutzes – grundrechtswidrig, wie das Bundesverwaltungsgericht nach 15-jährigem Gerichtsverfahren Ende 2020 rechtskräftig urteilte.

Hajar, Nomar, Syndikusrechtsanwältin in Münster, langjährige Rechtsberaterin und Sprecherin beim Mieter/innen-Schutzverein Münster und Umgebung e. V.

Heiming, Martin, geb. 1953, Rechtsanwalt in Heidelberg, 2010–2016 Vorsitzender des Republikanischen Anwältinnen- und Anwältevereins RAV, Mitglied in der Redaktion des Grundrechte-Reports für den RAV, diverse Veröffentlichungen im Grundrechte-Report.

Hügel, Stefan, geb. 1967, Dipl. Informatiker, IT-Berater, Vorsitzender des Forum InformatikerInnen für Frieden und gesellschaftliche Verantwortung und Bundesvorsitzender der Humanistischen Union; arbeitet zu gesellschaftlichen Aspekten der Digitalisierung, künstlicher Intelligenz, Datenschutz und IT-Sicherheit sowie militärischer Nutzung der Informatik.

Hümpfner, Kalle, geb. 1989, Politische*r Psycholog*in und Leitung der gesellschaftspolitischen Arbeit beim Bundesverband Trans*, Veröffentlichungen v. a. zum Selbstbestimmungsgesetz, Elternschaft von trans* Personen, Trans*gesundheitsversorgung und Anti-Diskriminierung.

Judith, Wiebke, geb. 1990, rechtspolitische Sprecherin von PRO ASYL, Veröffentlichungen zum deutschen und europäischen Asylrecht.

Keller, Tina, geb. 1984, seit vielen Jahren in der Klimagerechtigkeitsbewegung mit Fokus auf das Rheinische Braunkohlerevier und mit dem Schwerpunkt auf juristische Auseinandersetzungen aktiv.

Keller-Kemmerer, Nina, Dr.in jur., wissenschaftliche Mitarbeiterin und Habilitandin an der Professur für öffentliches Recht und Völkerrecht (Prof. Dr. Marauhn), Justus-Liebig-Universität Gießen, sowie Koordinatorin des Forschungsprojekts »ASJust. Antisemitismus als justizielle Herausforderung«; mehrere Veröffentlichungen zum Thema Antisemitismus und Recht.

Köver, Chris, geb. 1979, Journalistin und seit 2018 Redakteurin von netzpolitik.org. Bis 2014 Chefredakteurin von Missy Magazine. Recherchiert und schreibt vor allem zu digitaler Gewalt, sogenannter Künstlicher Intelligenz und Migrationskontrolle.

Krüßmann, Jannis, geb. 2001, studiert Rechtswissenschaften in Bonn und Amsterdam mit einem Interesse für Klimaschutzrecht und ist Co-Sprecher der Rechtshilfe-AG von Fridays for Future Deutschland.

Kube, Vivian, geb. 1986, Dr. jur., arbeitet im Legal Team von FragDenStaat und als Rechtsanwältin in der eigenen Kanzlei Kube Werdermann Rechtsanwält*innen.

Land, Rainer, geb. 1952, Dr. sc. oec., Potsdam. Philosoph und Wirtschaftswissenschaftler i. R., Forschungen und Publikationen zu evolutorischer Ökonomie, ökologischem Umbau, regionaler Entwicklung und ländlichen Räumen.

Laven, Timo, geb. 1997, wissenschaftlicher Mitarbeiter und Doktorand an der Akademie für europäischen Menschenrechtsschutz, Universität zu Köln (Prof. Dr. DDr. h. c. Angelika Nußberger, M. A.); Veröffentlichungen v. a. zu Grundrechten, Verfassungsgeschichte und Wirtschaftsverfassungsrecht.

Lembke, Ulrike, Prof. Dr. jur., freie Rechtswissenschaftlerin & Expertin für rechtliche Geschlechterstudien, Berlin, Richterin des

Verfassungsgerichtshofes des Landes Berlin, Projektleitung im Verbund »Antisemitismus als justizielle Herausforderung«.

Lincoln, Sarah, geb. 1982, Rechtsanwältin und Verfahrenskoordinatorin bei der Gesellschaft für Freiheitsrechte. Dort betreut sie Klageverfahren im Bereich Soziale Teilhabe, Migration und Antidiskriminierung. Seit 2023 ist sie stellvertretende Richterin am Hamburgischen Verfassungsgericht.

Lörcher, Klaus, geb. 1948, ehemaliger Justitiar der Deutschen Postgewerkschaft (DPG) sowie des Europäischen Gewerkschaftsbundes (EGB), ehemaliger Referent am Gericht für den öffentlichen Dienst der Europäischen Union.

Lück, Benjamin, geb. 1987, Dr. jur., Rechtsanwalt und Projektkoordinator bei der Gesellschaft für Freiheitsrechte (GFF). Veröffentlichungen zur Pressefreiheit und Plattformregulierung.

Madro, Paul, geb. 1997, Referendar bei Green Legal Impact.

Mauer, Karl, Dr. jur., 1992, Rechtsreferendar am Kammergericht Berlin und wissenschaftlicher Mitarbeiter an der Universität Bielefeld.

Mehler, Lars, geb. 1997, hat Rechtswissenschaft und Philosophie studiert und ist derzeit wissenschaftlicher Mitarbeiter am Institut für öffentliches Recht der Goethe-Universität Frankfurt am Main.

Nagrecha, Mitali, Juristin und Gründerin von Justice Collective e. V., einer in Berlin ansässigen Forschungs- und Advocacy-Organisation, die sich mit Fragen der Polizeiarbeit und Bestrafung befasst.

Nestler, Robert, geb. 1990, Geschäftsführer von Equal Rights Beyond Borders. Dort koordiniert er die Arbeit in Griechenland und arbeitet mit Fokus auf Menschenrechtsverletzungen an der EU-Außengrenze. Er veröffentlicht zahlreich zu den Bereichen EU-Migrationsrecht, Rechtsstaat und allgemeine Menschenrechte.

Pertsch, Anna, geb. 1989, Volljuristin bei Equal Rights Beyond Borders. Dort betreut sie Verfahren zur innereuropäischen Familienzusammenführung und arbeitet mit Fokus auf geschlechtsspezifische Gewalt und allgemeinen Menschenrechtsschutz. Sie veröffentlicht zahlreich zu den Bereichen EU-Migrationsrecht, Familienzusammenführung, Menschenrechte und Rechte von FLINTA.

Pschorr, Simon, geb. 1992, Staatsanwalt und Abgeordneter Praktiker an der Universität Konstanz, Fachbereich Rechtswissenschaften, Mitherausgeber der *Betrifft Justiz*, Veröffentlichungen im materiellen Strafrecht, Strafverfassungsrecht, Jugendstrafrecht und Hochschularbeitsrecht.

Pütter, Norbert, geb. 1956, Dr. phil., bis 2022 Professor für Politische Zusammenhänge Sozialer Arbeit an der Brandenburgischen Technischen Universität Cottbus-Senftenberg, Redakteur der Zeitschrift *Bürgerrechte & Polizei/CILIP*. Letzte Buchveröffentlichung: Soziale Arbeit und Polizei. Stuttgart 2022.

Putzer, Max, geb. 1983, Dr. jur., Richter am Verwaltungsgericht Berlin, Mitglied der Neuen Richter*innenvereinigung sowie der Redaktion des Grundrechte-Reports. Veröffentlichungen im Verfassungs-, Verwaltungs- und Strafrecht.

Raabe, Benjamin, Rechtsanwalt in Berlin, Fachanwalt für Mietrecht, langjähriger Rechtsberater, Mitglied des erweiterten Vorstandes des RAV und Vorstand im Netzwerk Mieten und Wohnen.

Rabe, Britta, geb. 1971, Dr. phil., Referentin beim Komitee für Grundrechte und Demokratie in Köln mit den Schwerpunkten Haftbedingungen/Politiken des Strafens sowie Grenzen/Migration. Mitglied der Redaktion des Grundrechte-Reports.

Rahner, Jan, geb. 2001, studiert Jura an der Universität Freiburg und ist u. a. aktiv im Arbeitskreis kritischer Jurist*innen Freiburg, bei dessen studentischer Zeitschrift *Breitseite* er publizistisch und redaktionell mitwirkt.

Rehak, Rainer, Diplom-Informatiker, wissenschaftlicher Mitarbeiter am Weizenbaum-Institut für die vernetzte Gesellschaft/WZB & Ko-Vorsitzender des Forums InformatikerInnen für Frieden und gesellschaftliche Verantwortung (FIfF), arbeitet zu systemischer IT-Sicherheit, gesellschaftlichem Datenschutz mit Grundrechtsorientierung, Digitalisierung & Nachhaltigkeit, KI- & Technikzuschreibungen.

Reichmann, Levin, studentische Hilfskraft am Institut für Kriminologie der Universität zu Köln; Mitarbeit im Projekt »Justiz und Institutioneller Rassismus«.

Reiss, Dr. Tuuli, geb. 1986, Literaturwissenschaftler*in, psychosoziale*r Berater*in und Fachreferent*in für Gesundheitspolitik und Gewaltschutz beim Bundesverband Trans* sowie Bündnisratsmitglied vom Bündnis Istanbul-Konvention.

Rezene, Dyana, wissenschaftliche Mitarbeiterin am Institut für Kriminologie der Universität zu Köln; Forschungsschwerpunkt: (institutioneller) Rassismus.

Schönberger, Philipp, geb. 1989, jur. Referent für Klimaschutz und Klimaprotest bei Green Legal Impact, jur. Referent bei FragDenStaat.

Schubart, Milad, geb. 1999, studiert Rechtswissenschaften an der Philipps-Universität Marburg, dort studentische Hilfskraft am Lehrstuhl für Öffentliches Recht und Recht der Digitalisierung (Prof. Dr. Johannes Buchheim, LL.M. [Yale]), Mitglied der Redaktion des Grundrechte-Reports für den Bundesarbeitskreis kritischer Juragruppen (BAKJ).

Singelnstein, Tobias, geb. 1977, Professor für Kriminologie und Strafrecht am Fachbereich Rechtswissenschaft der Goethe-Universität Frankfurt am Main. Zuvor war er von 2017 bis 2022 Inhaber des Lehrstuhls für Kriminologie an der Ruhr-Universität Bochum. Seine Arbeitsschwerpunkte liegen in der Kriminologie (u.a. soziale Kontrolle und Gesellschaft, Polizei und Justiz, Sicherheitsforschung) sowie im Strafrecht und Strafprozessrecht. Er ist Mitherausgeber der Fachzeitschriften Neue Kriminalpolitik und Kriminologisches Journal.

Stolle, Peer, geb. 1973, Dr. jur., Rechtsanwalt und Fachanwalt für Strafrecht in Berlin, Schwerpunkte: Strafverteidigung, Polizei- und Versammlungsrecht, Vorstandsvorsitzender des Republikanischen Anwältinnen- und Anwältevereins (RAV); Veröffentlichungen u.a. zusammen mit Tobias Singelnstein: Die Sicherheitsgesellschaft. Soziale Kontrolle im 21. Jahrhundert (2012); Situative Kriminalprävention. Konzept, Empirie, Bewertung (2015).

Tabbara, Tarik, geb. 1968, Dr. jur., Professor für öffentliches Recht an der Hochschule für Wirtschaft und Recht Berlin (HWR), Fachbereich Polizei und Sicherheitsmanagement, zahlreiche Veröffentlichungen zum Staatsangehörigkeitsrecht, Recht und Rassismus, Verfassungs- und Polizeirecht.

Thurn, John Philipp, geb. 1982, Dr. jur., Sozialrichter in Berlin, aktiv bei der Gesellschaft für Freiheitsrechte (GFF) und beim Forum Justizgeschichte. Veröffentlichungen v.a. zu verfassungsrechtlichen und rechtspolitischen Themen.

Volkmann, Marie, geb. 2000, Studium der Rechtswissenschaften an der Humboldt-Universität zu Berlin, Redaktionsmitglied für den BAKJ.

Vos, Hannah, geb. 1987, Leiterin des Legal Team vom FragDenStaat und Rechtsanwältin in der auf Informationsfreiheitsrecht spezialisierten Kanzlei Kube Werdermann Rechtsanwält*innen.

Welsch, Lea, geb. 1989, Juristin in Frankfurt am Main, Mitglied des Bundesvorstandes der Vereinigung Demokratischer Juristinnen und Juristen (VDJ).

Wielenga, Lorenz, geb. 1996, wissenschaftlicher Mitarbeiter und Doktorand an der Akademie für europäischen Menschenrechtsschutz, Universität zu Köln (Prof. Dr. DDr. h.c. Angelika Nußberger, M.A.); Veröffentlichungen v.a. zu Grundrechten, Menschenrechtsschutz und Klima.

Will, Rosemarie, geb. 1949, Prof. Dr. jur., Professorin a.D. an der Humboldt-Universität zu Berlin, Richterin am Verfassungsgericht des Landes Brandenburg a.D., Bundesvorsitzende der Humanistischen Union 2005–2013, Mitglied der Grundwertekommission der SPD, Mitherausgeberin der Blätter für deutsche und internationale Politik.

Winkler, Michèle, geb. 1984, Wirtschaftsfrankoromanistin, Referentin des Komitees für Grundrechte und Demokratie in Köln mit den Schwerpunkten Versammlungsfreiheit, Sicherheitsgesetzgebung, Polizeikritik und Klimapolitik; Veröffentlichungen u.a. zu Polizeigesetzverschärfungen, zum Versammlungsrecht und zu tödlicher Polizeigewalt.

Zillessen, Friedrich, geb. 1995, Redakteur beim Verfassungsblog und wissenschaftlicher Mitarbeiter im Thüringen-Projekt.

Abkürzungen

AA	Auswärtiges Amt
AGG	Allgemeines Gleichbehandlungsgesetz
AÜG	Arbeitnehmerüberlassungsgesetz
AufenthG	Aufenthaltsgesetz
Az.	Aktenzeichen
AZR	Ausländerzentralregister
BAG	Bundesarbeitsgericht
BAMF	Bundesamt für Migration und Flüchtlinge
BayVerfGH	Bayerischer Verfassungsgerichtshof
BDS	Boycott, Divestment and Sanctions
BfV	Bundesamt für Verfassungsschutz
BGB	Bürgerliches Gesetzbuch
BGH	Bundesgerichtshof
BMI	Bundesministerium des Innern und für Heimat
BRK	Behindertenrechtskonvention
BtMG	Betäubungsmittelgesetz
bV	beschleunigtes Verfahren
BVerfG	Bundesverfassungsgericht
BVerfGE	Entscheidungen des Bundesverfassungsgerichts
BVerfSchG	Bundesverfassungsschutzgesetz
BVerwG	Bundesverwaltungsgericht
BvF	Normenkontrollverfahren beim BVerfG auf Antrag von Verfassungsorganen (abstrakte Normenkontrolle)
BvL	Normenkontrollverfahren beim BVerfG auf Vorlage eines Gerichts (konkrete Normenkontrolle)
BvR	Verfassungsbeschwerde beim BVerfG wegen Grundrechtsverletzung
DAR	Datenbankübergreifende Recherche und Analyse
Drs.	Drucksache
DSGVO	Datenschutz-Grundverordnung

EGMR	Europäischer Gerichtshof für Menschenrechte
EMRK	Europäische Menschenrechtskonvention
ERK	Expertenrat für Klimafragen
EuGH	Europäischer Gerichtshof
Fn.	Fußnote
GEAS	Gemeinsames Europäisches Asylsystem
GG	Grundgesetz
GRCh	Charta der Grundrechte der Europäischen Union
HmbPolDVG	Hamburgisches Gesetz über die Datenverarbeitung der Polizei
HSOG	Hessisches Gesetz über die öffentliche Sicherheit und Ordnung
ILO	International Labour Organization
i. V. m.	in Verbindung mit
KCanG	Konsumcannabisgesetz
KI	Künstliche Intelligenz
KSG	Bundes-Klimaschutzgesetz
LG	Landgericht
LGBTIQ*	Lesben, Schwule, Bisexuelle, Trans*, Inter* und Queers
LNG	Liquefied Natural Gas/Flüssigerdgas
LNGG	LNG-Beschleunigungsgesetz
m. E.	meines Erachtens
Na-P	Natrium-Pentobarbital
NGO	Nichtregierungsorganisation
OLG	Oberlandesgericht
OZG	Onlinezugangsgesetz
PAG	Polizeiaufgabengesetz (Bayern)
PStG	Personenstandsgesetz

RDL	Radio Dreyeckland
Rn.	Randnummer
RWE	Rheinisch-Westfälisches Elektrizitätswerk
SBG	Sozialgesetzbuch
SBGG-E	Entwurf für ein Selbstbestimmungsgesetz
SGK	Schengener Grenzkodex
StAG	Staatsangehörigkeitsgesetz
StGB	Strafgesetzbuch
StPO	Strafprozessordnung
ThürKWG	Thüringer Kommunalwahlgesetz
TSG	Transsexuellengesetz
UmWRG	Umwelt-Rechtsbehelfsgesetz
UVP	Umweltverträglichkeitsprüfung
VeRa	Verfahrensübergreifende Recherche- und Analyseplattform
VersG	Versammlungsgesetze des Bundes
VG	Verwaltungsgericht
VVN-BdA	Vereinigung der Verfolgten des Naziregimes – Bund der Antifaschistinnen und Antifaschisten

Sachregister

AfD 26, 179–183, 208–212
Allgemeinverfügung 122–124, 126, 129
Antifa-Ost-Prozess 129
Antifeminismus 76
Antisemitismus 95–100, 115–119, 201
Arbeitsstrafrecht 141
Armut 50–54, 65, 68; → auch: Kinderarmut
Asyl/-antrag/-politik/-verfahren 159–164, 165–169, 169–173, 175–177
Äußerung, polizeikritische 101–105
Äußerungsstrafrecht 95–100

Bayerisches Polizeiaufgabengesetz (PAG) 55–59
Betäubungsmittel/-gesetz/-recht 24, 26, 27, 217–221
Bundesverfassungsschutzgesetz, Novellierung 198–202

Cannabis/-konsum/-legalisierung 72, 217–221

Data-Mining, polizeiliches 33–37
Datenerfassung/-übermittlungen/-überwachung 37–41, 198-202
Datenschutz/-recht/-Grundverordnung 34, 37–41, 43, 45, 91, 146, 147, 172, 194
Dienstleistungen, digitale 64–68
Diskriminierung 31, 45, 71, 73, 74, 76, 83–86, 90; → auch: Entgeltdiskriminierung
Durchsuchung 109–110, 135, 144, 149–153, 213–216
Durchsuchung, digitale 169–173

Eigenbedarfskündigung 154–158
Einbürgerung 82–86
Entgeltdiskriminierung 77–81
Equal-Pay-Grundsatz 60–63
Ersatzfreiheitsstrafe 68–72

Flüchtlingsschutz 159–164
Flüssiggasgesetz 208–212

Gaza-Krieg 120–124
Gefangenenarbeit 20–24
Geflüchtete, queere 165–169
Gendern/Misgendering 73–77
Geschlechtsdiskriminierung 73, 74, 76
Geschlechtseintrag 28–32
Gewaltausübung, polizeiliche 46–50

Gewerkschaft 140–141
Gleichbehandlungsgrundsatz 60, 62, 83
Gräfenhausen 139–143
Grenzkontrollen 174–178

Haft, Haft vor der Verhandlung 50–54, 68–72
Handykommunikation 91–95

Identität, geschlechtliche 30, 165–169
Informationsfreiheit 91–95
Inklusion 86–90

Justizgrundrechte 225

KI/-Nutzung/-Verordnung 33, 36, 41–45
Kinderarmut 188–192
Klima/-aktivismus/-beschluss/-gerechtigkeitsbewegung/-krise/-protest 58, 125–128, 134–138, 183–187; → auch: Letzte Generation
Klimaschutzsofortprogramm/-ziele 203–207, 209, 210
Kommunikation, amtliche 91–95
Konsumcannabisgesetz 219
Kunstfreiheit 96, 115–119

Leben, analoges 64–68
Lebensunterhaltssicherung 83–84
Leiharbeit 60–63
Leipziger Kessel 129–133
Letzte Generation (Klimakleber) 46, 50, 58, 120, 123, 124, 134–138
LGBTIQ* 165–169
Lützerath 125–128

Mehrfachverfolgungsverbot 222–225
Menschen mit Behinderung 84, 86–90
Menschenwürde 30, 71, 89, 150, 179, 189
Mieter*innenschutz 156–157

Offlinezugangsgesetze 64–68
Orientierung, sexuelle 42, 165–169

Palantir 33–34, 36
Personenstandsgesetz 28–32
Persönlichkeitsrecht 24, 37, 38–39, 41, 64, 66, 74, 112, 214–216
Polizeigewalt/-repression 127–128, 129–133; → auch: Gewaltausübung, polizeiliche
Präventivgewahrsam, polizeilicher 55–59, 134
Predictive Policing 34, 36
Pressefreiheit 106–110, 110–114, 125, 128

Quellenschutz 110–114

Radio Dreyeckland 106–110
Rassismus, antimuslimischer 85, 86
Rassismuskritik 101–105
Richtervorbehalt 149, 150
Rundfunkfreiheit 75, 106, 109, 110

Schmerzgriffe → auch: Gewaltausübung, polizeiliche
Schuldenbremse 183–187
Sektorenziele 204, 206
Selbstbestimmung, informationelle 33, 34, 36, 38, 146, 169, 172, 198
Selbstbestimmungsgesetz 28–32
Soziale Arbeit 144–148
Sprache, geschlechtergerechte 73–77
Staatsangehörigkeitsrecht 82–86
Staatshaftungsrecht 213–216
Sterben, selbstbestimmtes 24–28
Streik 139–143
Suizid, assistierter 24–28

Tarifvertrag 61–63, 80
Teilhabe 64, 66–68, 92, 117, 188, 189, 190, 193

Überwachung am Arbeitsplatz 37–41
Ungehorsam, ziviler 134–138
Ungleichheit 54, 60, 79, 80, 189, 196

Veraktung 93–94
Verfahren, beschleunigtes (bV) 50–54
Verfassungsschutz 198–202
Verlinkung 107–109
Versammlung/Versammlungsfreiheit/-recht/-verbot 120–124, 125–128, 129–133, 134–138

Werbung, politische 193–197
Whistleblowing 110–114
Wiederaufnahme des Strafverfahrens 222–225

Zeugnisverweigerungsrecht 144–148
Zugang zum tödlichen Medikament 24–28
Zurückweisungen (Pushbacks) 160, 164, 174–178
Zwangsbehandlung 88